**Dante Volpini**

# La Missione qui e fuori

Dante Volpini

# La Missione qui e fuori

## Il terzo Patrono

Edizioni Sant'Antonio

**Imprint**
Any brand names and product names mentioned in this book are subject to trademark, brand or patent protection and are trademarks or registered trademarks of their respective holders. The use of brand names, product names, common names, trade names, product descriptions etc. even without a particular marking in this work is in no way to be construed to mean that such names may be regarded as unrestricted in respect of trademark and brand protection legislation and could thus be used by anyone.

Cover image: Fornito dall'autore

Publisher:
Edizioni Accademiche Italiane
is a trademark of
International Book Market Service Ltd., member of OmniScriptum Publishing Group
17 Meldrum Street, Beau Bassin 71504, Mauritius

Printed at: see last page
**ISBN: 978-613-8-39159-3**

## INDICE

## LA MERAVIGLIA DI UNA VITA

*Alla rinascita di un'Europa affaticata, ma ancora ricca di energie e di potenzialità, può e deve contribuire la Chiesa. Il suo compito coincide con la sua missione: l'annuncio del Vangelo, che oggi più che mai si traduce soprattutto nell'andare incontro alle ferite dell'uomo, portando la presenza forte e semplice di Gesù, la sua misericordia consolante e incoraggiante. Dio desidera abitare tra gli uomini, ma può farlo solo attraverso uomini e donne che, come i grandi evangelizzatori del continente, siano toccati da Lui e vivano il Vangelo, senza cercare altro. Solo una Chiesa ricca di testimoni potrà ridare l'acqua pura del Vangelo alle radici dell'Europa. In questo, il cammino dei cristiani verso la piena unità è un grande segno dei tempi, ma anche l'esigenza urgente di rispondere all'appello del Signore "perché tutti siano una sola cosa" (Gv 17,21).*

Papa Francesco, *Discorso in occasione del conferimento del Premio Carlo Magno*, Sala Regia, Città del Vaticano (6/5/2016)

Ho chiesto un giorno a un amico, il teologo e scrittore brasiliano Rubem Alves – che ci ha lasciato tre anni fa, dopo un'esistenza vita densa e piena di vita - perché avesse deciso di esprimersi principalmente con racconti, favole e storie per bambini, invece di fare come i suoi colleghi europei che puntano su saggi ponderosi e libri *seri*… Lui mi rispose al volo: "È ovvio: perché i bambini sono assolutamente meravigliosi! Essi sono dotati del desiderio di conoscere perché conservano lo stupore/spavento davanti alle cose. Se i greci dicevano che si comincia ad apprendere quando si ha davanti a una cosa un sentimento di meraviglia, i bambini hanno proprio questo: si meravigliano delle cose più semplici! Noi adulti, purtroppo, abbiamo ormai smarrito la capacità di spaventarci delle cose: chi di noi si spaventa davanti all'uovo della gallina? Pensa al processo di conoscenza del bambino: prima di tutto vede, e avvicina la mano per poter toccare... Quand'ero piccolo, mi piaceva sbucciare il mandarino non tanto per mangiarlo, ma molto di più per infilarci il dito dentro! Il mandarino è un frutto commestibile, lo era anche per me, ma per me era ancor più un oggetto ludico!".

La meraviglia è, a un tempo, consapevolezza della propria ignoranza e desiderio di sottrarvisi, cioè di apprendere, di conoscere, di sapere. Ecco perché proprio la meraviglia, secondo Aristotele, sta all'origine della filosofia, ovvero della ricerca disinteressata di sapere. Stato d'animo raro e prezioso, la meraviglia è forse la sola espressione della libertà autentica. I bambini, da questo punto di vista, sono liberi: almeno finché non arrivano gli adulti a cercare di incanalarne lo stupore, la voglia di fare il contrario di ciò che viene loro ordinato, l'amore per la pace e l'armonia del mondo. Ma la partita, forse, non è ancora persa. Questo mi è venuto in mente – e non solo per il collegamento con il *suo* Brasile – quando padre Dante Volpini mi ha gentilmente chiesto di scrivere una prefazione alla sua raccolta di testi, ambientati per lo più, appunto, nel grande Paese sudamericano. Ma anche perché la meraviglia è il sentimento che ho immediatamente provato nello scorrere i racconti, le riflessioni, le canzoni, le filastrocche e gli altri svariati generi letterari attraversati da padre Dante nella sua vita di religioso scrittore. Gli antichi romani definivano *satura lanx* il piatto di primizie caratterizzato da vari tipi di frutta, spesso offerto agli dei nei cerimoniali: bene, questo volume è una sorta di *satura lanx*, in cui l'autore ha scelto di inserire molti tipi di materiali, offrendoli direttamente al lettore perché quest'ultimo colga quanto più gli può interessare...

Per contestualizzarli al meglio, occorrerà sapere qualcosa di più su questo religioso... dal *multiforme ingegno*! Padre Dante, missionario saveriano, ha sempre operato nella pastorale missionaria, nell'animazione missionaria e, per qualche anno, nella formazione di seminaristi. Ha vissuto quarant'anni (cifra biblica...) anni in Brasile, negli stati di Paranà e San Paulo, e quattordici anni in Italia. L'attività pastorale lo ha portato a Laranjeiras do Sul, a Curitiba, alle Cohabs di San Paulo, al Matão de Sumaré, a Londrina, Pirajù e Piracicaba; la formazione dei seminaristi a Laranjeiras do Sul, a Jaguapitã e a Curitiba. Fra l'altro, la sua versatilità l'ha condotto a promuovere iniziative come festival di musica missionaria e concorsi di cartelloni missionari; è stato inoltre reporter e redattore del giornale missionario *Kosmos*. Tornato in madrepatria, ha lavorato nelle comunità saveriane di Cremona, Perugia e Ancona. In realtà, ovunque sia stato egli ha scritto, un racconto o una poesia o una riflessione o uno studio, per discutere di temi cruciali del messaggio cristiano. Quando gli ho domandato il motivo per cui aveva deciso di dare alle stampe i suoi lavori, ha risposto: "Il mio obiettivo principale è diffondere l'ideale di Gesù, del fondatore dei Saveriani e delle Pontificie Opere Missionarie: la Missione è qui e fuori, è importante portare sempre più il Regno di Dio nel proprio territorio, ma anche fino ai confini della terra, per fare del mondo una sola famiglia in cui tutti si sentano amati da Dio e vogliano il bene comune dei fratelli, specie dei poveri e dei bisognosi di ogni lingua, razza e nazione".

Parafrasando il titolo di un'opera di Daniel Pennac, potremmo dire che la testimonianza e l'insegnamento cristiani si snodano nei secoli *come un racconto*, a partire proprio dal racconto fondatore, quello della vita, morte e risurrezione di Gesù di Nazaret, detto il Cristo. È questa una verità antica, che tuttavia la teologia ha riscoperto solo da poco, inaugurando il fecondo filone della *teologia narrativa*. Per quanto mi riguarda, e certo in maniera personalissima, l'opera di padre Dante si inserisce a pieno titolo in questo filone, quando egli riflette sui misteri fondamentali della fede cristiana richiamando i rispettivi riferimenti biblici; quando rilegge le biografie di alcuni suoi compagni di cordata in terra brasiliana, con un'acribia e un'attenzione ai particolari davvero sorprendenti; quando commenta testi preziosi di papa Francesco; o quando richiama le straordinarie intuizioni del vescovo Guido Conforti, ora santo, a partire da quella che, oggi, sentiamo nello stesso tempo così difficile e così necessaria: *fare del mondo una sola famiglia*. Basterebbe questo per ringraziare di cuore padre Dante per averci voluti coinvolgere nella sua *satura lanx*… ma le pagine che seguono contengono molto di più. Ai lettori il compito, piacevole, di scoprirlo, e di meravigliarsi a loro volta, scoprendo quanta grazia c'è nella voce di un fratello.

*Brunetto Salvarani*

## Introduzione

Durante la mia vita missionaria ogni tanto ho scritto qualche racconto o qualche poesia o qualche meditazione. A volte ho proposto studi biblici o difese della fede. Ora che sono anziano mi è stata offerta la possibilità di pubblicare le mie composizioni e ringrazio di cuore le Edizioni Sant'Antonio. Siccome ho lavorato per quaranta anni in Brasile l'originale di molti di questi scritti l'ho scritto in portoghese, ma penso che anche la traduzione in italiano può essere comprensibile e gradevole.

I racconti sono una piccolissima parte della mia esperienza missionaria. Le poesie sono la pretesa di mettere in rima qualche parabola o qualche pensiero. Le riflessioni sono argomenti che ho usato nella pastorale, nella animazione missionaria e difesa della fede cattolica in mezzo alle tante religioni e sette presenti in Brasile.

Ho messo a fuoco San Francesco Saverio e San Guido Maria Conforti che sono il Patrono e il Fondatore dei Missionari Saveriani cui appartengo. Il titolo del libro voleva essere "Il terzo Patrono delle Missioni" (oltre San Francesco Saverio e Santa Teresina del bambino Gesù) e nel libro è facile trovare il perché di questo titolo, ma è ancora prematuro mettere in evidenza un titolo che non sarebbe esclusivo e non è stato sollecitato né definito ufficialmente. La motivazione è che il Signore Gesù ha dato la sua vita "per noi e per tutti i popoli", ha detto che conosce e ama le sue pecore, ma che ci sono altre che possono appartenere al suo gregge. Questa duplice visione, che impegna per il Regno di Dio nel proprio territorio e per il Regno di Dio fino ai confini della terra può essere l'ideale per qualche giovane e per ogni cristiano. È il cammino di Gesù, il cammino della giustizia, della pace e della Missione. È quanto ha vissuto San Guido, Vescovo zelante di Ravenna e per molti anni di Parma, con cinque visite pastorali, un congresso liturgico e uno catechetico, ha saputo affrontare il dialogo con i suoi preti e con le correnti avverse nei problemi sociali dell'oltre parma. Fu Fondatore dei Missionari Saveriani, cui ha dettato le linee di spiritualità e di azione consacrata nelle Missioni della Cina e altrove. Fu Collaboratore e primo Presidente della Unione missionaria del Clero, collaborando con il fondatore di questa Unione, il P. Paolo Manna del PIME, con uno scambio di duecento lettere e inviandone altrettante ai Vescovi e ai seminari. Fu scelto per fare la conferenza su "Eucaristia e Missioni" nel Congresso Eucaristico Internazionale di Palermo nel 1924 e questa conferenza era sempre sul tavolo di Mons. Angelo Giuseppe Roncalli quando incaricato delle POM in Roma. Il titolo che ho scelto per il libro "Le Missioni qui e fuori" mostra comunque questa duplice ottica: non descrive tutti i campi di azione, ma lo Spirito che spinge.ad impegnarsi per il Regno di Dio,

Esiste oggi una forte corrente di pensiero che spinge verso la "teologia della prosperità" e verso un imperialismo occidentale, con la collaborazione di alcune correnti religiose che interpretano la bibbia in questa direzione. La posizione di questo libro vuole essere piuttosto nella linea della parte .positiva della "teologia della liberazione", del "documento di Aparecida" e del documento "Ecclesia in America", nella linea della "opzione preferenziale per i poveri" e della "Chiesa in uscita" di Papa Francesco, di cui ammiro la cultura, le scelte pastorali e missionarie e il coraggio.

Può darsi che qualche persona riesca a leggere qualche pagina di questo libro e può darsi che qualcuno ne trovi giovamento.. Ringraziamo il Signore e la Madonna, questi Santi Patroni, e preghiamo per le Missioni e gli uni per gli altri.

P. Dante Volpini SX

# RACCONTI MISSIONARI

*Alcuni episodi avvenuti nella mia vita missionaria*

## Testimonianza nella Veglia Missionaria 2017

A metà maggio il rettore della Teologia di Parma mi consegnò la destinazione dicendo: "Andrai in Brasile. Partirai con altri due a fine settembre".

C'erano gli esami di fine corso e non c'era tempo di prepararsi. Risposi: "Io non so niente di portoghese". Disse: "Meglio così. Andrai come uno che deve imparare, sia la lingua che la maniera di pensare, di mangiare e di esprimersi. Dà valore all'ascolto". Dopo un po' mi ritrovai in Brasile, a Diadema, periferia della città di São Paulo, nella Casa regionale dei Missionari Saveriani e ogni volta che uscivo di casa ammiravo questo popolo numeroso composto di tante razze che convivevano pacificamente e parlavano la stessa lingua senza dialetti in tutta la nazione, 29 volte l'Italia. Le persone erano gentili e mi dicevano che parlavo bene il portoghese anche se mi accorgevo che avevo un accento (um sotaque) molto straniero e facevo grossi errori di pronuncia e di grammatica. Dio aveva preparato tutto quel popolo, quelle facce simpatiche, più di 60% giovani, con facilità a sorridere nonostante la povertà e le difficoltà. Un popolo accogliente e ospitale, un popolo religioso che sente la presenza di Dio, è una religiosità poco istruita e poco profonda, ma concreta e manifestata con espressioni ricorrenti.

Veramente dovevo ringraziare il Signore per quella nazione, per quelle persone, per quegli atteggiamenti pacifici e positivi. C'era in me un grande desiderio di dedicarmi alla missione, di evangelizzare e formare gli altri con quello che avevo studiato in teologia, ma se l'avessi fatto alla maniera europea e mettendomi come maestro di verità, avrei sbagliato tutto. Era necessario ascoltare, vedere, entrare in un cammino già fatto da Dio, da chi c'era prima di me e dal popolo di laici che collaboravano. Il Papa aveva mandato i Missionari in America Latina per arginare l'invasione di Chiese protestanti e evangeliche nelle nazioni con un cattolicesimo fiacco per mancanza di sacerdoti. I Vescovi del Brasile hanno accettato un maggior numero di preti, ma non hanno voluto far uso di apologetica, cioè di difesa feroce e continua delle verità cattoliche professate, per non creare una guerra di religione. Hanno preferito istituire la Campagna della Fraternità, applicare le riforme del Concilio Ecumenico Vaticano II, favorire alcuni movimenti ecclesiali e sociali, per rendere la Chiesa più vicina al popolo e mostrare che la fede cristiana aiuta ad affrontare i problemi di ogni giorno.

In questo clima di maggiore partecipazione dei laici sorgeranno (con l'ispirazione e la forza dello Spirito Santo) le Comunità Ecclesiali di Base che aiuteranno il popolo a confrontare il Vangelo con la vita e la liturgia con la realtà. Verrà così smascherato un regime che favoriva una ingiustizia istituzionalizzata con i ricchi sempre più ricchi e i poveri sempre più poveri. Sorgerà in America Latina la opzione preferenziale per i poveri vedendo la loro dignità e dando voce ai loro diritti. La Chiesa cercherà di mettere in pratica la carità nelle tre dimensioni del pesce, della rete e del fiume pulito. Dare le ceste basiche e aiuti nelle emergenze, fare corsi professionalizzanti e incamminare verso il lavoro, e rendersi conto del bene comune e promuovere una società in cui sia possibile trovare lavoro ed essere retribuiti adeguatamente.

Dopo tre mesi di studio tecnico del portoghese sono stato inviato a Laranjeiras do Sul, nel sudovest dello stato del Paranà, vicino al Paraguay. Lì a contatto con le famiglie e iragazzi delle settanta cappelle e scuolette raggiunte con la jeep in strade di terra rossa ho imparato a familiarizzare con la lingua parlata e ho visto tanta accoglienza e spirito di fede. Per raggiungere le cappelle di legno le persone molto semplici facevano fino a 9 Km a piedi, con i piedi scalzi e portavano le scarpe in mano per metterle nella cappella. Mosé dovette togliere i calzari e loro invece mettevano le scarpe, ma il senso era lo stesso: il gran rispetto per il luogo sacro e per la comunità e per la preghiera. Il Signore aveva preparato e il Signore avrebbe accompagnato il lavoro successivo, gli altri 40 anni vissuti in Brasile in 8 luoghi diversi degli stati di Paranà e São Paulo . Da parte mia non dovevo rovinare quello che c'era e progredire con la gente, con i confratelli e con i laici, nel cammino di Dio.

P. Dante Volpini SX

## Il vecchio Benedito

Quella domenica ero rimasto solo nella sede centrale. Gli altri due erano andati in alcune delle nostre tante succursali. Dopo mezzogiorno, quando non si ha più voglia di fare niente, dopo le confessioni, S. messe, prediche e battesimi, viene qualcuno a battere alla porta. Vado ad aprire e mi vedo davanti una povera donna sui cinquant'anni, coi lunghi denti marroni di tabacco. La sua faccia non mi è nuova: non so se l'ho già vista in chiesa o se è venuta a ritirare il pacco di latte in polvere che ogni tanto diamo ai poveri. Mi saluta e poi mi dice: "Padre, il vecchio Benedito è ammalato, può andare a confessarlo?" "Dove abita?" "Lei lo sa, Padre, il vecchio Benedito Correia, là in basso, dietro l'ospedale, vicino alla prigione, nella Vila dos Pobres, là chieda del vecchio Benedito e tutti sanno dove abita". La donna mi saluta e se ne va. Prendo allora l'Oliosanto, la S. Comunione, il piccolo rituale e la stola e vado. Arrivato alla Vila dos Pobres (rione dei poveri), lo stesso spettacolo di molte case dell'interno: case vecchie di tavole mezzo affumicate e non nuove, perché non dipinte e esposte alle intemperie, coperte di vecchie tegole. Si vedono molti bambini, alcuni dei quali salutano il Padre, altri, i più piccoli, corrono a rifugiarsi in casa come gattini selvaggi, noto alcuni occhi che mi spiano dalle finestre; qua una donna che sbatte i panni in un tinozzo, là un uomo che cerca di lavorare nell'orto. "Dove abita il vecchio Benedito?" chiedo. "Quella è la casa" mi dicono. Si può chiamare casa? Mi domando. Il tetto è di finissime tavole, le pareti con tavole scostate l'una dall'altra. La cucina affumicata è occupata quasi per metà dalla stufa a legna, su cui è scaldata l'acqua per lo "scimarron", la bevanda calda e amara che molti bevono spesso. Il resto della cucina è pieno di gente. Dopo aver salutato, mando tutti fuori ed entro nella camera del vecchietto, la maggior parte della quale è occupata da un piccolo letto in cui giace Benedito. Vedendomi entrare, cerca di sedersi sul letto nonostante il mio invito a rimanere coricato. Vuole avere la mia mano per baciarla e salutarmi per bene. "Come va, Benedito?" "Va male, Padre. Non posso più mangiare. Il medico è venuto, ma le medicine mi aiutano poco. Guarda, Padre" si scopre le gambe stecchite e sopra una coscia c'è come una grossa palla di carne fasciata. "adesso vorrei confessarmi. Quelli là fuori sono tutti di un'altra religione: sono cattolici, ma sono ignoranti e credono nello spiritismo. Io no, io sono cattolico solamente: quando potevo, venivo in chiesa". L'ho confessato, povero vecchietto, così semplice e sincero! Avevo quasi finito la confessione, quando dall'altra parte sono rientrati in casa una donna e un uomo per riempire di nuovo le tazze apposite per lo scimarron e ho sentito la donna che diceva: "L'uomo l'ha già benedetto", come se io fossi uno dei tanti "benzedores" spiritisti. Poi ho dato a Benedito l'Unzione degli Infermi e la S. Comunione. E ogni tanto gli allontanavo le mosche. Poi gli ho dato un po' d'acqua per inghiottire la Santa Ostia. Quando ci siamo lasciati, i suoi occhi trasparivano riconoscenza e pace. Due giorni dopo gli ho portato un pacco di latte in polvere, perché quando uno non mangia più riso e fagioli, che è l'unico cibo per molti, non si preoccupano di fargli altro. E' servito a poco. Dopo altri due giorni la campana ha suonato a morto per lui e in chiesa si è pregato per lui. Mentre lo portavano via per seppellirlo, gli ho detto in cuor mio: "Addio, Benedito, prega per noi in cielo, per tua moglie e per i tuoi fratelli della Vila dos Pobres! Che tu sia davvero santo e benedetto in cielo!"

In tutto il Brasile è così. siamo veramente nel Paese dei grandi contrasti: ricchi e poveri, di tutte le razze, con la forza della fede e un governo che si dedichi al sociale, al bene comune, il Brasile può diventare una grandissima nazione.

P. Dante Volpini SX

## La Maria del Rio Cavernoso

C'era un detto famoso per i missionari: "Andare in missione, salvare una anima e morire". Già, vale la pena spendersi per salvare una persona.

Era un pomeriggio afoso, avevo consegnato i seminaristi a Fratel Rodolfo e stavo recitando i Salmi del breviario nel cortile della casa parrocchiale di Laranjeiras do Sul. Alcune persone passavano per la strada in abiti abbastanza succinti e due colombe non lontane da me succhiavano sorsi d'acqua da una ciotola sopra il pozzo. All'improvviso arrivò dall'interno una jeep seguita da una polvere rossa che ristagnò un poco in aria. "Padre", mi disse il nuovo arrivato, "la Dona Maria del Rio Cavernoso sta molto male e ha bisogno dell'Estrema Unzione. È un po' lontano e non si riesce ad arrivare fino là con la macchina, ma se lei viene con me, io la aiuterò ad arrivare là." "Alcuni momenti e andiamo insieme", gli risposi. Avvisai il Fratel Rodolfo, mi preparai, andai in Chiesa a prendere l'Ostia consacrata e l'Olio per gli infermi e entrai nella jeep. Uscendo dalla città verso l'interno, percorremmo vari chilometri di terra rossa, mentre le case erano sempre più rare e c'erano frequenti tratti di bosco. Dopo aver lasciato la strada principale e aver percorso altri chilometri di una strada minore, arrivammo a un podere, con casa, persone e animali. "Padre, questa è la mia casa", mi disse l'uomo che mi stava accompagnando, ma l'ammalata non è qui. Occorre fare altre due leghe e non si può andare con la macchina. Possiamo andare o a piedi o con il cavallo". "Io non so andare con il cavallo", risposi. "Ma ho un cavallo molto mansueto che lei può montare e io andrò vicino a lei con il mio cavallo. La Dona Maria sta molto male e forse anche lei ha altre cose da fare, per cui è bene guadagnare tempo". "E allora andiamo con il cavallo", affermai. L'uomo portò lì un cavallo mansueto e mi aiutò a montare e andò avanti a me con il suo cavallo, per un sentiero stretto in mezzo a erbe alte. Non fu difficile arrivare alla casa della Dona Maria e quando arrivammo le persone ci accolsero con sollievo: "Grazie a Dio, è arrivato il Padre missionario. Padre, la Dona Maria desiderava tanto che lei arrivasse prima della sua morte!". Mi dettero una bacinella con acqua, una saponetta e un asciugamano per togliere la polvere rossa che si era depositata nella mia faccia e nella mia pelle e non si meravigliarono se l'asciugamano rimase un po' rosso nell'asciugarmi dopo che mi ero lavato. La maggior parte di loro era tornata da poco dai campi e si ritirarono per lavarsi e lasciarmi solo con l'ammalata. Mi avvicinai a Dona Maria e parlai con lei, la confessai, le detti l'Unzione degli infermi e la Comunione. Lei mi chiese anche di benedire la sua casa e la sua famiglia, in particolare i ragazzi e i bambini. Si vedeva che era contenta nonostante fosse in fase terminale e quasi desiderava che io non me ne andassi via. Ma quando le dissi che dovevo andare per celebrare la Messa, occuparmi dei seminaristi e del popolo, lei accettò che io me ne andassi e mentre mi congedavo mi sorrise con la pace di Dio nel suo cuore.

Il mio cavallo mansueto seguiva quello dell'altro uomo più esperto di me. Prima di arrivare alla sua casa c'era un piccolo ponte su un ramo del Rio Cavernoso e lo passammo facilmente. Ma subito arrivò una cavalla che si avvicinò al mio cavallo e questo si fermò. Io gli detti un colpetto sul collo, ma lui invece di andare avanti si drizzò e fece due passi indietro. Se avesse arretrato ancora mi avrebbe scaricato nel fiumicello, ma subito l'uomo che mi accompagnava era venuto vicino, aveva preso le redini del cavallo e condotto fino alla porta di casa. "La cavalla e il cavallo in cui stava si piacciono" fu la sua spiegazione dopo che ero sceso. Era già scuro quando con la jeep prendemmo il cammino di ritorno e arrivammo in città. La gente stava arrivando per la Messa. Nel lasciarmi l'uomo mi disse: "Ha fatto molto bene a venire con me da Dona Maria. La ringrazio molto". Passati pochi giorni la stessa jeep si fermò vicino alla casa parrocchiale. L'uomo mi cercò e volle dirmi: "Padre, la Dona Maria è deceduta due giorni dopo che lei è andato là. Devo dire che è morta felice, pregando e ringraziando a Dio e in pace con tutti. Grazie, Padre, che Dio la ricompensi!" "Anch'io devo ringraziarla per essere venuto a prendermi e a riportarmi. Che Dio sia lodato e ricompensi anche lei!".

P. Dante Volpini SX

P.S. Dona Maria è come dire "la signora Maria", è una maniera brasiliana rispettosa per trattare una donna, specialmente se sposata e di una certa età.

# Indios 1

## La festa nella Riserva di Rio das Cobras

Molte volte avevo incontrato indios in Laranjeiras do Sul. Alcuni arrivavano a cavallo e altri a piedi. Vendevano cappelli,cesti, archi e frecce e i loro prodotti di artigianato ornati con paglia colorata ben intrecciata. Alcuni spendevano parte del guadagno bevendo qualche bicchierino di "pinga" (acquavite di canna da zucchero) e rimanendo un po' alticci, altri invece rimanevano sobri e ritornavano subito alla Riserva di Rio das Cobras con grandi boschi di pini vicino al Rio Sciagù. A quell'epoca ancora usavo la tonaca nera e quando arrivavo con la jeep e l'autista, i piccoli indios venivano correndo a salutarmi e alcuni mi baciavano la mano. Parlavano anche il portoghese, perché nella scuola della Riserva la maestra insegnava in portoghese. Poi arrivò un giorno in cui conobbi gli indios un po' meglio.

Il 18 gennaio 1970 al tramonto un indio batté alla porta del piccolo seminario parrocchiale. Mi disse che stava tornando da Guarapuava dove era andato a comprare una piccola statua di San Sebastiano. Lo accolsi, gli trovai un posto un po' rustico e andai a dormire. Al mattino andai a congedarmi da lui, ma già se ne era andato. Poco dopo il parroco mi disse: "Domani ci sarà festa nella Riserva degli indios di Rio das Cobras e ci sarà Messa in onore di san Sebastiano, ci sarà il battesimo di alcuni bambini e pranzo. C'è là un Pastore luterano che abita nella riserva con la famiglia e lavora tra gli indios come infermiere, ma loro sono cattolici e non cambiano la loro religione. Se il Pastore volesse partecipare alla Celebrazione con te, puoi lasciarlo partecipare".

Il 20 gennaio arrivai al mattino nella Riserva di Rio das Cobras e prima della Santa Messa incontrai gli indios che avevano bambini da battezzare e annotai i loro nomi e i loro dati. Ci incontrammo con il Pastore Walter, molto simpatico e mi disse che lui parlava una delle lingue degli indios. Erano in tutto 900 indios, di cui più di 600 erano Caingànghes e circa 300 erano Guaranìs. Il Pastore aveva il Vangelo di Marco tradotto e scegliemmo la stessa lettura che io avrei proclamato in portoghese e lui nella lingua cainganghe. Cominciò la S. Messa e gli indios riempirono la sala che serviva da cappella, su di una mensa con la tovaglia fu posta da un lato la statua di san Sebastiano. Il Vangelo fu proclamato nelle due lingue e poi feci una breve omelia con la spiegazione del rito del Battesimo. Quando dissi che l'Olio dei catecumeni aiutava a far scivolare via gli attacchi del nemico ci fu un mormorio di approvazione mostrando d'aver capito bene e lo stesso quando dissi che l'acqua era segno di vita umana e cristiana. Così i bambini furono battezzati, tutti parteciparono attentamente alla Messa ed uscirono felici.

La festa continuò con alcuni giochi e ci fu una gara di corsa tra un Cainganghe e un Guaranì e mi misero come giudice sulla linea del traguardo. Fecero una breve partita di calcio, poi mi invitarono nella sala dove ebbe inizio una danza folclorica. Le donne cantavano una nenia ritmica, camminavano danzando vicino alle pareti e gli uomini formarono un altro gruppo che andava e tornava nella parte centrale, poi uno di loro si metteva davanti a tutti, lanciava un grido che durava qualche secondo, poi apriva le braccia o all'altezza del petto o all'altezza delle caviglie e tutti gli altri continuavano la loro marcia ritmata o abbassandosi o saltando quelle braccia, con un movimento d'insieme che era allo steso tempo un esercizio fisico e uno spettacolo.

Arrivò l'ora del pranzo e nel frattempo erano giunte alcune autorità di Laranjeiras do Sul, la città situata a poco più di 30 Km dalla Riserva. Io conoscevo abbastanza bene il sindaco Amàndio, due suoi assessori e il signor Jaime che lavorava nel forum. Era un momento particolare perché gli Índios nella loro lingua chiamano la festa "il giorno in cui si mangia la carne di bue". Il cortile dove stavamo per pranzare era tra la sala e alcuni alberi e dall'altoparlante udimmo un breve discorso prima in portoghese e poi in caigangue fatto dal capotribù Henrique, che era lo stesso indio che mi aveva chiesto ospitalità due giorni prima. Il signor Jaime mi disse: "Henrique è il cacique, il capotribù dei Caingànghes, e è molto intelligente, ha voluto studiar bene il portoghese e ha fatto perfino il servizio militare, ma gli piace anche mantenere viva la cultura degli Índios". Il cacique venne poi al tavolo delle autorità, mi invitò a dire la preghiera e subito fu servito il riso. Arrivò poi la carne molto tenera e ben arrostita e altri cibi e tutti mangiarono allegramente.

Mentre noi stavamo ancora mangiando, alcuni ragazzetti índios che avevano già finito si misero a giocare a poca distanza e il signor Jaime esclamò ad alta voce: "Mi piacerebbe portare due sacchi di caramelle e vedere la felicità di questi piccoli índios". Il cacique Henrique subito gli rispose: "Trovo molto buona la sua idea di volere la felicità dei nostri ragazzi, ma le caramelle non sarebbero il modo migliore, dato che i nostri piccoli non sono abituati e dopo il piacere di mangiarle ne avrebbero dissenteria. Il bene deve essere fatto non come la pensiamo noi, ma come è realmente bene per gli altri". Tutti ammirarono l'osservazione del cacique e il pastor Walter per togliere il signor Jaime dall'imbarazzo accennò all'amore di Dio che anima l'amore del prossimo. Ne venne fuori una bella riflessione sul fatto che il cristianesimo è ben rappresentato dalla croce, con il braccio verticale che indica il nostro amore verso Dio e sostiene il braccio orizzontale che indica il nostro amore verso il prossimo.

Seppi più tardi come gli adulti trasmettono le loro tradizioni ai ragazzi: quando insegnano a intrecciare la paglia colorata per fare cesti, cappelli o archi, a ogni tipo di intreccio corrisponde una storia diversa. Intanto il cacique approfittò della festa per chiedere al sindaco che le maestre che venivano a insegnare nella piccola scuola insegnassero non solo in portoghese ma anche in cainganghe.

Feci allora alcune domande sulle lingue cainganghe e guaranì e il cacique Henrique disse che sono molto diverse dal portoghese. Il pastor Walter aggiunse che sono lingue con alcuni monosillabi o radici verbali simili alla lingua cinese, così come alcune caratteristiche somatiche degli Índios, e per questo alcuni studiosi pensano che molto prima che gli Europei arrivassero a scoprire l'America, già i Cinesi o gli Asiatici erano arrivati attraverso lo Stretto di Bering. Alla fine del pranzo combinammo di incontrarci altre volte e tutti dichiarammo che era stata molto bella e arricchente quella festa vissuta nella Riserva di Rio das Cobras.

In quegli anni migliorò in tutto il Brasile la coscienza del valore degli Índios e a livello di entità non rimase solo la FUNAI (Fundação Nacional para os Índios), una entità di apparente protezione ma molto colonizzatrice, ma cominciò a esistere il CIMI (Conselho Indigenista Missionário) che tratta della pastorale con gli Índios dialogando con le loro culture, e cominciò a esistere la UNI (União das Nações Indígenas), come organizzazione nazionale delle tribù indigene difendendo le proprie culture e le proprie terre.

La Campagna della Fraternità (CF) dal 1964 aiuta la Chiesa del Brasile a riflettere durante la Quaresima non solo sulla conversione personale ma anche sulla conversione comunitaria e sociale. La CF 1979 "Preserva ciò che è di tutti" e la CF 1986 "Terra di Dio, terra di fratelli" già offrirono molta riflessione sugli Índios, ma fu la CF 2002 la più specifica con il tema "Fraternità e Popoli Indigeni" e con lo slogan "Per una terra senza mali", mostrando come occorre non solo rispettare gli Índios e le sue terre, habitat naturale e fonte di vita, ma anche imparare da loro il rispetto della natura, della madre terra, dell'ambiente. Alcuni temi furono approfonditi nella CF Ecumenica 2011 che ebbe come tema "Fraternità e vita nel Pianeta" e come slogan "La terra geme con i dolori del parto" (Rm 8,24).

Noi Missionari Saveriani abbiamo molti contatti con gli Índios nello stato del Parà nell'Amazzonia, e al Sud alcuni hanno continuato a frequentare la

Riserva di rio das Cobras, in particolare il P. Francesco Sozzi, il P. Giuliano Sincini, i Padri della parrocchia di Nova Laranjeiras, e il P. Diego Pellizzari, attuale coordinatore del CIMI SUL.

P. Dante Volpini SX (missionario saveriano)

## Orlando

Rimanevo molto stanco dopo la scuola di religione nelle scuole. La direttrice delle Medie “Floriano Peixoto” voleva che io riunissi due classi per volta e così dovevo insegnare a molti alunni. L’unico metodo che avevo trovato era spiegare un poco la lezione e poi dettare alcune frasi di riassunto alla maniera antica. Nonostante questo gli alunni seguivano con attenzione, alcuni cercavano le citazioni nella Bibbia e mi davano molta soddisfazione con le loro risposte e i loro interventi. Un giorno io ero appena tornato da scuola e stavo rimettendo a posto le mie annotazioni in camera, quando il parroco mi chiamò e subito mi fece una proposta: “Sono arrivate due persone che chiedono di andare a visitare un ammalato grave. Io ho un altro impegno. Tu puoi andare con loro?”. Andai subito in chiesa a prendere l’occorrente e mi misi a disposizione della coppia che mi stava aspettando. “Mio fratello sta molto male e dall’ospedale lo hanno rimandato a casa perché secondo loro non c’è più niente da fare. Lo abbiamo riportato a casa, sta a letto, sembra che stia per morire ma non muore. Vorremmo che lei venisse con noi per dare l’Estrema Unzione per vedere se riesce a andarsene in pace”. Io non commentai e semplicemente dissi: “Io sono pronto. Andiamo” La loro jeep andava rapidamente nella strada di terra rossa e, siccome non era molto lontano, dopo mezza ora giungemmo dove si trovava l’ammalato. Era un uomo che dimostrava poco più di trenta anni, con il viso molto sofferente e con febbre alta. “Padre, aiutami!”subito mi disse. Era una situazione molto delicata. Parlai un po’ con lui e poi gli lessi quel brano del Vangelo in cui il centurione chiede a Gesù di curare il suo servo che era gravemente infermo. Gesù lo curò senza entrare nella casa del centurione che non si riteneva degno di accoglierlo. L’uomo ammalato volle fare la sua Confessione e ricevere l’assoluzione. Poi chiamai in camera la coppia che era andata a prendermi e pregammo insieme mentre io ungevo l’ammalato con l’Olio degli Infermi. Poi fece la comunione con un pezzettino della santa Ostia con molta devozione. Diedi la benedizione della famiglia e della casa e prendemmo la strada di ritorno. Arrivando alla casa parrocchiale la coppia mormorò: ”Grazie, Padre. Ora Orlando può morire in pave. E anche noi siamo rimasti consolati”... Passarono alcuni giorni, ma nessuno mi avvisò della morte di Orlando. E un giorno andai a comprare alcune cose in un mercatino e subito un uomo mi si avvicinò: “Padre, mi riconosce? Io sono Orlando. Dopo che lei mi visitò in casa io migliorai molto, e ora sto bene, grazie a Dio”. “Che meraviglia! Ringraziamo il Signore che è stato così buono e pieno di misericordia”. “Ma se lei non fosse venuto là, io sarei morto”. “È vero che l’Unzione degli Infermi e la Santa Comunione sono strumenti di Dio e aiutano non solo l’anima, ma anche il corpo. Ringrazia anche la coppia che mi è venuta a prendere. E quando puoi vieni la domenica a Messa per ringraziare Dio nostro Signore e perché Lui continui a benedirti e darti salute".

# I due Padre Antonio

Da poco più di quattro anni nella Parrocchia di Lupionópolis, nel nord dello del Paranà, in Brasile, affidata ai Saveriani, c'era come parroco il P. Antonio Pozzato. Era un missionario di origine veneta, che aveva lavorato per 16 anni nella Diocesi di Cheng-Chow in Cina e fu chiuso in campo di concentramento prima di essere espulso dal regime di Mao. Ritornato in Italia e poi era stato per due anni superiore nella Casa di Salerno dove aveva conosciuto il P. Gallo. Era stato poi inviato in Brasile e destinato a Lupionópolis. Dopo alcuni anni di animazione missionaria in Italia, fu inviato in Brasile anche P. Antonio Gallo e per i primi tre anni fu nominato viceparroco a Lupionópolis. In Brasile i preti sono chiamati con il nome, e così veniva fuori P. Antonio l'uno, il P. Pozzato, e P. Antonio l'altro, il P. Gallo. Il P. Pozzato rimase un po' dispiaciuto di aver perso il monopolio del suo nome e percepiva che il popolo faceva un po' di confusione con lo stesso nome per i due Padri della parrocchia. E così architettò una soluzione di cui però non parlò inizialmente con il P. Gallo.

Nella Chiesa cattolica esistono due Santi famosi con il nome di Antonio, uno è Santo Antonio da Padova e l'altro è Santo Antonio Abate. Solo che in Brasile hanno una denominazione diversa: Santo Antonio da Padova è chiamato semplicemente Santo Antonio, mentre Santo Antonio Abate è chiamato Santo Antão.

Una domenica mattina il P. Pozzato stava celebrando la Messa e il P. Gallo era nel confessionale, e al momento dell'omelia dopo il Vangelo, il P. Pozzato cominciò così: "Cari fedeli, vi siete accorti che ora in parrocchia abbia mo due P. Antonio e questo genera un po' di confusione. Perciò io vi faccio una proposta per evitare la confusione: A me continuerete a chiamare P. Antonio, come già siete abituati, e il P. Antonio Gallo lo chiamerete Antão, come Santo Antão Abate.

In quel momento il P. Antonio Gallo non aveva nessuno da confessare e ascoltò la proposta che non gli piacque per niente. Ricordò che al suo paese nel salernitano il 17 gennaio si benedivano gli animali e la statua si S. Antonio Abate aveva vicino ai piedi un porcellino. Uscì dal confessionale e disse ad alta voce: "Per favore, P. Antonio, non chiamatemi Antão. Chiamatemi Toninho, diminuitivo di Antonio, ma non voglio il Santo del porcellino". P. Pozzato e il popolo di Lupionopolis capirono il disagio di P. Gallo e lo chiamarono P. Toninho.

Pochi giorni dopo i due Padri si trovavano a pranzo nel seminario di Jaguapitã e un altro Padre che conosceva la vita dei due Santi spiegò che Santo Antonio da Padova era nato a Lisbona e come nome di battesimo si chiamava

Fernando, poi si era fatto agostiniano, ma dopo nove anni vide a Coimbra i corpi di cinque martiri francescani morti in Marocco, decise di farsi francescano e prese il nome di Antonio. Il piccolo convento in cui abitò all'inizio con i francescani era dedicato al Santo Abate fondatore del monachesimo dell'Oriente e Antonio ne ammirò la santità e scelse il suo nome.

Quindi il nome di Santo Antonio da Padova (o di Lisbona) derivava da S. Antonio Abate.

I due Padri Antonio si resero conto che Santo Antão Abate è molto importante nella storia della Chiesa, ma ormai uno era P. Antonio (Pozzato) e l'altro era P. Toninho (Gallo) e rimasero così per tre anni. Poi il P. Pozzato fu mandato a Pirajù, nello stato di San Paulo, e P. Gallo fu mandato a Virmond, nello stato del Paranà, e nelle nuove sedi ognuno era chiamato P. Antonio.

## Il pastore evangelico

Ascensione e Pentecoste sono due feste liturgiche molto importanti e risuonano profondamente nel cuore di noi missionari, specialmente quando possiamo viverle con qualche gruppo parrocchiale. Il giorno dell'Ascensione del Signore è anche il giorno in cui Gesù dette il mandato missionario agli Apostoli inviandoli a predicare il Vangelo a tutti i popoli della terra. Si celebra anche la giornata mondiale dei mezzi di comunicazione e spesso coincide con la festa delle mamme, Spesso ci sono molti ragazzi che si stanno preparando alla Prima Comunione e alla Cresima.

La festa di Pentecoste celebra lo Spirito Santo che scende sui cristiani come sugli Apostoli riuniti con Maria nel cenacolo. Possono essere presenti ragazzi che si preparano alla Cresima o da poco cresimati e persone impegnate nelle varie attività pastorali e caritative della parrocchia. Lo Spirito Santo aiuta a pregare, a comprendere la Parola di Dio, a vivere il precetto dell'amore, a divulgare e testimoniare a tutti i popoli il vangelo e la grazia del Signore Gesù.

In Brasile, nella settimana tra Ascensione e Pentecoste, si prega per l'unità dei cristiani. In Europa e in molte parti del mondo questa settimana si celebra dal 18 al 25 gennaio, in occasione della conversione di S. Paolo, ma in Brasile, gennaio è il mese delle vacanze estive. Tra l'altro, la chiesa brasiliana ha scelto questa settimana tra Ascensione e Pentecoste perché sono i giorni in cui si legge, nella Messa, il capitolo 17 del Vangelo di Giovanni, in cui Gesù prega il Padre: "come tu in me e io in te, che tutti siano uno perché il mondo creda".

### In Brasile, il pericolo delle sette

In Brasile ci sono più di duemila chiese: alcune sono protestanti ed esistono da alcuni secoli, altre sono evangeliche o simili e sono più recenti. Spesso fanno capo al pastore che le dirige. La settimana di preghiera per l'Unità dei cristiani si attua con alcune celebrazioni ecumeniche tra le chiese di più antica data. Una Chiesa offre lo spazio, una offre il coro, una legge il brano della Bibbia e un prete o un pastore spiega la Parola prima di preghiere e canti spontanei. Spesso anche con altre Chiese siamo uniti per certe battaglie sociali: acqua, luce, mezzi di trasporto, vaccinazioni e, da pochi anni, la Campagna della fraternità in comune.

Si prega anche per l'unione con gli altri, ma spesso non è semplice. Alcune religioni o sette sono venute dall'America del Nord con il progetto di frammentare la Chiesa cattolica, troppo vicina ai poveri e ai partiti che difendono i lavoratori, e impedimento per l'espansione del libero mercato americano. Spesso usano interpretazioni della Bibbia che sembrano autentiche, ma in realtà non lo sono. I Santi non sono idoli, Maria non è una creatura qualsiasi, il Papa non si oppone a Cristo, la Chiesa cattolica non è Babilonia. In realtà la Chiesa Cattolica li ha lasciati dire e queste Chiese o sette sono aumentate molto e i cattolici sono diminuiti.

## Conversazione con il pastore evangelico

Una volta stavo viaggiando in autobus da Londrina a Jaguapità nel Paranà e nella stazione di Rolandia salì un pastore evangelico che si mise a predicare ai viaggiatori. Diceva: "Voi cattolici credete che Maria madre di Gesù sia una donna speciale, ma in realtà non è così perché nella sua preghiera ringrazia Dio suo salvatore. Se Dio l'ha salvata anche lei è peccatrice", e rivolto a me che aveva riconosciuto come prete disse: "Non è vero?".

Gli risposi: "Non è vero, perché la Bibbia la chiama piena di grazia e dice che il Signore è con lei. La parola "piena di grazia" è tradotta dal greco "checaritomène" che è un participio perfetto e indica proprio la pienezza: in Maraia non c'era peccato, era piena della grazia di Dio. Si possono salvare le persone in due modi: o dopo essere caduti o trattenuti prima di cadere. Noi siamo stati salvati perché caduti nel peccato, Maria è stata salvata prima di cadere. Lei loda il Signore che ha compiuto in lei grandi cose, e tutte le generazioni la chiameranno beata e non peccatrice". Il pastore si sedette vicino a me e mi rivolse altre domande, accettando lì per lì le mie risposte. Quando scesi dall'autobus alcune persone mi ringraziarono prima di salutarci.

## Le CEBs in Curitiba

Curitiba è la capitale dello stato del Paranà e per quattro anni vi ho lavorato come rettore del seminario saveriano e viceparroco. Con i seminaristi che studiavano filosofia e teologia decidemmo di iniziare sette gruppi di riflessione con le famiglie dei bairros (=rioni) di Pilarzinho e Vila Galia. Il parroco approvò l'iniziativa e disse che poi avrebbe trasformato i gruppi di riflessione in Comunità Ecclesiali di Base, le CEBs. Le famiglie venivano alla Messa nel giorno di festa e in un giorno della settimana avevano l'incontro di riflessione confrontando il Vangelo con la loro realtà e pregando e cantando e aiutandosi fra loro. I due seminaristi che seguivano ogni gruppo parlavano per ultimi ed erano contenti che i gruppi si consolidassero nella fede e nella carità cristiana.

Qualche settimana c'era meno partecipazione perché qualcuno tornava stanco dal lavoro, ma c'erano due periodi in cui quasi tutti erano presenti.

Nella Novena di Natale c'erano due riunioni per ogni settimana dell'Avvento, sempre cambiando casa e seguendo un piccolo economico libretto proposto nello stato del Paraná. Ci doveva essere una statuetta del Bambino Gesù, una candela accesa e l'aiuto a una famiglia. Un gruppo si accorse che tra le famiglie c'era quella di Nelson e Loacir con due figli di dieci e otto anni e che Nelson era disabile e Loacir aveva solo poche ore di lavoro e passarono a dare appoggio a questa famiglia.

L'altro periodo ben frequentato è la Campagna della Fraternità, che si svolge durante la Quaresima per la conversione non solo individuale ma anche comunitaria. Inventata da Dom Helder Camara nei primi anni sessanta e assunta dalla CNBB, Conferência Nacional dos Bispos Brasileiros, ogni anno la Campagna affronta un problema sociale come lavoro, scuola, salute, gioventù, o i problemi di una etnia o minoranza, come gli indios, gli afrobrasiliani, gli asiatici, o i problemi del clima, degli insetti, dei mezzi di trasporto, della struttura sociale, della inflazione, o i problemi religiosi come le varie religioni, l'indifferenza, la lettura della Bibbia, i Movimenti religiosi e sociali, le parrocchie con le varie opere pastorali e missionarie, e le piccole comunità più vicine alle famiglie. Ogni settimana si studia una parte del problema, seguendo un libretto economico per le famiglie editato dalla CNBB, con lo schema vedere, giudicare e agire: vedere la realtà, giudicare alla luce della Parola di Dio, e agire con progetti di miglioramento fraterno. Ci sono preghiere e canti che accompagnano le riflessioni sui temi e sono usati anche nelle celebrazioni domenicali della Quaresima che termina con il Triduo pasquale e la Pasqua.

I nostri gruppi di riflessione si resero conto di alcune emergenze derivate da una forte brinata accaduta nel nord del Paranà bruciando le radici delle piante del caffè, per cui i fazendeiros fecero sradicare le piantagioni di caffè e piantare canna da zucchero e soia che hanno bisogno di molto meno mano d'opera. Moltissime famiglie lasciarono le fazendas e si trasferirono alla periferia della città di Curitiba, che passò da settecentomila a un milione e duecentomila abitanti.

Un gruppo di riflessione dovette affrontare l' emergenza di una famiglia di mamma con due bambine venute dal nord e ospitate nel terreno di uno zio che aveva fatto per loro una casetta di legno. Ci fu un camion che lasciato di notte in una salita là vicina perse il freno e andò a schiantarsi su quella casetta. La mamma e le due bambine furono ritrovate miracolosamente illese in un cantuccio della casa. Il gruppo si dette subito da fare per trovare altre tavole e ricostruire la casetta al suo posto e aiutare la mamma che aveva un semplice lavoro a giornata. Ma l'emergenza più grave si rivelò quando ci fu un freddo insolito in Curitiba e queste famiglie venute da zone più calde non erano attrezzate per affrontarlo. I vari gruppi di riflessione e noi del seminario facemmo una "campagna do agasaglio", cioè una raccolta di maglie e coperte e indumenti caldi, per aiutare le famiglie sprovviste. Ci arrivarono anche alcuni pacchi dall'Italia. Fu un'opera importante di fraternità che soccorse necessità urgenti e molte famiglie riconobbero: "Senza il vostro aiuto avremmo sofferto molto".

Queste cose hanno rafforzato molto la fede, hanno portato alla formazione di alcune Comunità Ecclesiali di Base e alla costruzione della cappella di San Francesco Saverio nella Vila Galia.

## Esperienza missionaria nella periferia di San Paolo del Brasile

### 1. Vedere: una realtà completamente nuova

Alla fine del 1980 il Cardinale di São Paulo, Dom Paulo Evaristo Arns, e il Vescovo ausiliare per la regione est di São Miguel Paulista, Dom Angelico Bernardino Sandalo, si trovavano in difficoltà, non sapendo come affrontare una nuova realtà, che era enorme e richiedeva un nuovo tipo di pastorale. Vennero a sapere che i Missionari Saveriani avevano intenzione di aprire una Comunità nella periferia per lavorare nella pastorale e lì portare avanti il giornale missionario Kosmos. Il Cardinale convocò il Superiore dei Saveriani del Brasile Sud e chiese che inviasse un piccolo gruppo di missionari per lavorare nelle COHABs e zone annesse, perché "era una realtà completamente missionaria". Il Superiore scelse 5 confratelli: P. Roberto. P. Gino, P. Adolfo, P. Camillo e me, P. Dante, dando a tutti l'incarico di lavorare pastoralmente nelle COHABS, costituendo P. Roberto come coordinatore della comunità e direttore del giornale e a me come coordinatore dell'azione pastorale ed eventuale parroco se la zona a noi affidata divenisse parrocchia. La nostra zona apparteneva a due grandi rioni, Guaianases e Itaquera, a circa 40 km dal centro di São Paulo, e apparteneva alla grande parrocchia di São Benedito in Guaianases, che aveva circa 500 mila abitanti e non era stata ancora suddivisa, perché in continua evoluzione, aumentando sempre più. Le COHABs sono congiunti, cioè complessi abitazionali di case popolari che il sindaco Ademar de Barros e l'ingegnere capo Dr. Celestino Bourrul hanno programmato e realizzato per rispondere alle migliaia di richieste di case nella periferia Est di são Paulo. Sono molti palazzi con 5 piani, ciascuno con 30 o 40 o 60 piccoli appartamenti (quelli da 40 o 60 sono palazzi gemellati con scale esterne) e gli appartamenti sono da 27 o 36 o 45 metri quadrati. Ci sono anche vie con case embrione, cioè file di case di 16 metri quadrati (4mx4). Il tutto è in costruzione e appena le abitazioni sono pronte, file di famiglie ricevono le chiavi e vengono ad abitare la casa per cui hanno tanto lottato. Quando arrivammo nel febbraio del 1981 la Cohab "José Bonifácio" aveva solo 30mila persone, ma alla fine dell'anno ne aveva già 120mila e continuava a crescere. Le "vilas pobres" e la Cohab "Prestes Maia" ne avevano altrettanti e le altre Cohabs fino a cidade Tiradentes erano in costruzione. La maggior parte delle famiglie ha le sue origini nel Nordest del Brasile o comunque dall'interno, tutti sono passati per situazioni di grande difficoltà o abitando in "favelas" o da un affitto che sempre aumentava con l'inflazione galoppante e li costringeva a scegliere se pagare l'affitto o dar da mangiare ai figli. In ogni famiglia c'è almeno una persona che lavora, ma spesso il lavoro è molto distante da queste "città dormitorio". Le famiglie sono singole, completamente staccate da parenti e dai luoghi delle loro radici, sono di tutte le razze, svincolate da ogni appartenenza a religione o gruppo sociale, facile terreno per il proliferare delle sette protestanti o spiritiche. Non sono previste chiese o case di commercio, ci sono solo abitazioni, alcune grandi scuole e alcuni centri comunitari in cui si deve chiedere un orario alla assistente sociale e vi si realizzano riunioni di condominio, riunioni religiose, scuola di danza, o di capoeira, come saloni multiuso, senza nessuna preferenza o privilegio per nessuno. Le scuole hanno molte aule e hanno cinque orari di due ore e mezza ciascuno: due orari al mattino e due al pomeriggio per il 1° grado da 1ª a 8ª serie e uno la sera per l'alfabetizzazione di adulti e per il 2° grado. Le famiglie devono pagare una parcella o canone mensile che aumenta solo un po' con l'inflazione e anche acqua, luce e le bombole di gas. Occorre formare gruppi e comunità cristiane, dare un senso do appartenenza per far fronte alla grande concorrenza delle molteplici sette. A noi Missionari Saveriani è affidata una vasta area che va dalla COHAB "José Bonifácio" di Itaquera 2, alla COHAB "Prestes Maia" de Guaianases e fino alla COHAB "Cidade Tiradentes" in costruzione e comprendente sia le COHABs sia le "vilas pobres" o "favelas" che ci sono in mezzo. Il Card. Arns, francescano, e il Vescovo dom Angelico sono persone di profonda spiritualità e sono molto coinvolti con le problematiche dei poveri e dei lavoratori. Il parroco di San Benedito spagnolo, si chiama P. José Maria, fa qualche riunione con noi, ci ottiene dalla Diocesi 150 reais al mese e ci ottiene dal Presidente del Corinthians F. C. il prestito per due anni di una casetta con tre piccole stanze, cucina e bagno. Vicino a noi ci sono 4 Suore Canadesi che lavorano nel "Jardim São Pedro", che fanno centri d'ascolto e celebrazioni nel Jardim São Pedro, utilizzando un sussidio preparato dalla Diocesi e che tiene presenti tutti i problemi delle "vilas pobres", cioè mancanza di acqua, di luce, di urbanizzazione decente, e simili. Nella Cohab Prestes Maia c'è l'uso di alcuni orari per la Chiesa Cattolica e c'è P. Manoel, che vuole trasferirsi. Nella Cohab José Bonifácio ci sono due realtà anteriori che sono rimaste incluse: un Asilo di anziani con la cappella e il cappellano che rimarrà ancora un anno e una Chiesetta molto piccola in sfacelo che era della Fazenda da cui fu comprato il terreno della Cohab.

## 2. <u>Giudicare: Occorrono metodi pastorali completamente nuovi.</u>

I cinque Missionari Saveriani avevano lavorato pastoralmente in altre realtà dell'interno e di periferia, ma si resero conto che lì si trattava di una realtà completamente diversa e che occorrevano metodi completamente diversi.

Il dr. Celestino Bourrul ci aveva detto che la sua priorità assoluta era "costruire case" e che inizialmente non intendeva dare spazi per costruire chiese. Noi dovevamo presentarci come un'entità qualsiasi, senza privilegi, con un nome sociale e uno statuto e chiedere orari nei centri comunitari come tutti gli altri.

Occorreva cominciare tutto da zero e creare gruppi e comunità cristiane, essere accoglienti e formare nuovamente alla fede nel Signore e all'appartenenza alla Chiesa. Davanti a quella immensa realtà di gente occorreva dividerci i settori per essere punto di riferimento alle comunità in formazione, ma rimanere uniti e usare lo stesso stile e gli stessi metodi. Pur mostrando la nostra comunione con il Cardinale di São Paulo e con il Vescovo ausiliare residente a São Miguel Paulista, era nostro compito farci presenti nella realtà delle Cohabs. Alcuni di noi cinque avevamo già lavorato con CEBs, cioè Comunità ecclesiali di Base, con il metodo di Gruppi di riflessione che sanno unire la Parola di Dio e la Vita, la Liturgia e la realtà quotidiana. C'erano i libretti della Regione Est usati dalle Suore Canadesi , ma per la nostra gente non c'era il problema dell'acqua e della luce, c'era il problema del pagare la parcella mensile e del vivere insieme quasi senza privacy, per cui eventuali discussioni o rumori echeggiavano per tutto lo stabile. L'apertura al Vangelo e ai criteri cristiani avrebbero aiutato anche la convivenza umana.

C'era il problema delle varie Sette o religioni protestanti o evangeliche in continua ricerca di adepti e che cercavano di svilire la Chiesa cattolica: "Se volete riso e fagioli, andate con la chiesa cattolica, ma se volete il vero Gesù Cristo che vi libera da ogni problema, venite con noi". Era necessario evangelizzare con la Parola di Dio ben interpretata e come diceva P. Roberto: "Seminare, seminare, seminare".

Erano stati appena divulgati i Documenti di Puebla, dove i Vescovi del CELAM, cioè Conferenza Episcopale Latinoamericana, avevano esplicitato la "opzione preferenziale per i poveri" e ci era stato spiegato che questo significava non agire "per i poveri" guardandoli dall'alto in basso secondo la mentalità fomentata dai Media, ma agire "con i poveri e come i poveri", analizzando la realtà a partire dal basso. Per questo anche i nostri mezzi per evangelizzare dovevano essere poveri e il nostro atteggiamento una continua apertura all'ascolto.

Il Vescovo Dom Angelico Bernardino Sândalo ci fece notare che in una società come quella della periferia occorre non solo preoccuparsi del pesce da mangiare (avere il necessario per vivere), e della rete per pescare (il lavoro), ma anche del fiume in cui sia possibile pescare (una società che dia condizioni di vita ai poveri e ai lavoratori). Il Card. Arns ci mostrò come si può leggere la Bibbia focalizzando i temi "della giustizia e della misericordia" con equilibrio tra loro. Le nostre meditazioni sul Vangelo ci facevano notare l'atteggiamento missionário di Gesù che valorizzava ogni tipo di persona e soprattutto i poveri, gli stranieri e gli emarginati.

Quanto a persone per lavorare nell'evangelizzazione, contavamo con la Santissima Trinità e l'intercessione della Madonna, e dei Santi, particolarmente San Francesco Saverio nostro Patrono e del venerabile (dopo santo) Mons. Guido Maria Conforti nostro Fondatore. Poi, oltre a noi stessi e le persone che potevamo trovare lì che avevano fatto pastorale in altri luoghi adattandole alla nuova missione, potevamo invitare una o due Congregazioni di Suore.

**3. Agire. Portare la speranza e l'appartenenza a Gesù e alla Chiesa cattolica.**

Demmo un nome alla nostra Entità chiamandola "Ação Social da Igreja católica", fu dato il mio nome come rappresentante ufficiale per tutte le trattative con la Cohab e qualsiasi altro Ente, facemmo uno statuto che fu registrato e prendemmo un numero di CGC che era una filiale di quello della Diocesi. Chiedemmo orari nei centri comunitari per le celebrazioni di messe o culti domenicali, per riunioni generali, chiedemmo due salette nelle scuole per il catechismo dei ragazzi. All'inizio veniva pochissima gente alla Messa domenicale, non arrivavano a dieci e di questi solo due o tre sapevano leggere e aiutavano a cantare, c'era da perdersi d'animo: con migliaia di gente che abita qui così pochi partecipano! Ma poi cominciarono le riunioni dei Gruppi di riflessione (come Centri d'ascolto) e le cose migliorarono. P. Adolfo e P. Camillo facevano gli incontri nella Cohab Prestes Maia e vilas pobres, P. Roberto, P. Gino e io ci dividemmo la Cohab José Bonifácio e ogni sera facevamo riunione in un appartamento con la gente di tutto un palazzo, Uno di noi andava con l'unico "maggiolino" che avevamo e lasciava gli altri due nel luogo prefissato e dopo un'ora e mezza passava a riprenderli. Iniziammo con una ventina di incontri di "dinamica di gruppo" e poi passammo agli argomenti di evangelizzazione. Ad ogni palazzo di piccoli appartamenti c'era un gruppo e così pure in ogni via delle case embrione. Alcuni gruppi riuscirono meglio e altri un po' meno, ma c'era più conoscenza tra le persone nei loro lati buoni e nelle loro idee buone. I Gruppi di riflessione impararono a riunirsi anche senza di noi, ma periodicamente ricevevano la nostra visita.

Nel luglio del 1981 ci fu un Capitolo Regionale dei Saveriani e fu eletto un nuovo Superiore Regionale e P. Dante fu eletto Consigliere. Il Capitolo confermò le attività nelle periferie e nelle Cohabs e dette alcune condizioni al giornale Kosmos.

Già dopo un anno nelle Cohab era molto aumentata la frequenza nelle Messe e si formavano alcune Comunità cristiane. Nel Centro Comunitario della Cohab Prestes Maia la Comunità si chiamava Sagrado Coração de Jesus, e altre Messe si realizzavano periodicamente nella Vila Cosmopolita, nel Jardim São Paulo e nella piccola Chiesa Santa Cruz das Almas, dove fu celebrata l'Ordenazione al Diaconato del saveriano Luiz Pinto de Toledo,. Nella Cohab José Bonifácio si formarono tre grandi Comunità: la Comunità Imaculada Conceição con i Settori A e B, era servita dal P. Roberto e, dopo l'uscita del Cappellano e la richiesta delle Suore, celebrava nella Cidade dos Velhinhos. La Comunità Bom Pastor nel Settore C era servita dal P. Dante e ottenne l'uso esclusivo del Centro Comunitario di quel Settore. La Comunità São José Operário con i Settori D, H e I, servita dal P. Gino e ottenne l'uso esclusivo del Centro Comunitario del Settore D. Ogni Comunità già aveva alcuni laici per i ministeri nei Gruppi, nella Liturgia, nella Catechesi, nella Carità e, pian piano, entrarono la Pastorale della Salute e la Pastorale della Decima. Occorreva formare i Laici, dato che quasi nessuno di loro era a conoscenza delle pastorali e occorreva adattarci alle Cohab e stare in comunione tra noi.

Dopo il primo anno già facemmo la prima Processione del Venerdì Santo lungo la Via principale con la presenza delle tre Comunità: quella dei Settori A e B, quella del settore C e quella dei Settori D e H e I; meditammo, pregammo e cantammo sulle 14 stazioni della Via Crucis, con microfono, un grande Crocifisso e le candele "aux flambeaux" e varie persone si unirono lungo il tragitto. La Direzione della COHAB ci propose di restaurare l'antica chiesetta della Fazenda con la grandezza di prima e noi accettammo. Era nel Settore G e ne approfittammo per cominciare la comunità con i Settori F e G, ma le Messe dovevano essere campali davanti alla chiesetta per il numero dei partecipanti.

La Direzione della COHAB pensò allora di destinare un terreno per tempio e opera sociale da parte di una Chiesa e indisse una asta tra le varie Religioni presenti nella Cohab José Bonifácio. Ogni Religione che concorresse doveva presentare un progetto con tre quarti della costruzione adibita a opera sociale e un quarto adibita a tempio; nella presentazione doveva constare la ragione sociale e lo statuto, il numero approssimato di adepti e l'offerta in denaro. Fu una concorrenza fra 38 Religioni e alla fine vincemmo noi della Opera Sociale della Chiesa Cattolica per il numero di adepti e il Sindaco di São Paulo Ademar de

Barros e il Dr. Bourrul vennero a firmare con me (delegato ad hoc dalla Mitra diocesana per firmare e consegnare l'assegno) la scrittura del terreno.

Anche P. Adolfo e P. Camillo lavoravano con Gruppi di riflessione, Catechesi, Celebrazioni e Carità nella Cohab Prestes Maia, nella Vila Cosmopolita e le altre Vilas pobres. Ricevettero la donazione di un terreno attiguo al Prestes Maia e una proposta di contratto nella Vila Cosmopolita. Il terreno attiguo al Prestes Maia fu contestato, ma dopo un processo al Forum di Itaquera ne ottenemmo la proprietà. Quello della Vila Cosmopolita lo pagammo in dodici rate. Ci furono alcuni cambi di Saveriani: il P. José Pereira e P. Vicente Mitidieri alla Cohab Prestes Maia, P. Alessio chiese il Settore C della Cohab José Bonifácio, P. Mario il Settore G, P. Gino rimase con i Settori D, H e I, e P. Dante i Settori A e B.

Ottenemmo l'aiuto di due Congregazioni di Suore: le Missionarie di Maria o Saveriane che lavorarono per due anni nella Cohab José Bonifácio e poi andarono ad iniziare la Pastorale nella Cohab Cidade Tiradentes, e le Suore Domenicane della Beata Imelda che portarono avanti il Settore J nella Cohab José Bonifácio e dettero una mano anche negli altri Settori principalmente nella catechesi. Era una azione missionaria guidata dallo Spirito Santo e ci impegnava in ogni Settore, senza perdere di vista tutto il territorio che ci era stato consegnato. Avevamo l'impegno di molti laici che avevano molto zelo nel volersi preparare e nel collaborare. Facevano anche il corso in preparazione al Bettesimo e i Battesimi erano fatti nei centri Comunitari.

La Comunità Imaculada Conceição dei Settori A e B usava la Cappella della Cidade dos Velhinhos e il cortile annesso. In occasione di una Festa Junina della Comunità ci fu rumore dopo le ore 22, fino alle 23, alcuni vecchietti reclamarono con la Direttoria della Cidade e questa espulse la Comunità e anche i Padri. Andai a trattare: due Padri uscirono, il P. Gino e P. Dante andammo ad abitare nell'appartamento ancora in construzione nella Comunità São José Operário, ma due Padri rimasero nella Cidade dos Velhinhos: il P. Alessio con qualche compito di cappelano e il P. Mário per fare comunità religiosa. Con la Comunità Imaculada Conceição celebrammo per alcune domeniche Messa campale nei parcheggi, realizzammo le Prime Comunioni nell'ampio corridoio tra le aule della Scuola e il Vescovo Dom Angélico celebrò le Cresime in un'aula della Scuola, ma poi la COHAB SP ci dette un Centro Comunitario restaurato ad uso della Comunità Imaculada Conceição.

Un'altra difficoltà fu il tentativo di alcuni elementi della TFP della Parada Quinze che volevano ottenere seguaci nei Settori H e I, approfittando di brevi ferie del P. Gino. Ma alcuni abitanti di questi Settori ci avvisarono sui rosari detti nelle famiglie e i filmini su Fatima contenenti accuse ai nostri Vescovi e a una Chiesa attuante nel sociale. Andammo a dire un rosario con loro in una famiglia, contestammo le loro affermazioni e proibimmo la loro azione nella Cohab. Le famiglie della Comunità smisero di acooglierli ed essi smisero di andare.

Dato che c'erano molti operai delle industrie metallurgiche dell'ABC paulista, ebbe inizio la Pastorale Operaia. Insieme al P. Aléssio invitarono Jair Meneguelli, presidente della CUT, Central Unica dos Trabalhadores, sindacato libero e non "pelego", per una conferenza nel Centro comunitário del Settore C. Alcuni di loro fecero un piccolo centro d'ascolto nella fabbrica della Ford dove lavoravano: ogni lunedì per dieci minuti all'ora del pranzo si riunivano per mettere insieme agli altri le riflessioni sul Vangelo della domenica precedente. Quando aumentarono le rate mensili da pagare per i miniappartamenti, ci fu un giorno un piccolo comizio nella piazza centrale e pochi giorni dopo, una domenica a mezzogiorno, in tutta la Cohab José Bonifácio le famiglie batterano i ramaioli nelle pentole vuote.

Facemmo piccole feste e promozioni e ottenemmo aiuti da fuori per costruire sale di catechesi e le due chiese: São José Operário e Sagrado Coração de Jesus .

Nel novembre del 1983 la presidenza della COHAB ci chiamò per scegliere e fare un contratto riguardo ad altri terreni: Io iniziai la trattativa e indicai alcuni terreni, ma dopo l'inizio del 1985 la trattativa fu portata avanti dal P.Vincenzo Mitidieri in accordo con la Diocesi di São Miguel Paulista. I terreni indicati furono: nella Cohab José Bonifácio altri due, nella Cohab Juscelino Kubichek uno, nella Cohab Cidade Tiradentes tre. Con il consenso e il contributo della Mitra Diocesana furono pagati in due rate e diverranno il centro di rispettive Parrocchie. Man mano che si costituivano le Parrocchie, eccetto la Sagrado Coração de Jesus nella Cohab Prestes Maia con tredici Cappelle che è ancora dei Saveriani, sono state consegnate dal Vescovo di São Miguel Paulista ad altre Congregazioni o a Sacerdoti Diocesani.

Nel territorio che fu affidato ai Missionari Saveriani nel 1981 furono create otto Parrocchie abbastanza grandi: nel 1985 Paróquia do Sagrado Coração de Jesus nella Cohab Prestes Maia e Paróquia de São José Operário nella Cohab José Bonifácio, nel 1994 Paróquia de Santo Agostinho nella Cohab José Bonifácio, nel 1999 Paróquia de São José nella Cohab Cidade Tiradentes e Paróquia de São Paulo Apóstolo no Jardim São Paulo (metà era nel nostro territorio), nel 2000 Paróquia do Sagrado Coração de Jesus nella Cidade Tiradentes, nel 2002 Paróquia de Santa Verônica Giuliani nella Cidade Tiradentes, nel 2008 Paróquia de São Francisco Xavier nella Vila Cosmopolita. Uno dei terreni della Cohab José Bonifácio non divenne parrocchia, ma fu affidato al Grupo de Oração "Agua viva" non lontano dalla parrocchia Santo Agostinho.

Nel 1986 incontrai il Card. Dom Paulo Evaristo Arns nel Pio Collegio Brasileiro di Roma e mi riconobbe e disse: "Io ringrazio molto il Signore per il lavoro missionario che voi Missionari Saveriani avete fatto in questi anni nelle COHABs e "vilas pobres" di Itaquera e Guaianases".

Conclusione. Ancora oggi nelle Missioni "lontano" ci sono situazioni missionarie per le quali occorrono gli Istituti Missionari: periferie di grosse città, centri di dialogo con altre religioni, luoghi in cui la religione cattolica è in piccola minoranza. Occorre ancora pregare, stimolare e aiutare le vocazioni ad gentes, ad extra e ad vitam, degli Istituti Missionari. Così come occorre in ogni parrocchia "cattolica" la formazione alla cattolicità, alla mondialità, alla universalità, per non perdere "l'andare a tutti i popoli" vicini e lontani con spirito di accoglienza, di comunione e di autentico servizio missionario.

P. Dante Volpini SX, missionario saveriano

## Un gruppo di Senza Terra

Il Matão de Sumarè è un rione tra la periferia di Campinas e la periferia di Nova Veneza, nel comune di Sumarè, stato di San Paulo, nel Brasile. Il Matão è un ex chilombo, cioè un ex rifugio di schiavi che al tempo della schiavitù (finita ufficialmente il 13 maggio 1888) fuggivano in cerca della libertà. Era arrivato a 35 mila abitanti, divisi in nove comunità cristiane ed era il settore 4 della parrocchia di Nova Veneza. Era un rione poverissimo, piuttosto carente di strutture urbane e con due favelas. Già i due Frati che vi .avevano lavorato prima di noi avevano fatto con gli abitanti molte rivendicazioni di acqua potabile, luce e fogne, ottenendo in parte qualche cosa con il Comune di Sumarè, ma c'era ancora molto da fare in questi campi e ancora c'era da ottenere la bonifica di un torrente, l'asfalto per far passare gli autobus e autobus meno primitivi e malandati per andare a lavorare in città. Le nove comunità cristiane stavano costruendo le loro cappelle e qualche sala di catechesi e facevano camminate di rivendicazione accompagnate dal prete saveriano e dal seminarista Gentil per ottenere dal Comune quello che mancava.

Intanto c'era un altro problema grave ed era che molte famiglie erano senza lavoro o con lavori poco retribuiti. Era difficile trovare lavoro quando si diceva che l'abitazione era nel Matão o che non si aveva una professione specifica e con tempo di esercizio. Per molti il lavoro precedente era stato nei campi e spesso si domandavano perché la Riforma Agraria era ferma e non c'erano nuove possibilità. C'era però un Movimento che dava speranza e tre seminaristi Saveriani erano attivi in questo Movimento: era i Senza Terra. Questo Movimento prendeva di mira i territori "non produttivi", preparava un gruppo di famiglie per occuparli e renderli produttivi. Facile da dirsi, ma quasi impossibile da farsi.

Nel Matão i due seminaristi che facevano incontri con le famiglie che erano disposte a ritornare ai campi radunarono una quarantina di famiglie con cui avrebbero potuto fare anche due gruppi, ma dopo qualche riunione la perseveranza fu di circa venticinque famiglie e si formò un unico gruppo di Senza Terra. Continuarono gli incontri per abituare a vivere e decidere e lavorare insieme formando una cooperativa. Ma mancava il più: mancava la terra. Il terzo seminarista lavorava nella direzione del Movimento che aveva il compito di identificare il terreno "improduttivo" ed ottenere dallo Stato di occuparlo senza essere scacciati dall'esercito. Fu fatto un accampamento provvisorio in una grande rotonda della strada, conosciuta come "o trevo da Bosch", perché era una rotonda nelle vicinanze della fabbrica della Bosch. Fu fatta una camminata con striscioni e slogan da lì fino al centro di Campinas, fino alla Cattedrale. Era il tempo in cui il Partito dei Lavoratori aveva grande influenza nello stato paulista. Il terreno desiderato era di qualche ettaro prossimo al comune di Pontal do Sul, parallelo all'autostrada che da San Paolo va verso Ourinhos e il nord del Paranà. Il terzo seminarista con la direzione del Movimento ottennero che quel terreno fosse dichiarato "improduttivo", smembrandolo da una fazenda in cui il fazendeiro lo conservava come investimento del suo capitale. Così fu possibile occupare la terra definita ed ottenere un primo attestato di proprietà che in seguito verrebbe legalizzato definitivamente.

Fu celebrata una Messa di ringraziamento e furono costruite le casette per le famiglie.

Un altro grosso aiuto venne da P. Arnaldo che ottenne dai suoi benefattori l'occorrente per comprare un trattore e alcuni implementi. Era difficile coltivare un terreno che non aveva mai prodotto niente, ma c'era un buon entusiasmo e molta buona volontà e fede e così si ottenneil raccolto di un po' di mais e un po' di fagioli. Altre tappe furono poi vinte con l'aiuto della Comunità che era rimasta nel Matão. I fagioli che volevano vendere e non potevano essere così puliti come quelli dei supermercati erano venduti a un prezzo leggermente inferiore alla Comunità del Matão e così la Cooperativa dei Senza Terra di Pontal è andata avanti ed è migliorata sempre più dando a quelle famiglie la possibilità di vivere con il proprio lavoro.

P. Dante Volpini SX

# La Parrocchia Cuore Immacolato di Maria nel rione Pauliceia a Piracicaba – SP

La città di Piracicaba, 170 Km a nord di São Paulo, ha 328 mila abitanti, è Diocesi con 54 parrocchie, 20 delle quali in città. La parrocchia della Paulicéia è la più a sud della città, nell'uscita per Saltinho, Tietê, Cerquilho e la Castelo Branco. La Parrocchia há i suoi cpnfini nella via Benjamim Constant, nell'antica ferrovia Sorocabana, nrl torrente Piracicamirim (affluente del fiume che dà il nome alla cittè), e nella Via Raposo Tavares, nel confine con l'altra parrocchia saveriana del rione Itapuã. La comunità saveriana di Paulicéia era composta da 3 sacerdoti: P. Dante, P. Beto e P. Roberto, che nel 2002 avevano 62, 51 e 81 anos.

La Parrocchia Cuore Immacolato di Maria, fondata il 22.08.1953, è servita dai Saveriani dal febbraio del 1981. In quell'anno aveva circa 39 mila abitanti, due terzi dei quali cattolici e un terzo evangelici, appartenenti a 30 sette ognuna con la sua chiesa. La Parrocchia segue le linee pastorali della Diocesi e del suo Vescovo.che sono: 1) piccole comunità; 2) formazione di agenti di pastorale; 3) sante missioni popolari; 4) dialogo con la società, aggiungendo la linea della Congregazione Saveriana che è 5) l'animazione missionaria e vocazionale. Ecco come si è tentato di attuare queste priorità.

1. **Piccole Comunità.** Lo scopo delle piccole comunità è quello di portare la Chiesa mais vicino alle famiglie per dare alle persone un senso di appartenenza a una comunità vicino alla propria casa. La Parrocchia Cuore Immacolato di Maria è divisa in una Comunità centrale e altre 15 Comunità cristiane. Ognuna di queste Comunità ha (o avrà) chiesa, salone, sale di catechesi, il Conssiglio Pastorale di Comunità, formato da una coppia di coordenatori della Comunità e dai coordenatori delle Pastorali che sono: Preparazione al Battesimo, Catechismo, Prepazaione alla Cresima, Liturgia, organizzazione delle Feste, Pastorale Familiare, della Salute e Visite, della Decima, Conferenza di S. Vincenzo per i poveri, Pastorale del Bambino, e P. Sociale. La Comunità centrale è composta da altre 3 Comunità e 6 Settori, che convergono nella Chiesa parrocchiale. Nella Parrocchia esistono anche 111 Grupi di Quartiere o Gruppi di Riflessione o piccoli settori, o CEBs, che sono suddivisioni delle Comunità o dei 6 grandi Settori. Questi Gruppi si reuniscono ogni settimana e fanno la Novena di Natale, la Campagna della Fraternità e altre riflessioni. Nel 2001 e 2002 hanno fatto 32 incontri ogni anno studiando gli Atti degli Apostoli.

2. **Formazione di Agenti di Pastorale.** Lo scopo della Formazione degli Agenti di Pastorale è quella di abilitare i laici ad assumere com maggior zelo ed efficacia le proprie attività nelle das Comunità, affrontando anche la sfida delle sette e della mentalità pagana del mondo di oggi. Per questa finalità esistono le scuole serali di Teologia e di Agenti a livello diocesano, e incontri speciali a livello parrocchiale. Abbiamo in parrocchia più di 70 Ministri dell'Eucaristia, molti dei quali sono anche Ministri della Parola, capaci di presiedere la Celebrazione o Culto Domenicale nei giorni festivi quando nella loro Comunità non c'è la Messa. La loro riunione si fa il primo venerdì del mese. Abbiamo circa 120 catechiste e 30 Animatori di Cresima. La formazione per le catechiste si fa nel pomeriggio dei sabati di febbraio, la riunione dei coordenatori di catechismo si fa nel primo sabato di ogni mese e ogni anno c'è un pomeriggio di Ritiro e due pomeriggi di Assemblee di tutte le Catechiste. Ogni due mesi c'è la riunione di quelli che preparano genitori e padrini al Battesimo dei bambini. Ogni mese c'è riunione per gli Animatori di Cresima, per i gruppi di Liturgia, per i genitori dei ragazzi del Catechismo. Danno formazione anche i Movimenti ecclesiali e hanno riunione settimanale l'ECC, il RCC (accompagnato normalmente dal P. Beto) e il Cursilho. Ogni mese il CPP si riunisce nel 1° lunedì e c'è un giorno fissato per la riunione del Consiglio in ogni Comunità. Il P. Dante porta com sé il P. Roberto che partecipa alla riunione e, o quando tutti commentano un brano del Vangelo o prima della fine della riunione, propone una riflessione breve, profonda, molto apprezzata dai presenti.

3. **Sante Missioni Popolari.** Il progetto delle Sante Missioni Popolari fatte daí laici fu lanciato in tutta la Chiesa Cattolica in occasione del Giubileo e e dell'inizio del 3° Millennio e ha lo scopo di rivitalizzare l'evangelizzazione delle famiglie e della Comunità cristiane. Il P. Luiz Toledo ci consegnò la Parrocchia in gennaio del 2000, dicendo che questo progetto l'avremmo eseguito noi che stavamo assumendo gli incarichi pastorali. Dopo um periodo di coscentizzazione e di preparazione tra febbraio e giugno del 2000, fu fatta la preparazione dei missionari in agosto (aiutati da una coppia di Piraju) e subito cominciammo la prima tappa delle S.M.P. in ogni Comunità. Nel 2000 lavorammo due sabati per mese e nel 2001 un Sabato al mese. Il nostro orario era: alle 13 h. S. Messa di invio, dalle 14 alle 18 h. visita alle famiglie dei Missionari due a due, 19 h. S. Messa di conclusione con la presenza di tutta la Comunità visitata e l'accoglienza dei nuovi presenti. Le coppie dei Missionari avevano um piccolo crocifisso al petto, portavano con sé la Bibbia e lasciavano in ogni famiglia uma lettera firmata dai tre Padres che parlava dei 6

temi che i Missionari annunciavano nelle visite: 1) Dio ci ama; 2) noi siamo peccatori; 3) Gesù è il nostro Salvatore; 4) siamo chiamati alla conversione; 5) la forza ci è data dallo Spitiro Santo; 6) la Comunità ci offre la Parola spiegata, i Sacramenti, esempi di vita e Celebrazioni. Furono visitate tutte lê famiglie delle Comunità già organizzate: più di 8000 famiglie. Restavano da visitare lê nuove Comunità della Serra Verde (Sagrado Coração de Jesus) e dell'Água Branca 1, 2 e 3 (Dom Guido), dove più de 1600 famiglie già sono arrivate o stanno arrivando. Continueremo poi con lê tappe successive: visite complementari, celebrazioni e altre. Uno dei primi frutti è stato il Matrimonio Comunitario del 15.09.01 con 22 coppie sposandosi in un'unica cerimonia, dopo la necessaria preparazione. Nel 2002 ne è stato celebrato um altro il 29.06 per 15 coppie e ne è previsto un altro a novembre.

4. **Dialogo con la Società.** Le Comunità cristiane vivono in contatto o sono fatte esse stesse di famiglie che riflettono i problemi drammatici di una società che coccola i ricchi e emargina sempre più i poveri. Per questo esistono le Pastorali sociali: attività di assistenza, di promozione umana e di coscientizzazione sui vari problemi e le loro cause. Nella Parrocchia I.C.M. funziona molto bene la Pastorale del Bambino (Criança): 63 lider seguono ogni mese circa 1500 bambini fino ai due anni pesandoli, dando latte, farine vitaminiche, consigliando le mamme. Abbiamo 7 Conferenze Vincenziane che visitano varie famiglie e com l'aiuto della parrocchia, sostentano con cesta basica (durante il periodo di necessità): da 70 a 100 ogni mese, e molte di più a Natale e Pasqua. Per togliere i bambini e ragazzi dalla strada (meninos de rua) ci sono associazioni o della Chiesa o del Comune ou di volontariato come la nostra Ludoteca nel Jardim Oriente, piccolo Club, Centro Caritas, Educando attraverso lo Sport, catechismo Corso di Dipinto in stoffa. Le sale che appartengono alla Chiesa sono usate anche per A.A. (in convegno con l'Assistente Sociale), Corso per barbieri, elettricisti (in convegno con il Comune), Progetto della Cooperativa di Taglio e Cucito nel Jd. Oriente (in convegno con l'Unimep e il Comune), e anche per taglio gratuito di capelli per tutti i bambini del Jd. Oriente e del Jd. Esplanada. Il P. Beto segue due Case Giorno, centri di ricupero per drogati, e la Casa dei Barboni. Ogni sabato cediamo una sala della parrocchia per la reunione dell'Amore Esigente per genitori e familiari di drogati. Il Padre Dante è preparato per aiutare il ricupero psicológico e spirituale di persone depresse e ci sono molte persone chechi9edono orari e, grazie a Dio, ottengono risultati. Abbiamo incoraggiato i nostri laici ad entrare nelle Associazioni di Rione e nelle riunioni del Preventivo Partecipativo del Comune. Coscientizziamo su fede e politica, partecipiamo al Grido degli Esclusi, alla contestazione del debito estero, e

dell'ALCA, ..., c'è buona partecipazione alla Campagna della Fraternità, alla Processione dei Giovani nella Domenica delle Palme, alla Settimana Giovane, all'ECC 3ª tappa e altri eventi di coscientizzazione sulla dottrina sociale della Chiesa.

5. **Animazione Missionaria**. Come giustificare la presenza dei Missionari Saveriani nel Sud del Brasile? a) com la ragione storica di frenare le Sette; b) con la Pastorale Missionaria; e c) com la Animazione Missionaria e Vocazionale. a) Qui in Brasile, nonostante gli sforzi della Chiesa Cattolica e dei Missionari, le altre Religioni cristiane o Sette sono passate dal 3 o 4 % della popolazione negli anni sessanta ai 20% e più nel 2000. C'è um progetto politico da fuori, ci sono motivi di accoglienza e facili soluzioni a problemi di salute e a problemi finanziari che le Sette presentano, ma c'è anche una mancanza di risposta dei cattolici alle accuse prefabbricate degli evangelici. Probabilmente occorre una apologia, una difesa solida del nostro Credo. Probabilmente è anche in questo campo che i Missionari debbono impegnarsi: fornire resposte semplici, pratiche, e fornire frasi come slogan, non per promuovere guerre di religione, ma per evitare l' "inflazione" della fede cristiana, che rimane molto impoverita se si tolgono alcuni punti che gli evangelici scartano dalla loro fede. b) La Pastorale Missionaria è una pastorale che si preoccupa più con gli 80 ou 85% che non frequentano la Chiesa che con il 15 o 20 % che la freqüentano. Si preoccupa con gli spazi vuoti, com i luoghi dove non esiste comunità né Gruppo di Quartiere. Si preoccupa verificando dove sorgono nuove comunità umane per formare lì nuove Comunità cristiane. Nella nostra Parrocchia sono sorte nuove comunità nelle lottizzazioni della Serra Verde e di Água Branca 1, 2 e 3, rispettivamente con 1350 e 600 famiglie. Lì siamo riusciti a iniziare nuove comunità e a comprare terreni pagando a rate mensili, per poi costruirvi lê strutture logistiche per la Comunità "Sagrado Coração de Jesus" e per la Comunità "Dom Guido". E' opportuno che le famiglie, che vanno ad abitare in periferia, vedano che la Chiesa Cattolica si preoccupa con loro e anche lì esiste S. Messa inizialmente all'aperto. C'è Celebrazione della Parola com il Ministro (nelle case), ci sono Gruppi di Quartiere o Settori, Catechismo, rivendicazioni comuni, buone vicinanze, Kermesse, Consiglio Comunitario, ...
c) L'Animazione Missionaria e Vocazionale sta facendo il suo lavoro in questa Parrocchia. Come strumento di AM abbiamo il COMIPA, che è composto di dieci o più coppie di sposi e agisce promuovendo in luglio la Festa Missionaria delle Comunità per aiutare la missione di Dondo in Mozambico dove lavorano i Padri João Bortoloci e Luiz Toledo (que hanno lavorato in questa Parrocchia

e hanno fondato il COMIPA). Queste coppie aiutano l'equipe di Festa nella promozione della Tombola Vocazionale per un Seminario Saveriano (cfr. Curitiba) in agosto. Animano anche il mese di Ottobre, non solo adattando la Chiesa per la Campagna Missionaria e la Giornata Missionária Mondiale, ma anche attualizzando ogni anno il sussidio per il Rosario Missionario che è recitato in tutte le Comunità, e promuovendo lo Show della Canzone Missionaria. Questo Show è realizzato nel pomeriggio dell'ultima Domenica di Ottobre nel salone parrocchiale e i cantori che rappresentano le Comunità o i Gruppi di Cresima presentano ognuno una canzone missionaria, o inedita o con parole rifatte su una musica già conosciuta: il risultato é un pomeriggio molto missionario, animato e piacevole, con la possibilità di gustarsi un gelato tra i colori dei continenti ascoltando le ottime canzoni missionarie e vocazionali. La nostra Equipe Vocazionale è formata da poche coppie e pochi giovani e i Padri; già abbiamo ricevuto la visita del P. Sebastião che è l'Animatore Vocazionale della Diocesi, e le nostre coppie e i giovani hanno partecipato a corsi formativi e ai FestVoc che sono festival vocazionali diocesani presentando com cartelloni e depliant la vocazione saveriana. Una delle nostre coppie è entrata a far parte del coordinamento diocesano di questa Pastorale.

Oltre a questo abbiamo la pastorale normale: Battesimi nella 2ª e 4ª Domenica, Matrimoni al Sabato, visite agli ammalati e nell'ospedale della Santa Casa ogni venerdì pomeriggio, Esequie dei nostri parrocchiani nei tre cimiteri e il venerdì nel Cimitero Municipale, Messa nel Cimitero "Parque da Ressurreição", le Messe e le Riunioni nella Paulicéia e nelle Comunità, le Confessioni individuali e comunitarie. Che lo Spirito Santo continui a illuminare e fortificare i cuori dei Missionari, del Diacono e di tutti coloro che si impegnano nelle attività pastorali e missionarie di questa parrocchia per la costruzione del Regno di Dio.

In nome della Comunità Saveriana Cuore Immacolato di Maria

P. Dante Volpini SX

P.S. Mancano alcune cose, come le iniziative ecumeniche...

## Pastorale del Bambino

Quando arrivai nella Parrocchia di Nostra Signora di Fatima a Londrina, trovai che c'erano otto Settori, ognuno con la propria coordinazione e le sue riunioni. Il settore 8 era localizzato nel Jardim Ideal, aveva una Cappella e comprendeva anche le Favelas Santa Inés e Santa Cruz. Lì si formò una Associazione di Rione che ottenne dal sindaco la costruzione di un Asilo per i bambini delle due Favelas e che fu intitolato: Cresce Padre Domenico Rovedatti, in onore di un missionario che aveva evangelizzato in Cina e in quella parrocchia di Londrina era stato molto benvoluto dai bambini.

Il settore 4 si localizzava nella Vila Yara e c'erano buone famiglie che facevano un cammino di fede, ma presentava anche alcune difficoltà. La prima difficoltà è che in mezzo alla povertà era frequente la mortalità infantile . La seconda difficoltà è che c'era un gruppo di ragazzi gay che abitavano insieme e facevano alcune attività che scandalizzavano i bambini di quel rione. La terza difficoltà era che tra la Vila Yara e la Vila Casoni, sede della chiesa parrocchiale Nostra Signora di Fatima, fu costruita la Via Espressa, una avenida perimetrale a quattro corsie che rendeva difficile la comunicazione. In parrocchia c'era una ragazza di nome Neusa che insieme a poche amiche aveva notato la mortalità infantile della Vila Yara e ne aveva parlato con una giovane straniera che era facoltosa ed era di passaggio a Londrina. Insieme parlarono con il parroco e andarono dal Vescovo con il proposito di costruire un Centro diocesano della Pastorale del Bambino.

La Pastoral da Criança, come è chiamata in portoghese, fu iniziata a Florestopolis, nel Paranà, dalla Signora Zilda Arns, medica sanitari sta, su suggerimento del fratello il Card. Dom Paulo Evaristo Arns ed ebbe l'appoggio di Dom Geraldo Majela Agnelo, Vescovo di Londrina. A Florestopolis ogni mille nati ne morivano 127, ma dopo un anno di questa pastorale già scesero a 28. Questa Pastorale coinvolge volontari/e che vanno nelle comunità ogni mese e pesano i bambini da 0 a 6 anni (noi cominciammo con bambini da 0 a due o tre anni) e orienta le mamme sulla salute dei figli, igiene, vaccini, e fornisce latte in polvere e farine nutritive di semi e foglie di manioca triturati. Si può formare il club delle mamme per imparare cucito, maglia e altre attività con piccolo lucro. Il Vescovo Dom Geraldo accettò volentieri che anche nella sua città sorgesse un Centro per questa pastorale.

La ragazza straniera e Neusa trovarono un terreno nella Vila Yara che era un po' più grande di quello che occorreva per tre o quattro sale e vennero in parrocchia. Attraverso alcune promozioni e kermesse della parrocchia intera fu possibile comprare il terreno e fare un progetto completo con tre o quattro sale, un saloncino e fu prevista anche la costruzione di una Cappella. Ci vollero alcuni mesi e con l'aiuto anche manuale del Settore il Centro per la Pastorale del Bambino fu completato e venne Dom Geraldo a inaugurarlo. Il funzionamento della Pastorale del Bambino e la maggiore unione tra le famiglie rafforzarono la volontà di costruire subito una Cappella. Si pensò di mettere come patrono un Santo adolescente e tra gli altri fu scelto il nome di Santa Maria Goretti. Il Settore divenne una Comunità ecclesiale di base con il catechismo, l'equipe liturgica, il gruppo dei giovani e volontari vincenziani per i poveri. Il gruppo dei ragazzi gay si disperse. La Cappella fu subito usata per Messe periodiche e Culti domenicali, La Pastorale del Bambino si rivelò molto utile per i bambini ma mostrò di essere anche una benedizione per tutta la comunità e per tutte le famiglie.

P. Dante Volpini SX

## Un aiuto psicologico

Quando ero formatore nel Seminario di Jaguapitã in Brasile ebbi la possibilità, durante le vacanze dei seminaristi, di partecipare a corsi intensivi in una Università di Minas Gerais e ottenni un diploma di filosofia, pedagogia e psicologia. Quando ero parroco a Londrina e viceparroco a Pirajù ci furono persone che avevano crisi depressive e venivano a parlare con me. Dicevano che avevo una maniera serena di ascoltare e di spiegare le cose che le aiutava a ricuperare la fiducia, e alcune venivano consigliati da uno psichiatra o da uno psicologo. A Piracicaba è avvenuto lo stesso. Alcune persone erano migliorate e parlavano con altre e sempre veniva qualcuno in più. Io non dicevo di interrompere gli altri trattamenti, perché io davo solo un aiuto complementare ascoltando e spiegando l'origine dei problemi e dando qualche consiglio semplice di psicologia normale e di spiritualità cristiana. Così qualche giorno e qualche orario era riservato a questo.

La prima volta domandavo i dati della persona, la sua vita, la sua storia, e soprattutto la storia dei problemi che causavano afflizione. Mostravo che rimuginare i problemi e pensare sempre in cose negative del passato o del futuro generava maggior ansietà e insicurezza. Spiegavo anche che la depressione arriva spesso dopo uno spavento per uno o più eventi negativi che avevano tolto l'equilibrio del cuore.

Spiegavo che il nostro cuore è fatto per gioire con cose positive e rattristarsi con cose negative e è equilibrato quando riesce a percepire le une e le altre. Ma quando succede qualcosa di negativo che ha scosso un po' di più, allora avviene come la caduta di una parte del cuore, e questo è che caratterizza la depressione. Il cuore passa a dare meno importanza a ciò che succede di positivo e al contrario dà un'importanza esagerata a ciò che avviene di negativo. Allora sembra che tutto vada male e le preoccupazioni, le angustie passano a riempire il cuore non una ma più volte. Così la persona diviene sempre triste, con crisi di pianto, e perde la fiducia in sé, diminuisce la fiducia in Dio, negli altri, nel proprio ambiente in cui vive e nelle attività che fa. Spesso ripensa e aggiunge i problemi del passato, anche quelli già superati (che non sembrano più superati) e rimane inibito per problemi del futuro (che già si presentano come minacce). Il tutto diventa come un grosso pallone gonfiato sopra la testa della persona. Si sente inferiorizzato davanti agli altri, davanti ad alcune situazioni, e possono cominciare complessi di inferiorità, paure, panico e altri fenomeni.

A questo punto spiegavo che tutto questo può essere affrontato e superato e si può ricuperare l'equilibrio del cuore. Quello che perturba molte persone sono cose che solo esistono nella loro testa e nella loro fantasia e non esistono così nella realtà. Come un palloncino gonfiato può essere forato e sgonfiato con uno spillo, così si può prendere uno spillo o un chiodo e sgonfiare o svuotare questo pallone gonfiato delle nostre preoccupazioni. Questo spillo o chiodo può venire dal Vangelo o dal buon senso. Gesù dice nel Vangelo: "Basta a ogni giorno la sua preoccupazione" (Mt 6,34). Molte preoccupazioni del passato sono cose che già sono passate. Quella persona che ti ha offeso già si è dimenticata e tu continui a rimuginare e a soffrire. Alcuni fatti che ci hanno rattristato nel passato possono essere visti come esperienze che ci hanno fatto crescere o maturare, è possibile fare esperienza positiva di una esperienza negativa. A un altro che soffre per qualcosa di simile, tu puoi dire: "Anch'io ci son passato e ora sto meglio e sono ancora qui". Alcune cose che ancora non sono avvenute non ci devono spaventare. Ci spaventano perché vediamo il pericolo e ancora non abbiamo i mezzi per affrontarlo, cioè le grazie e la forza che Dio ci darà quando queste cose verranno (se verranno). "Basta a ogni giorno la sua preoccupazione", e Gesù ci ha insegnato a chiedere "dacci oggi il nostro pane quotidiano", e ogni giorno Dio ci dà non solo il pane, ma anche tutto ciò che è necessario, la forza interiore, l'aiuto degli altri, la Parola di dio, i Sacramenti, la famiglia, la comunità.

Alle volte vengono cattivi pensieri, tentazioni o fughe, ma occorre scacciarli perché sono false illusioni che portano al peggio. Anche idealizzare cose o persone o sogni impossibili è perdere tempo. La vera soluzione è accettare la nostra realtà e affrontarla insieme al Signore Gesù. Lui ci dice: "Venite a me, voi tutti che siete stanchi e oppressi, e io vi darò ristoro. Prendete il mio giogo sopra di voi e imparate da me, che sono mite e umile di cuore, e troverete ristoro per la vostra vita. Il mio giogo infatti è dolce e il mio peso leggero." (Mt 11,28-30). Gesù stesso mette la sua spalla vicino alla nostra per alleggerire la noastra piccola croce di ogni giorno. È importante essere mite, non aver rabbia di tutto, è essere umile di cuore,giudicandosi uguali agli altri, né più né meno degli altri. Gesù ha detto: "Uno solo è il vostro Maestro, e voi siete tutti fratelli (Mt 23,8). Noi siamo tutti uguali, io uguale a te, e tu uguale a me. Ognuno ha i suoi doni e i suoi limiti, e la sua missione da compiere. Occorre ricuperare la propria autostima, Aver fiducia in Dio che ci ha dato molti doni. Dio ti ha dato la vita, la tua intelligenza, la tua volontà, la tua bellezza, la tua capacità di fare le cose, la tua famiglia, la tua casa, la tua attività., la Chiesa. Occorre passare dal lamento al ringraziamento. La depressione non toglie i doni di ciascuno, toglie la percezione dei doni ma non i doni, che rimangono come la brace sotto la cenere, è solo soffiare un poco sulla cenere e la brace riappare, i doni sono lì, le sue capacità tornano a brillare, come quando dopo la notte ritorna il giorno, dopo il tunnel ritorna la luce, e tutta la sua vita riceve nuovo valore.

In fin dei conti il mio aiuto psicologico era finalizzato a dar nuovo valore alla persona, aiutando con questi temi a uscire dalla schiavitù delle negatività, e a ricuperare fiducia, pensiero positivo e fede, il cammino della serenità, della pace interiore,della gioia di vivere, e agire più vicino a Dio e ai fratelli, con più umiltà, pace e amore. La mia felicità era quando le persone già camminavano con le proprie gambe e o veniva da me più raramente o non veniva più.

Le persone fissavano con la segretaria della parrocchia il prossimo incontro dopo quindici o venti giorni o un mese era tutto gratis. Negli incontri successivi si portava avanti il cammino per togliere l'impatto con i problemi e ricuperare la fiducia in sé stesso, in Dio, nei familiari, nel proprio ambiente, nelle proprie attività e nella comunità religiosa. Dopo aver ascoltato con serenità e domandato su alcuni dettagli, cercavo di entrare nei problemi particolari, mostrando un altro modo di affrontare le situazioni e dando qualche piccolo consiglio positivo.

Venne una ragazza che non riusciva più a mangiare. Aveva sintomi di anoressia. Aveva paura di ingrassare, ma era così magra, pelle e osso. Le dissi che lei aveva molti doni dati da Dio e che era peccato contro il quinto comandamento non accudire alla propria vita. C'è un ingrassare nel corpo e un ingrassare nella testa: il problema del suo ingrassare era più nella testa, in una sua convinzione, mentre il suo corpo aveva necessità di alimentarsi per non cadere e morire. Le insegnai che il riso solo cotto in acqua con poco condimento poteva essere il suo primo cibo per metterle a posto lo stomaco. Poteva poi continuare con la dieta del fantino, che per non pesare nel cavallo da corsa mangia carne e insalata. Le dissi successivamente che una alimentazione corretta comporta un po' di carboidrati, un po' di proteine e di fibre, come una dietologa aveva spiegato in una riunione per le coppie dell'ECC (Encontro de Casais com Cristo, l'Incontro delle Coppie con Cristo è un movimento familiare cristiano che esiste in Brasile). La ragazza venne da me alcune altre volte, portò da me anche una sua amica, poi ricominciò a sorridere e a mangiare.

Venne una signora molto paurosa che quasi non riusciva a camminare e aveva paura della morte, perché erano morti suo marito e una sua amica. Le spiegai che dobbiamo affrontare il presente e non mettere il carro davanti ai buoi. Dio chiama alcuni e alcuni li lascia vivi. Noi dobbiamo rispettare la volontà di Dio. Le persone che Dio chiama con la morte Dio concede loro l'altra vita. La nostra vita ha due tappe: una dentro il corpo, che dura un certo tempo, è bella, ma è limitata e presenta privazioni, e un'altra tappa che è fuori dal corpo,, nella Casa del Padre, dove Gesù e la Madonna ci aspettano, e è una vita felice e eterna. Occorre fare una consegna, consegnare a Dio la persona che è deceduta, dato che Lui la fa più felice di quello che noi avremmo potuto fare. Le persone che ci hanno lasciato e stanno in Cielo, con Dio, continuano a volerci bene e intercedono perché il Signore ci aiuti e ci dia forza, per continuare la nostra missione con le altre persone che sono rimaste in vita vicino a noi, gli altri familiari, o gli altri amici o le persone della Comunità.

Vennero persone con problemi familiari. Con difficoltà di perdonare litigi o rancori. Li ascoltavo con serenità e poi spiegavo che esistono due tipi di persone: quelle che sono psicologicamente primarie e quelle che sono psicologicamente secondarie. Le primarie sono impulsive, dicono subito quello che viene in bocca, fanno subito quello che hanno voglia, a volte senza pensare o pensando poco e non calcolando le conseguenze. Le secondarie sono più riflessive, pensano un po' prima di dire o di fare le cose, sono più lente, ripensano quello che gli altri hanno detto o fatto e hanno difficoltà a dimenticare. Alle volte uno dei due dice una cosa senza pensarci molto o sfogandosi di una rabbia che ha per un altro motivo o con un'altra persona, e l'altro se la prende e continua a pensare: questo non me lo doveva dire, questo non me lo doveva fare. In realtà quando uno si sfoga con un altro, quello che si dice è brutto e fa male, ma se pensiamo bene ci si sfoga solo con una persona che stimiamo o amiamo e non con una persona qualsiasi. Quello che si è detto può offendere o dispiacere, anche perché per vincere la discussione si arriva a toccare i lati deboli o addirittura immaginari e non reali. Occorre non dar peso a queste parole che già passarono, occorre fare il 95% di sconto, perché nel ripensarci la nostra immaginazione a reso i problemi più gravi e profondi. Si può pregare per avere la forza di imitare Gesù che sulla croce ha pregato per i suoi carnefici: "Padre, perdona loro perché non sanno quello che fanno". (Lc 23,34). La preghiera può rimarginare le cicatrici, per questo gesù ci ha detto:"Pregate per quelli che vi perseguitano, affinché siate figli del Padre vostro che è nei cieli, egli fa sorgere il suo sole sui cattivi e sui buoni, e fa piovere sui giusti e sugli ingiusti" (Mt 5,44-45). È necessario ricuperare la stima di sé stessi, la propria dignità, ma anche ricuperare la stima nella dignità del proprio marito o della propria moglie, vedere i lati positivi, fare piccoli servizi o gesti di attenzione, ricuperare l'occhio buono, il sorriso, come si dice: "è meglio un sorriso triste che non saper sorridere" oppure "sorridi, perché Dio ti ama". E se compare nella vita l'amore per un'altra persona fuori dalla famiglia, è necessario abbassare la stima, la idealizzazione di quest'altra persona, e ricuperare la stima per il proprio coniuge e per la propria famiglia. Vale la pena lottare per questo ogni giorno.

Accenno ora a coloro che si presentavano come possessione diabolica. Li ascoltavo ma pian piano mostravo loro che non si trattava di possessione. Un grande esorcista del Vaticano, P. Lombardi, affermava che di migliaia di persone che gli furono presentate come possedute dal maligno, aveva incontrato solo quattro o cinque veramente possedute, le altre avevano gravi problemi psicologici che portavano a manifestazioni strane. Il P. Gabriele Amorth ha scritto che ci sono sei gradi di influenza del maligno: la tentazione, il peccato, il vizio di peccare, la magia, il vendere l'anima, e per ultimo la possessione diabolica. In un ambiente cristiano è più difficile che succeda. Per questo li benedivo e li confessavo, li consigliavo di non parlare del maligno, di ascoltare la Parola di dio, di frequentare la chiesa, i Sacramenti, di avere devozione alla Madonna. Dire il rosario, dire le preghiere del mattino e della sera. Mandare via i cattivi pensieri come tentazioni. I pensieri cattivi quando vengono senza volere non sono peccati, sono tentazioni. Se si trattengono volontariamente e si provocano e si fa qualcosa di errato divengono peccato, ma se si mandano via sono solo tentazioni che sono state vinte. Rimane più sereno colui che si confessa più o meno ogni due mesi.

Quando veniva qualcuno che cercava lavoro o che ne cercava un altro dopo aver perso il lavoro precedente, li ascoltavo serenamente e dicevo di cercare con fiducia di poter incontrare. Non dovevano idealizzare il lavoro precedente perché difficilmente avrebbero incontrato uno uguale. Occorre aver fiducia in Dio, in se stessi e in chi può fornire un lavoro. Dicevo di presentarsi con il proprio curriculum, con aspetto decente, senza esigere con arroganza e senza aver paura. Nessuno costruisce partendo dal tetto, perciò non si deve cercare il lavoro migliore e più retribuito, ma avere calma e umiltà. Nell'intervista non si doveva dire di saper fare tutto, perché veniva interpretato come non saper fare niente di specifico, ma si doveva dire con semplicità quello che si sapeva fare meglio. Sempre dicevo che li avrei accompagnati con la preghiera.

Vennero a parlare con me anche mamme che non riuscivano ad avere figli pur desiderandoli molto. Le ascoltavo e poi spesso consigliavo di diminuire la propria ansietà e il proprio desiderio. Perché la natura non vuole una possessività esagerata. Dovevano abituarsi a guardare con semplicità i nipoti e altri bambini. Se rimanessero incinte dovevano continuare a vivere con semplicità controllando la propria emozione e facendo con calma i controlli necessari, continuando per un po' le proprie attività e mantenendo la pace con il marito.

Altre mamme chiedevano una benedizione per il bambino che aveva piccole coliche alla pancia. Io davo la benedizione dicendo che anche Gesù "abbracciava e benediva i bambini" e chiedevo al Signore che "il bambino potesse crescere con salute, con intelligenza e nella grazia di Dio", dicevo che anche loro genitori potevano benedire il loro bambino nelle manine o delicatamente nella testa. Davo anche il consiglio di sollecitare un piccolo rutto interrompendo a metà del biberon o del succhiare il latte, con colpetti lievi sulle spalle e anche alla fine un altro piccolo rutto per impedire l'accumulo di gas e le piccole coliche nella pancia del bambino. E anche mentre il bambino succhiava, se il bambino succhiava avidamente o in fretta, la mamma doveva dire con voce mite "calma, calma". Se poi c'era lo stesso una piccola colica, si doveva mettere il bambino a cavallo del proprio braccio, con il pancino in basso a contatto con il braccio, e ninnarlo un poco finché smettesse di piangere. Era anche opportuno evitare le discussioni in casa e mantenere l'ambiente tranquillo con la collaborazione della coppia.

Grazie a Dio, furono molte le persone che furono ricevute e ricuperarono serenità e fede. Mi preoccupavo di annotare quello che mi dicevano e quello che consigliavo. Ma prima di venir via da Piracicaba ho bruciato tutti i fogli nel cortile della casa parrocchiale e solo mi sono ricordato di pregare per tutti quelli che avevano chiesto le mie preghiere.

## Gesù ha un cuore grande

All'altezza del Tropico del Capricorno, nell'interno del Brasile, c'è la città di Piracicaba e nella periferia sud di Piracicaba c'è la parrocchia Cuore Immacolato di Maria. Ha 39 mila abitanti, due terzi cattolici e un terzo di sette protestanti evangeliche. Questa parrocchia è in crescita di popolazione: nella parte collinosa si moltiplicano case povere simili a baracche di favelas e nella parte piana vicino al torrente Piracicamirim ci sono nuove lottizzazioni con centinaia di casette da 18 a 36 metri quadrati, tutte in fila e tutte uguali. La parrocchia è affidata ai Padri Saveriani, e io ero uno dei tre dal 2000 al 2006. Ogni nuovo rione da seicento a più di mille famiglie doveva diventare una nuova Comunità cristiana. I nostri laici portavano alle famiglie un volantino, comunicando l'esistenza della parrocchia e un locale e un orario per un primo incontro. Si andava avanti facendo riunioni o Messe in un cortile o in una via all'aperto. Si manifestavano alcune persone che erano state attive nelle parrocchie dove abitavano prima, disponendosi a fare letture, a suonare la chitarra, a cantare, a cedere lo spazio davanti a casa per una riunione o per una celebrazione o per una piccola kermesse. Cominciava la comunità che poi si sarebbe scelta un nome e una delle nostre preoccupazioni fu quella di trovare un terreno per le sue attività religiose e sociali.

Nel rione Serra Verde, vicino al torrente, i terreni erano già stati divisi e c'erano centinaia di piccole case in costruzione, cinquecentocinquanta della Ditta "Serra Verde" e cinquecentocinquanta della Ditta "CGC", cioè Carlos (Alberto) Guimarrães Construções. In tutto stavano arrivando o era previsto l'arrivo di mille e cento nuove famiglie. Noi tre Padri ci preoccupammo e fu incaricato uno di noi per cercare di trovare un terreno. Cominciammo sentendo i responsabili della Ditta "Serra Verde" che era di due fratelli di altra religione. Restavano solo tre lotti liberi, di 180 metri quadrati ciascuno, in discesa, una zona umida vicino al torrente. Era prendere o lasciare. I prezzi erano molto alti e ad ogni incontro aumentavano. Poi ci dissero che uno dei lotti nel frattempo già era stato venduto e svanì questa possibilità. Ci rivolgemmo ai responsabili della Ditta "CGC", ma c'era solo un gerente che dirigeva i lavori e le contrattazioni, mentre il padrone abitava in Minas Gerais e si faceva vedere solo molto raramente. Ci dissero che non c'erano più lotti in vendita, ma c'era un piccolo salone di 5 x 8 metri, in mezzo a case, destinato a commercio, e di cui ci avrebbero permesso l'uso per un po' di tempo. Quando chiedemmo la chiave per usarlo ci dissero che era stato destinato come secondo ufficio di contrattazione delle case.

Si avvicinava la Pasqua del 2002 e i tre Padri e la popolazione pregavamo il Signore che facesse trovare una soluzione. Il Padre incaricato delle trattative fece allora una promessa al Sacro Cuore di Gesù che se all'epoca della sua festa, due mesi dopo, si fosse presentata un'occasione propizia, avrebbe fatto il possibile perché quella nuova comunità scegliesse il suo nome. Nella settimana del Corpus Domini il gerente della "CGC" ci chiamò e ci disse che il padrone stava pensando di disattivare il baraccone di legno e il terreno dove si radunavano gli arnesi e arrivavano i materiali per le costruzioni delle case e era disposto a trattare con noi. Stava passando la settimana seguente senza concludere niente, ma il giovedì sera il gerente João Evangelista Ferriera ci telefonò dicendo che il giorno seguente sarebbe stato possibile combinare qualcosa. Nel primo pomeriggio del venerdì, giorno della Festa liturgica del Sacro Cuore, il gerente ci invitò ad andare nel suo ufficio. Andammo là e ci disse che non ci sarebbe stato un incontro ma una telefonata per risolvere il prezzo. La telefonata fu molto rapida. "Quanto può offrire, Padre?". La nostra risposta: "18 mila reais". E lui: "Non può offrire di più, dato che stiamo costruendo case per i poveri?". "Non abbiamo molto di più, possiamo arrivare a 20 mila". E lui: "Affare fatto, Padre, quel terreno è già vostro. Combini le condizioni di pagamento con il gerente". Il real, moneta brasiliana, è un terzo di euro. Combinammo il pagamento in tre rate nei mesi successivi e ottenemmo che il capannone rimanesse lì con l'attacco della luce e dell'acqua a nome della Chiesa. Era un terreno di 740 metri quadrati, abbastanza piano, un po' triangolare, a metà rione, dall'altra parte della via principale. A fine pagamento ci sarebbe stata data la scrittura del terreno.

Era questa la grande grazia che il Sacro Cuore di Gesù aveva fatto a quella comunità. Ma la grazia fu anche più grande e più completa. Quello stesso pomeriggio il gerente ci disse: "Padri, avete fatto un affarone." E aggiunse: "C'è poi un'altra possibilità. Dietro a questo terreno sta sorgendo un'altra lottizzazione per 250 case. Proprio attigui a questo terreno ci sono 6 lotti destinati a case, ma se voi Padri parlate con l'altro padrone che è mio amico e si chiama José Carlos Ribeiro, potrete acquistare almeno alcuni di questi lotti a condizioni favorevoli". Lui gli telefonò e fummo subito a parlare con questo signore. Riuscimmo a comprare prima tre, poi anche gli altri tre lotti, pagando 5 mila reais al mese per dodici mesi, pagando dopo il terreno della "CGC". Erano in tutto 1.800 metri quadrati, ben localizzati.

Negli anni seguenti la Comunità che scelse il nome di "Comunidade Sagrado Coração de Jesus" cresceva e si riuniva nel capannone di legno, ma Gesù ha un cuore grande e genera cuori grandi.

La Comunità fece le sue kermesse e dette le sue offerte, ottenne aiuti dalle altre quindici Comunità della parrocchia e anche da fuori. Ci furono donazioni di mattoni, cemento e ferro, la Metallurgica Bom Jesus ci dette a prezzo stracciato la struttura metallica. Fu costruito prima un saloncino di 6 x 22, questo con lavoro comunitario "de mutirão". Poi fu fatto di seguito un salone di 19 x 22 metri, in cui la comunità ora fa, guidata da altri Padri Saveriani, le sue attività liturgiche, catechetiche, caritative e sociali

## Festa del Fondatore

Anche quest'anno la Festa di San Guido M. Conforti è stata celebrata insieme dai Saveriani e dal Laicato Saveriano. È stato invitato a partecipare con noi anche Don Luciano Bedini Paolucci, fino a pochi giorni fa rettore del Seminario Regionale di Ancona ed ora a 49 anni, eletto Vescovo di Gubbio. Don Luciano ha portato con sé quattro seminaristi del Regionale.

Nell'incontro con i Laici ha commentato la Lettera scritta da Papa Francesco per preparare la Giornata Mondiale dei Poveri, che sarà celebrata ogni anno a novembre nella domenica che precede la Festa di Cristo Re. Introducendo la Lettera Don Luciano ha condiviso che la Chiesa aveva bisogno di una Giornata Mondiale per i Poveri, perché "non amiamo solo a parole ma con i fatti", perché tutti ma specialmente i credenti reagiscano alla cultura dello scarto e dello spreco, facendo propria la cultura dell'incontro" (n. 6). Ha poi commentato i sottotitoli mostrando che Dio ascolta il grido dei poveri e la Chiesa è chiamata ad accoglierli, considerandoli come risorsa e incitamento ad essere uomini e donne di carità Ci sono state risonanze dei Laici presenti e di quelli di Parma che hanno seguito attraverso un collegamento.

Abbiamo poi ascoltato le testimonianze dei quattro Seminaristi, del quinto anno di Teologia, Riccardo della Diocesi di Senigallia, Silvio della Diocesi di San Benedetto del Tronto, e Riccardo e Ernesto, provenienti da El Salvador e ora nella Diocesi di Fabriano.

A questo punto ci arrivavano le piccole grida dei bambini usciti dalla loro sala ed insieme siamo entrati in refettorio per mangiare allegramente i cibi gustosi preparati dai Laici e dalla nostra Casa.

Alle 15,30 come previsto c'è stata la Messa solenne di San Guido M. Conforti presieduta da Don Luciano che sarà consacrato Vescovo a Gubbio il 3 dicembre prossimo: un futuro Vescovo che celebra la memoria di un Santo che quando ancora non era Vescovo ha fondato una Congregazione di Missionari. Hanno concelebrato i Padri Saveriani di Ancona: P. Giancarlo, P. Giuseppe, P. Battista, P. Alberto e P. Dante che avevano celebrato la Giornata Missionaria a Polverigi, e mancava P. Franco per la Giornata Missionaria a Santa Maria delle Vergini di Macerata. I due Seminaristi di El Salvador hanno suonato la chitarra e i Laici con i figli hanno cantato, fatto le Letture e le intenzioni di preghiere. Per l'omelia Don Luciano ha incaricato P. Giancarlo che ha ben illustrato la vita del Fondatore. Guido andando a scuola si fermava davanti al Crocifisso della chiesa della Pace. Da seminarista ha letto la vita di san Francesco Saverio e poi , non potendo lui stesso andare in Missione, è stato ispirato a fondare i Missionari Saveriani. È stato Vescovo a Ravenna per due anni e poi per 24 anni della diocesi di Parma, compiendo per cinque volte le visite pastorali alle parrocchie della pianura e delle montagne a piedi o a cavallo. Insieme a P. Paolo Manna del PIME ha fondato l'Unione Missionaria del Clero di cui è stato il primo presidente per 17 anni.. Ha visitato i suoi Missionari in Cina, missione per missione. È morto il 5 novembre 1931, è stato beatificato nel 1986 ed è stato canonizzato, dichiarato Santo il 23 ottobre 2011. La sua festa liturgica è il 5 novembre.

Arricchiti da questi ricordi la Concelebrazione con Don Luciano è stata gioiosa e anche i figli dei Laici hanno partecipato bene. Dopo il saluto finale della Messa ci sono stati i saluti reciproci e ci siamo lasciati contenti.

P. Dante Volpini SX

# BREVI RIFLESSIONI

*Alcuni spunti in poesia o in schema per una giustizia e una pace più convinta.*

## Carisma Saveriano

### Le cinque dimensioni costitutive

1. **Gesù Cristo crocifisso**
   **Conoscenza,**
   **Opzione,**
   **Sequela**

**Imitazione**

*Fede* *Parola*

**2. Missione**
**Ad extra, all'estero**
**ad gentes, ai non cristiani**
**ad vitam, per tutta la vita**

**3. Vita consacrata**
**Castità,**
**Povertà**
**Obbedienza**

**Inculturazione** **Liberazione**

**"L'amore di Cristo**
**ci spinge"**

**Appartenenza** **Maturità**

*Preghiera* *Eucaristia*

**4. Famiglia Saveriana**
**Solidarietà**
**Dialogo**
**Corresponsabilità**

**5. Volto umano**
**Equilibrio**
**Giovialità**
**Apertura a tutti**

**CRISTO IN TUTTI**

**Fare di tutti i popoli una sola famiglia**

## Giustizia, misericordia e perseveranza

1. Tutta la Bibbia ci presenta virtù,
poiché Dio insegna il modo di agire,
spetta agli uomini impegnarsi di più,
la propria vita nel bene gestire.

2. Ci è mostrata la virtù della giustizia,
di ogni comandamento l'osservanza,
amare a Dio con il cuore e la mente,
amare il prossimo come a se stesso.

3. Non si può lasciare l'unico Dio,
e d'altri idoli aver la dipendenza,
né contro il prossimo coltivar odio,
opprimere i poveri o fare violenza.

4. Gesù propose una nuova giustizia,
espressa nel Sermon della Montagna,
ci amò con amor dando la vita,
e far lo stesso ad altri ci insegna.

5. Gesù disse che c'era un uomo ricco
Che indossava i vestiti eleganti
Ogni giorno dava lauti banchetti
Senza soccorrere i mendicanti.

6. C'era anche il povero Lazzaro,
con le sue piaghe e sempre affamato.
desiderava mangiare dei resti,
solo i cani le ferite han leccato.

7. Fu il povero a morire per primo,
e gli Angeli lo accostarono ad Abramo.
Poi morì anche il ricco e fu sepolto,
Le ricchezze non servirono molto.

8. Stando negli inferi fra i tormenti
Chiese che Lazzaro andasse a aiutare
Ma di là non c'è più spazio a interventi,
chi è qua ha la Bibbia e ben da fare.

9. Gesù ci fece giusti col suo sangue;
beati i fautori di pace e mitezza

e i perseguitati per la giustizia,
per il bene comune e l'uguaglianza.

10.Altra virtù è la misericordia,
la Bibbia ce la mostra evidente,
limita nell'Antico la vendetta,
solo un occhio dell'altro e solo un dente.

11.Abramo cedette a Lot miglior parte,
Dio perdonò a Davide il peccato;
Davide ebbe di Saul compassione
Quando lo lasciò vivo e addormentato.

12.Gesù ci mostrò la misericordia
Come chiave della Nuova Alleanza,
il Padre accetta il figlio che ritorna
e fa per lui una grossa accoglienza.

13.Non si deve amar solo gli amici,
poiché Gesù mangiò coi peccatori,
occorre perdonare anche i nemici,
pregar per loro, e fare dei favori.

14.Al buon ladrone e aguzzini perdonò,
per redimerci morì sulla croce,
non ci esortò solo con le parole,
ma il suo esempio aggiunse alla voce.

15.Per esserci nella vita equilibrio,
le due virtù ci conviene sommare,
giustizia comporta misericordia,
e misericordia comporta giustizia

16.È difficile aver perseveranza,
sceglier con saggezza e spiritualità,
"più che pagar la decima è importante
giustizia, misericordia e fedeltà" (Mt 23,23).

P. Dante Volpini SX

# Giustizia fraterna

Testo: P. Dante Volpini SX - Musica: Andrea Kaczmarek

2. Commentando la Parola
incarnata nella storia,
e mangiando il Pane
consacrato nella gloria
Nel rispetto e aiuto
cresce la comunità
e diventa fermento,
luce, sale e carità.

IN ASIA O IN AMERICA, EST OD OVEST
IN AFRICA O IN EUROPA, SUD O NORD,
E' SOLO GESÙ CHE CON IL SUO SANGUE REDIME
CHI SI UNISCE A LUI NELLA GIUSTIZIA FRATERNA

3. Giustizia in America
fede e condivisione;
Dialogo in Asia,
libertà, contemplazione;
Famiglia in Africa
uguaglianza e unione;
Tradizione in Europa
nuovo slancio e integrazione.

IN ASIA O IN AMERICA, EST OD OVEST
IN AFRICA O IN EUROPA, SUD O NORD,
E' SOLO GESÙ CHE CON IL SUO SANGUE REDIME
CHI SI UNISCE A LUI NELLA GIUSTIZIA FRATERNA

## Gruppo Missionario

Un Gruppo Missionario può svolgere varie attività nell'animazione missionaria, nella pastorale missionaria (ai lontani di qui), nell'aiuto alle Missioni (lontano da qui), e nel mantenere vivo lo spirito missionario.

1) L'Animazione Missionaria può preparare il mese di Ottobre e la Giornata Missionaria mondiale, partecipare alla veglia missionaria, al Rosario missionario. Può diffondere le riviste missionarie, fare dei corsi di coscientizzazione su alcuni temi missionari, promuovere mostre su altri popoli o su temi particolari, fare teatri, promuovere concorsi su cartelloni o musiche missionarie. Può far presente l'aspetto missionario in feste o tempi liturgici. Può fare raccolte o promozioni per qualche progetto missionario. Può partecipare alla pastorale vocazionale facendo presente la vocazione missionaria e i suoi aspetti particolari (uscire, incarnarsi, acculturarsi, mettersi a servizio delle altre Chiese locali con il proprio carisma, mantenere l'apertura verso il bene comune e la mondialità). Seguire alcuni missionari, mantenere la corrispondenza con loro. Fare articoli su iniziative missionarie. Relazionarsi con altre pastorali parrocchiali o con organismi diocesani, regionali, nazionali o universali, sempre tenendo presente il proprio specifico della missione ai lontani e lontano.

2) La pastorale missionaria si occupa dei lontani di qui, dell' "ad gentes" che esiste nel proprio territorio, persone e situazioni lontane dalla fede e da criteri cristiani o divise dalla Chiesa Cattolica.

Agisce in sintonia con il Parroco, il CPP e le altre pastorali della parrocchia, ma si dirige in particolare all'80% che non frequenta la Chiesa con iniziative specifiche, come missioni popolari, centri d'ascolto, processioni, celebrazioni o Messe in luoghi isolati della parrocchia, visite a malati o famiglie che sono stati abbandonati, incamminamento a qualche incontro di Movimenti che può mostrare un cristianesimo più cosciente e vissuto con testimonianze... Può partecipare o valorizzare il dialogo ecumenico o inter-religioso. Lo stesso Gruppo missionario può avere persone che si dedicano più a una attività che a un'altra, ma riferiscono e portano avanti con responsabilità di tutti.

3) La Missione "lontano" si occupa dell'apertura a Missioni in senso geografico lontane da noi. Si tiene presente che ora la Missione non è più fatta da Chiese che inviano missionari e aiuti e Chiese che solo ricevono missionari e aiuti e offrono solo esperienze di una chiesa più giovane e partecipante. Ora la Missione non è più piramidale, ma proprio circolare, come l'ha voluta il Concilio Vaticano II. Ci sono meno uscite dai Paesi di cristianità più antica e spesso sono solo per un

breve tempo determinato e ci sono molti Sacerdoti che arrivano da Paesi africani, asiatici o latinoamericani e si fermano nelle Diocesi con carenza di clero o con clero molto anziano e difficoltà di rinnovamento. Ci sono ancora Missioni o progetti che hanno bisogno di aiuti materiali, ma le persone del luogo vogliono spesso partecipare e rendersi meno dipendenti. Ci sono però attività missionarie che hanno bisogno di persone più dedicate e stabili, attività che possono essere svolte solo da persone consacrate alla Missione in un Istituto o Congregazione o laici missionari che si uniscono ai religiosi. Sono le attività missionarie nelle periferie delle grandi città, attività di dialogo inter-religioso, attività di acculturazione o inculturazione del Vangelo. Per queste attività occorre una padronanza della lingua, un dialogo aperto con le persone e un confronto dentro casa, una affinità con le culture, che non può essere frutto di un mese o due. Perciò è importante presentare non solo una vocazione temporanea, ma anche la vocazione duratura, come hanno alcune Congregazioni "ad gentes, ad Extra e ad vitam".

4) Lo spirito missionario riguarda la preghiera, le buone azioni e le sofferenze offerte per i vicini e per i lontani, nello spirito della Nuova Alleanza. Occorre imparare da Gesù che ha avvicinato i peccatori, i samaritani, le donne ei piccoli e ha mandato gli apostoli a evangelizzare tutte le genti, tutte le nazioni, di ogni razza e cultura. Gesù ha offerto se stesso "per voi e per tutti, per il perdono dei peccati, perché tutti abbiano vita e vita in abbondanza". "Ci sono altre pecore che non sono di questo ovile e occorre che anche esse vengano e ci sia un solo ovile sotto un solo Pastore. Questo spirito è lontano da ogni rifiuto degli stranieri, da ogni guerra e costruzioni di armi. Lo spirito missionario porta a costruire un mondo che riconosce l'amore e la misericordia del Padre per tutti, e a crecare di adoperarsi per un mondo in cui "tutti i popoli si sentano fratelli "

## Il pesce, la rete e il fiume

1. È carità dare il pesce all'affamato,
   non lasciare con fame un bambino,
   la Caritas dà una mano all'assistito,
   e speranza dà l'emporio al poverino.

2. È carità dar la rete per pescare,
   promuovere corsi professionali,
   dare il lavoro per poter guadagnare
   e comprare gli oggetti personali.

3. Per questo è bene aver i documenti,
   presentar del curriculum la lista,
   sapere usar bene gli strumenti,
   dare le risposte nell' intervista.

4. È carità lottare perché il fiume
   sia pulito e offra posizioni
   perché quando nel fiume c'è bitume
   non si pesca, non ci son condizioni.

5. Il fiume sporco è quella situazione
   di ingiustizia bene organizzata,
   quando è il denaro che s'impone
   e la persona povera è disprezzata.

6. Il fiume pulito è la società.
   Dove le persone hanno un valore,
   dove si riconosce la dignità
   dell'uomo, del lavoro e del sudore.

7. La carità vuole il bene comune,
   dei diritti sociali l'osservanza,
   come Gesù dette esempio e si donò
   che tutti abbian vita in abbondanza.

8. È carità essere solidale,
   condivider la fede in missioni
   portare il Vangelo da testimone,
   formar con Dio la famiglia di nazioni.

P. Dante Volpini SX

## Il pesce … commento

"Oggi desidero parlarvi dei tre livelli della carità", disse il Vescovo Dom Angélico Bernardino Sandalo ai sacerdoti della sua Diocesi di São Miguel Paulista riuniti per il Ritiro Mensile nel salone del seminario.
"Voi conoscete i due primi livelli, ma io voglio sottolineare particolarmente il terzo livello".

Il primo livello è dare il pesce. In situazioni di particolare emergenza occorre aiutare i poveri , dare la cesta basica alla famiglia che soffre la fame, aiutare coloro che sono davvero bisognosi. Le Caritas, le Conferenze Vincenziane e le Pastorali dei Poveri fanno molto bene questo, mantenendo schede attualizzate, visitando periodicamente gli assistiti, dando aiuto conforme la necessità. Fare un'assistenza provvisoria e non abituare le persone ad essere dipendenti, praticando un assistenzialismo che assume le persone completamente e le dispensa da ogni sforzo personale.

Il secondo livello è insegnare a pescare. Già lo hanno detto: Più importante che dare il pesce è insegnare a pescare. È vero. Insegnare una professione, incamminare ad un lavoro, trovare un posto di lavoro per una persona, questo significa mettere la persona in condizione di provvedere a sé stesso e sostenersi in maniera permanente con le proprie mani. Non è sempre facile ottenere una occupazione per le persone. Molte volte occorre aiutare a montare il curriculum, altre volte bisogna orientare per rispondere alle domande nell'intervista. "Che cosa sai fare?" "Io so fare di tutto" equivale a dire "Non so fare niente di specifico". È bene conoscere a memoria i propri dati, anche l'indirizzo e il numero di telefono, il proprio o di una persona amica a cui lasciare una comunicazione. E sempre avere fotocopie dei propri documenti. Qualcuno nella parrocchia deve occuparsi di queste orientazioni e del recapito di impieghi e di una bacheca con le richieste. La parrocchia deve anche provvedere corsi di alfabetizzazione e avere o ospitare corsi professionali e cose del genere.

Il terzo livello è anch'esso molto importante e non molto conosciuto. È il livello del fiume. È importante dare il pesce a chi ha fame; è importante insegnare a pescare, incamminando a un lavoro; ma è importante che ci sia un fiume pulito, dove sia possibile pescare. È difficile che un lavoratore ottenga un lavoro stabile, rimunerato, che dia condizioni di vivere, quando esiste un regime di ingiustizia istituzionalizzata, legalizzata, dove il denaro produce denaro , dove una piccola elite controlla l'economia della nazione. Il FMI esige il pagamento degli interessi dei debiti esteri con tagli ai diritti sociali di salute, scuola, retribuzione del lavoro, e pensione. La difficoltà economica provoca una inflazione sempre crescente, in cui il denaro produce denaro e la povertà genera povertà. Perché ci sia un fiume pulito, cioè una società che mette al primo posto le persone, e poi il lavoro, e in terzo luogo il capitale, come insegna la Laborem Exercens di Giovanni Paolo II, è necessaria la presa di coscienza del popolo, votare per coloro che vogliono il bene comune e stanno dalla parte dei poveri e dei lavoratori. Non lasciarsi fare la testa dai media che sono nelle mani dei potenti e aver sempre presente la dottrina sociale della Chiesa.

Ricostruzione di P. Dante Volpini SX

## Il Natale è un memoriale

La nascita del Bambino Gesù, il Figlio di Dio che assume la natura umana per salvare l'umanità, non è solo un ricordo, ma è un memoriale, dato che lo Spirito Santo rifà presente nella liturgia e nella storia odierna questo fatto eterno di Dio.

Così sono attuali le virtù del Salvatore che nasce nella grotta di Betlemme: la sua semplicità e povertà, il suo adattamento e spirito di servizio, che manifestano tutto l'Amore di Dio Padre per l'umanità sperduta.

Così sono attuali gli effetti dell'Incarnazione del Verbo, portando a lodare e a ringraziare come gli Angeli il Dio altissimo, e a promuovere con buona volontà la pace, la fraternità e l'accoglienza nelle famiglie, nelle parrocchie e in ogni periferia, come uomini e donne amati da Dio.

Così sono attuali i confini e la portata di questo evento che invita a promuovere la solidarietà, il dialogo, l'amicizia, la misericordia e la comprensione tra tutti i popoli della terra, di qualunque razza e nazione, di qualunque tempo e età.

Venite, adoriamo con fede il Bambino in fasce che contempliamo tra Maria e Giuseppe, davanti ai pastori e ai magi, poiché è veramente il Salvatore del mondo, Colui che dà agli uomini sconsolati forza e speranza e il nuovo Anno che viene.

P. Dante Volpini SX

## Natale con Gesù

NATALE … È NATALE?
È festa solo per alcuni privilegiati?
È festa solo esteriore, con dolci, bibite, regali cari,
jingle bell, vetrine, bambini fotografati con Babbo Natale,
e sorriso distante tra gli sposi?
È inizio di Carnevale, desiderio di libertà e piaceri,
lasciando che rifugiati, donne e bambini muoiano nel mare?
"Si affitta una casa", ma a chi paghi prima, e abbia coperture,
e non abbia bambini, perché "gli affari son affari"?
L'egoismo, rivestito in vari modi, corrompe ogni uomo,
corrompe la famiglia, corrompe la società.
I pochi bambini crescono senza vera gioia,
la culla è vuota, manca Gesù, manca la fede.
Natale dopo Natale, fine anno dopo fine anno, presto arriverà la fine.
NATALE È NATALE?
È festa per tutti!
Dio più vicino agli uomini e gli uomini più vicini a Dio.
Gesù nella mangiatoia è Dio bambino,
con Maria e Giuseppe, gli Angeli e i pastori,
fede, preghiera e comunità,
confessione, Messa di Natale e Comunione,
è festa e gloria in Cielo… è festa e pace in terra!
Novena di Natale, bambini intorno al presepio,
famiglia unita intorno alla tavola dicendo la preghiera,
accogliere la maternità, chiedere la vita divina nel Battesimo,
cure all'ammalato, visita alla famiglia povera, la cesta di Natale,
aiuto all'Asilo, al Ricovero degli anziani… vibrazione in Chiesa!
Bambini in famiglie che cercano casa?
O sotto un ponte o in una capanna, in una barracca?
È gente umana, è Gesù che cerca o che solo lì ha trovato posto.
Natale fraternità, Natale solidarietà, Natale "con" il Bambino Gesù!
Natale dopo Natale, fine anno e inizio anno, e presto viene Pasqua.
È sempre vita nuova,
è lotta per un mondo più umano, più divino,
è la pace e la gioia di Dio, ora e poi,
nella vita degli uomini e delle donne, da Lui amati.

P. Dante VolpiniSX

## Pace vera

Che crudeltà è scatenare guerre,
com falsi pretesti,
per aggiornare armi,
controllare petrolio,
imporre idee,
portare eserciti,
distruggere, rubare e uccidere!

Che crudeltà è propagare ingiustizie,
indebitare le nazioni,
facendole pagare tassi alti,
com i tagli al servizio sociale del popolo,
salute, studi, salari e lavoro,
per pagare debiti assurdi con giuri assurdi
a chi imprestò molto meno con giuri inferiori!

Che crudeltà è parlar di democrazia
come potere di una elite agiata,
parlar di libertà
come possibilità di massacrare i deboli,
parlare di pace
conquistata con la forza e la falsità,
tacciando come terrorista
chi è oppresso dal terrorismo delle armi!

Beati quelli che promuovono la pace,
trasformando le armi in trattori,
la discussione in dialogo,
la droga in sobrietà,
le differenze etniche in uguaglianza,
le sopraffazioni in collaborazioni,
la violenza e la bramosia in comprensione e solidarietà.

Beati quelli che promuovono la pace,
cercando il bene comune nelle nazioni,
perdonando il debito estero,
promuovendo lo stato sociale,

azzerando la fame e la miseria,
dando valore alle persone umane,
facilitando a tutti i cittadini
condizioni di salute, di studio, di lavoro.

Beati quelli che promuovono la Pace,
con giustizia, misericordia e perseveranza,
imitando quel Maestro che lava i piedi ai discepoli,
quel Sacerdote che distribuisce il pane vivo e il calice benedetto,
il Salvatore che dà la sua vita
perché tutti abbiano vita in abbondanza.
È Gesù Cristo vivo che anche oggi ci ripete:
"La Pace sia con voi ! Amatevi come Io vi ho amato!
Beati quelli che hanno spirito di poveri! Beati quelli che promuovono la pace!
Perché vostro è il Regno do Dio!"

P. Dante Volpini SX

# SAN FRANCESCO SAVERIO

*È il patrono principale delle Missioni. L'esempio da seguire per i Missionari Saveriani. E per ogni iniziativa di "Chiesa in uscita".*

# Crocifisso di Xavier

## S. Francesco Saverio

Un giovane di diciannove anni arrivò nel 1525 all'Università della Sorbona a Parigi. Non doveva essere un giurista e amministratore come suo padre, né un guerriero come i suoi fratelli, ma un dotto chierico. Era nato il 7 aprile del 1506 nel Castello di Xavier, nella Navarra (Spagna) e sua madre gli aveva insegnato il rispetto per il Crocifisso "sorridente" che si venerava nel Castello.

A Parigi il giovane fu brillante negli studi e in pochi anni divenne professore di filosofia. Si distingueva anche per il suo amore allo sport ed era campione di salto e di corsa. Un giorno arrivò alla Sorbona una altro spagnolo, Ignazio di Loyola, un ex-capitano dell'esercito di Siviglia rimasto ferito in battaglia contro l'esercito di Navarra. Lo misero nella stessa camera di Francesco Saverio e di Pedro Fabro e lo affidarono al primo per l'iniziazione filosofica. Dopo un po' di tempo Ignazio cominciò a ripetere a Francesco Saverio la frase: "Che giova all'uomo guadagnare anche tutto il mondo, se poi perde l'anima?" (Mc 8,36).

Alla fine Francesco Saverio fece gli Esercizi Spirituali di quaranta giorni con Ignazio ed alcuni compagni e furono i primi sette Gesuiti. Il 15 agosto 1534 nella Chiesetta di S. Maria di Montmartre fecero voto di castità e di povertà e di mettersi al servizio del Papa. Nel 1537 a Venezia furono ordinati preti e a Bologna predicarono e servirono negli ospedali. Nel 1539 fu segretario di S. Ignazio a Roma, compilando le regole dei Gesuiti  e nel 1540 partì al posto di

Nicolò Bobadilla, colpito da sciatica, alle Indie Orientali come Legato Papale per tutte le terre ad oriente del Capo di Buona Speranza. Il viaggio durò tredici mesi e si dedicò alla salute materiale e spirituale dei 300 passeggeri.

Nel 1542 iniziò il suo apostolato a Goa, in India, convertendo alcuni colonizzatori che con la sua vita immorale scandalizzavano perfino i pagani. Poi estese il suo ministero agli ammalati,ai prigionieri e gli schiavi. Con un campanello raccoglieva per le strade i fanciulli e ad essi insegnava il catechismo e cantici spirituali. Dopo cinque mesi il Governatore delle Indie lo mandò a sud del paese per evangelizzare i pescatori di perle del Paravi. Con l'aiuto di traduttori tradusse nelle loro lingue le principali preghiere e verità della fede. Per due anni passò di villaggio in villaggio, a piedi e in barca, tra pericoli, fondando chiese e scuole, facendosi maestro, medico e missionario. Arrivò ben presto a battezzare 10.000 pescatori Macua nel Trevancore e 600 di loro preferirono morire che ritornare al paganesimo.

Dal 1545 al 1547 egli aprì nuovi campi di apostolato evangelizzò a Malacca, le isole del Moro, le Molucche. Il Signore lo protesse da nemici e da veleni e avvicinò popolazioni primitive. Realizzò miracoli e tantissime conversioni, tanto che la sua mano si stancava di tanto battezzare.

A Malacca nel 1547 conobbe Anjiro, un giapponese fuggiasco, desideroso di farsi cristiano per liberarsi del rimorso per un delitto commesso in patria. Lo catechizzò e dopo qualche mese lo battezzò. Intanto Anjiro gli parlò abbondantemente del Giappone e si accese nel Saverio un forte desiderio di andare ad evangelizzare i giapponesi. Dopo aver provvisto gente di fiducia per il collegio S. Paolo di Goa e responsabili per le comunità evangelizzate, partì con Anjro per il Giappone.

Arrivò a Kagoshima il 15 agosto 1548 e fu accolto gentilmente dal principe Shimazu Takahisa. Mentre cercava di imparare un po' la lingua, Anjiro convertì al cattolicesimo un centinaio tra parenti e amici. Francesco Saverio scrisse: "I Giapponesi sono il migliore dei popoli". Il principe, sobillato dai bonzi, vietò altri battesimi, ma egli si presentò all'imperatore e alle università di Kyoto. Presentatosi in splendidi abiti e con preziosi doni al principe di Yamaguchi ottenne piena libertà di predicazione. Creò una fiorente cristianità che formò "le delizie della sua anima" e quando, nell'inverno del 1551 tornò in India, in Giappone c'erano oltre 1.000 cristiani. Con grandi adattamenti, con molte preghiere e sacrifici, era un successo enorme.

Nei suoi dibattiti con i bonzi sempre si sentiva dire che se la religione cristiana fosse la vera, i Cinesi che erano maestri del sapere l'avrebbero conosciuta. Nel 1552 organizzò una ambasciata alla corte dell'imperatore della Cina, di cui lui avrebbe fatto parte. Purtroppo l'ammiraglio portoghese di Malacca mandò a monte il progetto. Il 14 aprile il P. Francesco Saverio approdò all'isola di Sanciano con un servo cinese convertito, Antonio di Santa Fe. Trovò alcuni amici che gli offrirono ospitalità e un contrabbandiere che per 200 ducati lo avrebbe portato segretamente al porto di Canton. Stava cominciando un rigido inverno e gli amici ritornarono in India chiudendo le loro case. Nel giorno convenuto il contrabbandiere non mantenne la parola e non si presentò. Il Saverio si ammalò di polmonite e privo come era di ogni cura, morì in una capanna il 3 dicembre 1552. Aveva più volte ripetuto: "Gesù, figlio di Davide, abbi pietà di me. O Vergine, madre di Dio, ricordati di me!".

Il suo corpo fu sepolto in una cassa ripiena di calce. Due anni dopo, integro e intatto, fu trasportato a Malacca, poi a Goa dove si venera nella Chiesa del Buon Gesù. Un braccio è venerato nella Chiesa del Gesù a Roma. Paolo V beatificò Francesco Saverio il 21 ottobre 1619, Gregorio XV lo canonizzò il 12 marzo 1622. Si calcola che abbia conferito il Battesimo a circa 30.000 pagani. Fu proclamato Patrono delle Missioni, di alcune nazioni e di alcuni Istituti. Anche i Missionari Saveriani di Cremona, fondati dal Beato Guido Maria Conforti vescovo di Parma, lo venerano come Patrono. Il 3 dicembre sarà la Giornata Missionaria Sacerdotale e in quest'anno dedicato a San Paolo riveste di particolare significato la festa del Saverio che per i suoi viaggi e la molteplice opera evangelizzatrice potremmo definire il "Paolo dell'Oriente".

P. Dante Volpini, missionario saveriano.

Comunidade: Imaculado Coração de Maria - Cursilho
Cantores: Luiz, Camila e Luiz Henrique
Letra: Pe Dante Volpini SX
Musica: Sebastião Luiz de Lima

## Musica: Il Patrono dei Missionari

1. Quel giovane di Navarra,
cui sorrideva il Crocifisso,
come grande professore
a Parigi fu promosso.
A Francesco disse Ignazio:
"Saverio, qual è la convenienza,
se guadagni il mondo intero
ma poi perdi la salvezza"?

2. Il buon atleta e professore
per Gesù fu conquistato,
e ora Prete e Missionario
alle Indie fu inviato.
Con campanello e Crocifisso,
con interprete e orazioni,
battezzò a migliaia indiani,
dopo le loro conversioni. Ritornello

3. Costruì molte cappelle,
difese dei poveri i diritti,
fece là molti miracoli,
e corresse i preconcetti.
Battezzò il mercante Angiro,
che lo portò verso il Giappone,
affrontò i diamiò e il freddo,
si inserì con discrezione.

4. Con un gruppo preparato,
tradusse preci e catechismo,
nel Giappone l'ha adattato,
ha mostrato il cristianesimo.
Voleva evangelizzar la Cina
centro culturale d' Oriente,
in Sanciano la morte lo frena,
mostrò il cammino rimanente.

Ritornello
Ó Signore, che a San Francesco.
hai dato frutti straordinari,
venga ai popoli il tuo Regno,
invia molti missionari.

Fan cinquecento anni che il Saverio
nacque e poi fu in Oriente,
evangelizzò instancabile,
di Gesù Cristo trasparente.

Comunidade: São João Batista
Letra: Tote
Melodia: com. São João Batista
(Tote, Milena, Roger, Karen, Priscila e Vera)

**Musica: Paulo do Oriente**

Espanha mil quinhentos e seis, o pequeno Francisco nascia
cresceu e sofreu com a guerra, aprendeu nobreza e valentia
nos estudos se empenhava, mas com vaidade e ambição
as coisas que Deus preparava, mexe o coraçao

"de que vale o homem ganhar o mundo se vier sua alma perder"

Certas foram as palavras do amigo, conversão e missão que ser missão pra você Francisco,
vá levar a nossa gente
Jesus luz, caminho e vida, aos irmão do Oriente

São Francisco Xavierque tua obra sempre aumente
o patrono das missões, nosso Paulo do oriente

Incansavel foi Francisco, a semente foi plantada
"Se não encontrar um barco dou um jeito vou nadando"
e assim esse nosso irmão, as missões se dedicou
percorreu longas distâncias, e os povos evangelizou,

## Paolo dell'Oriente

1. Spagna mille e cinquecento sei, il piccolo Francesco nasceva
Crebbe e soffrì con la guerra, imparò nobiltà e coraggio,
negli studi s'impegnava, aveva vanità e ambizione
ma le sue cose Dio preparava e gli seminava nel cuore.

2. "Che serve all'uomo guadagnare il mondo, se perde l' anima sua?"
Furono vere le parole dell'amico, conversione e missione tua
Tu, o Francesco, porterai alla nostra gente
Gesù luce, via e vita, e ai fratelli dell'Oriente.

(Ritornello:) San Francesco, o Saverio,
la tua opera sempre aumenti
o Patrono delle Missioni,
nostro Paolo dell'Oriente.

3. Instancabile fu Francesco, ed il seme andò piantando,
"Se non trovo una barca, non importa, vò nuotando",
e così il fratello nostro alle Missioni si dedicò,
percorse grandi distanze, e i popoli evangelizzò.
(Ritornello:) San Francesco, o Saverio,...

## San Francesco Saverio (Teatro)

**Drammatizzazione scritta da P. Dante Volpini SX**

**Atto 1°**

Nel Castello di Xavier (=Sciavièr). La mamma e la sorella sono in cucina. Arriva Francesco Saverio, poi i fratelli.

**Mamma**: Francesco Saverio, oggi è il 7 aprile 1525 e quindi finisci 19 anni. Sei stato sempre un figlio buono e ho chiesto a tua sorella Maria di aiutarmi per fare una torta e festeggiare il tuo compleanno.

**Francesco Saverio**: Ti ringrazio, mamma, per la torta, la tua torta è sempre buonissima, eccezionale. Ma ti ringrazio soprattutto per tutta la formazione umana e cristiana che mi hai dado, principalmente dopo che papà è morto e dopo che la guerra è finita.

**Mamma**: Tuo papà, Giovanni Jasso di Xavier, era una persona saggia e spesso fu inviato come ambasciatore di Navarra ai re di Spagna o di Francia. Ma quando tu avevi 9 anni Giovanni fu ferito e morì. I tuoi fratelli Michele e Gianni continuarono a lottare per l'indipendenza della Navarra contro l'esercito di Spagna e di Castiglia.

**Francesco**: Mi ricordo che loro vinsero il capitano Ignazio di Loyola con l'aiuto dei cannoni francesi. Ma dopo l'esercito del re Carlo V li sgominò e poi il re comandò che fossero distrutti i castelli e le fortezze della Navarra.

**Mamma:** Ti ricordi bene. E ti ricordi di quando il nostro castello fu distrutto? Avevi 11 anni e quel giorno piangesti a dirotto. Con difficoltà siamo riusciti a ricostruirlo. Ma abbiamo ricostruito anche la Chiesa del paese e la casa dei Preti.

**Francesco:** E furono rimesse al posto le due belle sculture di legno che tu avevi nascosto: il grande Crocifisso sorridente davanti al quale mi piace pregare e la Madonna di Xavier che ha il bambino in braccio e è una scultura del 13° secolo.

**La sorella Maria:** Tutte le sere alle 6 rintocca la campana del Castello e noi cantiamo la Salve Regina e a me piace molto come cantate voi due e anche come cantano le famiglie che abitano intorno al castello.

**Mamma:** Su, Maria, facciamo presto a finire questa torta, perché deve cuocersi e tra non molto arriveranno i vostri fratelli. Pena che mancheranno le vostre sorelle: Suor Margherita che è là nel monastero delle Clarisse a Gàndia, e Anna che è sposata e vive con la sua famiglia. Anna ti aiutò a dare i primi passi quando eri piccolino, Francesco.

**Michele:** (entrando con Giovanni) Come state tutti quanti? Buon compleanno, fratellino! Che odorino di torta, mamma! Quanto a me, ho attraversato le nostre terre e ho visto che le pecore e i buoi vanno bene e sono nati due agnellini e un vitellino. E ora Giovanni vi dice la sua.

**Giovanni:** Io ho fatto pagare il pedaggio a due greggi abbastanza numerosi che si sono fermati nell'invernata per quindici giorni. Mi hanno lasciato una bella pecora e sono rimasto contento. E al nostro festeggiato come sono andati i lavori e gli studi?

**Francesco S.:** Per i lavori, gli ultimi ritocchi alla ricostruzione del castello sono ormai finiti. Per gli studi, mi sono andati bene gli scrutini di questo trimestre. A giugno darò gli esami finali del liceo e avrò in mano la maturità classica.

**Michele:** E adesso che sei grande e hai buona intelligenza, quale è il tuo sogno?

**Francesco S.:** Quello che mi piacerebbe fare? Diventare professore, guadagnare soldi e far onore ancor di più alla nostra famiglia.

**Giovanni:** Ho sentito dire che alcuni giovani vanno a studiare a Parigi, dove c'è quella grande università chiamata Sorbona. Solo che ti dovresti preparare a lasciare la mamma e noi e questa terra dove hai sempre vissuto.

**Mamma:** Francesco, figlio, la tua lontananza sarebbe per me un grosso sacrificio. Ma se questo è il tuo ideale, io sono disposta ad accettarlo.

**Michele:** E io e Giovanni pagheremo i tuoi studi. Potrai cominciare a ottobre di quest'anno. Ma già ci puoi contare, è questo il nostro regalo di compleanno.

**Francesco S.:** Stando così le cose, penso che sia questa anche la volontà di Dio. Andrò a Parigi, avrò nostalgia di te, mamma, e di tutti voi fratelli, ma vi scriverò lettere e conterò con il vostro aiuto.

**Mamma:** Ti accompagneremo con le nostre preghiere e io ti darò la mia benedizione prima di partire. Ma ancora ci sono alcuni mesi e c'è tempo per pensarci. Per oggi godiamoci questo stare insieme. Mettiamoci a tavola e che Dio benedica tutti noi, questa nostra cena, il nostro festeggiato e questa torta di compleanno.

## Atto 2°

Francesco Saverio e Pedro Fabro nella loro camera a Parigi. Poi arriva Ignazio di Loyola.

**Pedro F.:** Per me è un sogno essere qui a Parigi, alla Sorbona, che è la più famosa e organizzata Università del mondo.

**Francesco S.:** Per me è stato un bene anche avere incontrato te. Quando sono arrivato qui alla Sorbona, in quell'ottobre del 1525, io mi sentivo un pesce fuor d'acqua e non mi fidavo di nessuno. Poi, pian piano mi sono accorto che potevo fidarmi di te e considerarti amico.

**Pedro F.:** Io ho origini umili. Non sono nobile come te e quasi tutti quelli che sono qui. Quando ero adolescente sono stato pastore di pecore. La mia nobiltà è essere figlio di Dio. Sì, io sono cristiano convinto, amo molto il Signore Gesù Cristo e sono molto devoto di Maria santissima. Ho anche fatto a Dio un voto di castità.

**Francisco S.:** Io ammiro la tua serenità e la tua calma. Io invece ho un carattere vivace, impulsivo, non sono così calmo come te.

**Pedro F.:** Quando si sta nella stessa camera, alle volte si notano delle cose anche senza volere. Il nostro orario qui è molto rigido, ma ho visto che tu, quando puoi, cerchi un po' di indipendenza.

**Francesco S.:** Vedi, Pedro, quando abitavo nel castello di Xavier, io pregavo con mia mamma e i miei fratelli, studiavo in Pamplona, facevo dei lavori al castello, ma non ero abituato a orari come quello che abbiamo qui a Parigi, alla Sorbona.

**Pedro F.:** E' che qui siamo in quattromila studenti, divisi in 50 Collegi. E tutti abbiamo gli stessi orari e nessuno c'era abituato. Chi di noi era abituato a alzarsi alle 4 del mattino, fare le preghiere, avere la prima ora di scuola alle 5 e poi partecipare alla Santa Messa ogni giorno, prima di colazione?

**Francesco S.:** Già e il resto? Tre lezioni dalle 8 alle 10, Ginnastica dalle 10 alle 11, tre lezioni dalle 3 alle 5 del pomeriggio, e il riassunto delle lezioni del giorno tra le 19,15 e le 20,30. Meno male che la colazione è sostanziosa e il pranzo alle 11 è appetitoso e la cena alle 18 è ben preparata

**Pedro F.:** C'è anche il bagno alle 17 cui segue il Rosario, e la ricreazione tra la cena e il riassunto delle lezioni, per finire con la campanella delle 21 che indica il silenzio per le preghiere della sera e andare a letto.

**Francesco S.:** Per fortuna che ogni giovedì e anche spesso al martedì ci sono gare sportive al posto delle lezioni,

**Pedro F.:** E siamo tutti costretti a partecipare a queste gare, ma io non me la cavo bene. Tu al contrario vinci spessissimo e sei un vero campione. Io faccio il tifo per te, perché tu non solo concorri, ma vinci

**Francesco S.:** Io ho molta energia e non riesco a andare sempre a letto presto, alle 9. E' per questo che qualche sera faccio una scappatina dal Collegio con alcuni amici.

**Pedro F.:** Io credo che siano un po' pericolose queste scappatine di notte.

**Francesco S.:** Per sé non c'è stato finora niente di male, né furti, né sesso, né bibite alcoliche. Si fa qualche discussione intellettuale o qualche scherzo innocente e tutto finisce lì.

**Pedro F.:** Meno male che non esce con voi quello studente antipatico chiamato Calvino. Quello ha idee pericolose e dice eresie contro la nostra santa Chiesa cattolica.

**Francesco S.:** Quel Calvino non piace neanche a me. Mi fa invece una buona impressione quel nuovo arrivato, quello che non è più così giovane, quello che zoppica un po'. Non so ancora il suo nome, ma mi pare una buona persona.

**Pedro F.:** Dicono che è spagnolo come noi e probabilmente verrà ad alloggiarsi in questa stessa camera.

**Ignazio di Loyola:** (batte alla porta e entra) Permesso? Posso entrare? Mi hanno destinato al Collegio Santa Barbara e a questa camera. Posso alloggiarmi qui con voi? Io mi chiamo Ignazio di Loyola.

**Francesco S.:** Ma … un momento! Eri tu il capitano del re di Castiglia? Mio papà fu ucciso in una guerra contro di voi e i miei fratelli hanno lottato contro il tuo esercito.

**Ignazio :** Sento che hai un accento un po' navarrese e soprattutto ne hai la fierezza. Si, fu in quella guerra che un cannone francese mi ha preso alla gamba e sono rimasto zoppo per il resto della vita. Ma ora la guerra è finita e non siamo più nemici.

**Francesco S.:** Dopo la guerra il re ha fatto abbattere i castelli e le fortezze di Navarra e anche quello di Xavier. Ma con la grazia di Dio lo abbiamo ricostruito, con un po' di difficoltà, ma ora tutto è tornato alla normalità. Eh, alloggiando nella stessa camera, non possiamo essere nemici.

**Ignazio:** Sarebbe per me un onore considerarmi tuo amico. E per adattarmi alle materie dell'Università ho bisogno che mi dia alcune lezioni. E' anche per questo che mi hanno mandato in questa camera.

**Pedro F.:** Anche la pace, l'amicizia e il timore di Dio aiutano a studiare bene e a concentrarsi nelle materie universitarie.

**Francesco S.:** Già ho capito che dovrò rinunciare alle scappatine notturne per darti qualche lezione, Ignazio.

**Ignazio:** Le avventure notturne non servono a niente. Occorre ricordare quella frase: "Che serve all'uomo guadagnare il mondo intero, se perde la propria anima?"

**Francesco S.:** Ignazio, vai piano! Io posso aiutarti con lezioni di filosofia e di altre materie, solo che non ti permetto di volermi insegnare la morale e cambiare il mio stile di vita! Patti chiari e amicizia lunga!

**Ignazio:** Tu sei un giovane pieno di doti. Hai facilità negli studi e sei un campione nello sport. Ti aspetta una grande carriera. Ma la frase che ti ho citato, quella l'ha detta Gesù: "Che serve all'uomo guadagnare il mondo intero, se perde la sua anima?"

## Atto 3°

Ignazio di Loyola, Francesco Saverio e Simon Rodrigues. Stanno a Roma. E' il 15 Marzo 1540. Alla fine entra l'ambasciatore di Portogallo D. Pedro Mascarenhas.

**Francesco S.:** Devo ringraziarlo, Ignazio, perché mi hai aiutato nel tempo della mia laurea alla Sorbona. I miei fratelli avevano smesso di mandarmi i soldi, nonostante che mia sorella Abbadessa Maddalena abbia perorato la mia causa.

**Ignazio :** abbiamo saputo che tua sorella diceva: "Dobbiamo aiutare Francesco Saverio, perché sento che sarà un grande servo di Dio e una colonna della Chiesa". Io ti ho aiutato indirizzandoti altri alunni, ma tu te lo sei meritato, e io ho capito che se sommeremo le nostre forze al servizio del Signore, convertiremo mezzo mondo a Gesù Cristo.

**Simone Rodrigues:** Tu, Francesco, ti sei lasciato convincere da quella frase di Gesù: "Che serve all'uomo guadagnare il mondo intero, se perde la propria anima?" e hai chiesto a Ignazio che cosa avresti dovuto fare e lui ti ha predicato gli Esercizi Spirituali per 40 giorni.

**Ignazio:** Abbiamo fatto gli Esercizi Spirituali con grande profitto interiore. Eravate presenti voi due: Francesco Saverio e Simone Rodrigues, e c'erano anche Pedro Fabro, il Lainez, il Salomeo e il Bobadilla. Eravate 6, più io 7, siamo i primi 7 del nuovo esercito di Gesù.

**Francesco S.:** L'esercito che tu hai chiamato Compagnia di Gesù, la Comunità dei Padri Gesuiti.

**Ignazio:** E tu, Francesco, mi hai aiutato a scrivere le regole, e siamo rimasti 11 anni a Parigi, conquistando molti giovani al servizio del Signore.

**Simone R.:** Qui nella mia valige c'è un santino con la data del 15 Agosto 1534 e fu nel giorno dell'assunzione che facemmo i voti di povertà e castità nella Cappella di Montmartre a Parigi. Abbiamo anche promesso di andare in terra Santa per visitare il Santo Sepolcro.

**Ignazio:** Ma prima di andare là siamo venuti in Italia e io vi ho aspettati a Venezia.

**Francesco S.:** Noi siam dovuti passare per la Svizzera, perché in Savoia c'era la guerra tra Francia e Spagna. E lì abbiamo trovato neve nelle montagne e persone eretiche che ci volevano convertire alla loro setta. Ma noi abbiamo vinto le dispute con loro e siamo fuggiti quando volevano metterci in prigione.

**Simone R.:** Nelle città italiane in cui siamo passati abbiamo predicato il Vangelo, curato feriti negli ospedali e seppellito i morti.

**Ignazio:** Poi ci siamo incontrati a Venezia e siamo andati insieme a Roma, dal Papa Paolo III, che ci ha benedetto.

**Francesco S.:** Il Santo Padre ci ha fatto domande di filosofia e di teologia e è rimasto meravigliato con le nostre risposte e ci ha autorizzato a ricevere l'Ordinazione Sacerdotale.

**Ignazio:** Il Vescovo e Patriarca di Venezia ci ha ordinati Sacerdoti a San Marco il 24 Giugno 1537 e ci ha autorizzato a celebrare la Messa e a confessare i penitenti. Eì stata per noi una grande gioia.

**Simone R.:** Abbiamo svolto il nostro apostolato a Venezia e a Bologna, predicando il Vangelo e curando gli infermi. E ora lo facciamo qui a Roma.

**Ignazio:** In questi due ultimi anni, dal 1538 al 1540, tu Saverio, mi hai aiutato come Segretario della Comunità e abbiamo scritto le Costituzioni definitive dei Padri Gesuiti. Il Signore ti ricompensi per questo.

**Francesco S.:** Per me è stato un onore e una grande esperienza che ho fatto. Ora la finalità della mia vita è la stessa di Ignazio e di tutti i Gesuiti: "Per la maggior gloria di Dio e per la salvezza di molte anime".
**D. Pedro Mascaregnas:** (batte alla porta con decisione entra): Vi saluto con rispetto, Reverendi. Già state acquistando una buona fama. Il mio nome è Pedro Mascaregnas sono Ambasciatore del Re di Portogallo. Il mio re che è anche re e imperatore di molte terre nelle Indie, richiede 6 Missionari per evangelizzare in India.
**Ignazio:** Signor Ambasciatore, si sieda e stia un momento con noi. La richiesta del suo Re ci onora e ci commuove, ma se noi mandiamo sei Missionari in India, quanti ce ne restano per il resto del mondo?
**D. Pedro Mascaregnas:** E allora, quale risposta porterò al re di Portogallo?
**Ignazio:** Può dire che per ora possiamo mandarne due e poi nei prossimi anni ne manderemo altri.
**D. Pedro Mascaregnas:** E posso sapere il nome dei due che sarà possibile inviare ora?
**Ignazio:** Saranno Simone Rodrigues e Bobadilla. Bobadilla non sta qui, perché non sta bene di salute. Se la sua salute non migliorerà, sarò costretto a separarmi da Francesco Saverio e mandare lui.
**Francesco S.:** Io sono sempre disponibile.
**Ignazio:** Credo che dobbiamo decidere subito, Vedo la volontà del Signore in questo. Andrai tu, Francesco Saverio, al posto di Bobadilla. E sarai il Superiore Religioso dei Missionari che invieremo alle Indie.
**Francesco S.:** E' per noi una grande gioia essere scelti per questa missione, anche se sarà molto difficile. Noi obbediamo al Padre Ignazio. Domani stesso, 16 marzo 1540 andremo dal Papa per avere la sua benedizione e poi ci prepareremo per partire quanto prima.
**D. Pedro Mascaregnas:** Il Re del Portogallo vuole conoscervi e salutarvi prima della partenza e vi affiderà a una spedizione di due navi che andranno a Goa, in India, costeggiando prima l'Africa.
**Simone R.:** Dato che dobbiamo andare a Lisbona, passeremo per la Spagna e il Portogallo prima di imbarcare per Goa.
**Francesco S.:** Andremo insieme dal Papa, per chiedere la sua Benedizione e chiederemo anche la sua benedizione, nostro Superiore e Padre Ignazio.
**Ignazio:** Da subito prego per voi e vi benedico. (Dà un crocifisso ciascuno). Ricevete ognuno un Crocifisso. Sia Gesù il vostro protettore, il vostro modello e il contenuto delle vostre prediche. E per intercessione di Maria Santissima vi benedica e vi accompagni Dio onnipotente (traccia il segno di croce sui due) Padre, Figlio e Spirito Santo. Buon viaggio!

**Francesco e Simone:** Amen (e abbracciano Ignazio, e danno la mano a D. Pedro Mascaregnas).

## Atto 4°

Foglie di palma e un tavolo. Francesco Saverio, P. Paolo Camerini e Fratel Francesco Mansìglias. Il Vescovo Monsignor Giovanni Albunchèrche. Un portoghese. Due giovani indù.

**Vescovo:** Benvenuti a Goa, in India, terra affascinante, ma straniera e lontana dall'Europa. Io sono Monsignor Giovanni Albunchèrche e sono Vescovo qui da non molto tempo. E voi sarete stanchi per il lungo viaggio. Quanto è durato?

**Francesco S.:** E' durato tredici mesi. Siamo partiti il 7 aprile del 1541 e siamo arrivati il 6 maggio 1542. Abbiamo superato varie difficoltà con l'aiuto di Dio. Durante il viaggio abbiamo celebrato la S. Messa ogni giorno, abbiamo fatto catechesi, curato gli infermi e noi stessi siamo stati curati.

**P. Paolo C.:** Insieme con il P. Francesco Saverio, siamo venuti noi due: io sono P. Paolo Camerini e lui è Fratel Fransìsco Mansìglias. Noi due siamo stati destinati al posto del P. Simone Rodrìghes che è rimasto a Lisbona. E' successo che mentre aspettavano il giorno di imbarcarsi per qua, P. Francesco e P. Simone hanno fatto pastorale e le loro prediche erano così ben fatte e piene di contenuto che il popolo ne era conquistato e affollava le chiese. Allora il Vescovo e il Re hanno trattenuto Simone e inviato solo Francesco Saverio, insieme con noi due..

**Vescovo:** Spero che anche qui abbiate successo. I portoghesi che sono venuti qua non danno esempio di buoni cristiani, anzi danno scandalo con i loro vizi: sono ambiziosi, praticano usura, sesso e gioco. Gli Indù sono pagani e ignoranti. Occorre davvero fede e coraggio e una vera Missione.

**Francesco S.:** Eccellenza, è opportuno che lei sappia che il Papa Paolo III mi ha dato lettere in cui mi nomina Nunzio Apostolico nelle Indie, con vari poteri. Ma io vorrei essere un semplice Missionario e userò dei poteri che il Papa mi ha dato solo in quello che Lei accetterà.

**Vescovo:** Apprezzo la vostra umiltà. Intanto avrei una proposta da farvi: ospitatevi nella mia casa vescovile, così da usufruire di qualche conforto e riposarvi nel vostro lavoro.

**Francesco S.:** Ringraziamo la sua gentilezza e la sua generosità, ma noi preferiremmo che ci fosse concesso di ospitarci in un ospedale e curare ammalati e lebbrosi. Visiteremo i prigionieri e faremo catechesi a ragazzi e a adulti. Se lei ce lo consentirà, Eccellenza, potremo celebrare Messe, fare Confessioni, dire con il popolo rosario e preghiere, e insegnare canti, inizialmente in portoghese e poi nella lingua locale.

**Vescovo:** Voi potrete celebrare Messe, Battesimi, Confessioni e altri sacramenti nella mia Diocesi e in tutta l'India. Comunicherò alle Parrocchie che vi ricevano bene e così potrete fare il vostro lavoro meraviglioso. Che il Signore ci benedica! (e il Vescovo si ritira).

**Francesco S.:** Mettiamoci a pregare, P. Paolo e Fratel Mansìglias, perché la preghiera è la forza per la Missione. Preghiamo e cantiamo i Salmi di oggi. (Cantando il Salmo 116/117): Lodate il Signore, popoli tutti/ voi tutte nazioni, dategli gloria.

**P. Paolo e Fr. Mansìglias:** Perché forte è il suo amore per noi/ e la fedeltà del Signore dura in eterno.

**Francesco S.:** Gloria al Padre e al Figlio/ e allo Spirito Santo.

**P. Paolo e Fr. Mansìglias:** Come era nel principio e ora e sempre/ e nei secoli dei secoli. Amen.

**Francesco S.:** Sono molti i nostri impegni. Vediamo quello che ognuno può fare. E poi ci aiuteremo fra noi.

**P. Paolo:** Io posso continuare a curare gli infermi, e anche i lebbrosi, e celebrare la S. Messa nell'ospedale.

**Fr. Mansìglias:** Io andrò col P. Francesco Saverio, chiamando le persone per ascoltarlo. Farò anche la pulizia dei nostri ambienti e preparerò i nostri pasti.

**Francesco S.:** Io mi dedicherò alla catechesi dei portoghesi e degli indù, cominciando con i principi basici della nostra santa religione, suggerendo ai giovani i valori della fede in Gesù e della pratica delle virtù. Visiterò le famiglie non ancora sposate per portarle al Matrimonio cristiano. Attraverso la catechesi e i canti otterremo nelle famiglie il fervore della fede. (escono tutti e tre, ma subito tornano Francesco Saverio e Fr. Mansìglias seguiti da due giovani indù).

**Francesco S.:** Gesù di Nazaret era un grande profeta, anzi era il Figlio di Dio in carne umana. Lui curava gli ammalati, faceva miracoli, restituiva la vista ai ciechi, faceva camminare gli zoppi. Un giorno risuscitò una bambina morta: Talìta cumi, bambina, te lo dico io, alzati. E la bambina di dodici anni si alzò in piedi. E Gesù disse: Datele da mangiare.

**Fr. Mansìglias:** (batte il campanello e grida) Venite ad ascoltare il P. Francesco Saverio, il nostro Missionario, il messaggero di Dio. Venite a conoscere il Regno di Dio e il cammino di salvezza.

**I due giovani indù:** (parla uno) Noi siamo giovani indù e ci piace molto questa Parola di Salvezza. (parla l'altro) Noi vogliamo seguire Gesù. Vogliamo diventare cristiani. Cosa dobbiamo fare?

**Francesco S.:** Sarete battezzati insieme a quelli che ci stanno seguendo. Già sono più di 300 ragazzi e i loro genitori. Ci sarà Battesimi, Matrimoni, Comunioni.

Continuate a partecipare nelle Messe e voi due farete parte del gruppo di catechisti che stiamo formando. (escono i due giovani ringraziando con gioia).

**Un portoghese:** (entrando) Mi fate rabbia. Si stava così bene prima che arrivaste voi. Si guadagnava molto con l'usura. Si poteva spendere con le prostitute, essere liberi...

**Fr. Mansìglias:** Calma, giovanotto, rispetta il P. Francesco Saverio. Lui sta predicando Gesù, il Salvatore.

**Francesco S.:** Anch'io, come te, ebbi voglia di divertirmi nel mondo. Anch'io, come te, ho lasciato l'Europa per venire in India. Ma un giorno ho incontrato Ignazio che mi ripeteva: "Che serve all'uomo conquistare il mondo intero, se perde la sua anima?" Sono parole di Gesù. Capii che dovevo usare la mia libertà con responsabilità e sto cercando di salvare la mia anima.

**Fr. Mansìglias:** E sta salvando anche molte, molte altre anime.

**Il portoghese:** Sto cominciando a pensare che devo usare la mia libertà con responsabilità.

**Francesco S.:** Occorre rinunciare agli idoli della bramosia di denaro e del piacere del sesso e dar valore alla fede nel vero Dio che è nostro Padre e nel suo Figlio Gesù (mostrando il Crocifisso) che ha sparso il suo sangue per noi.

**Fr. Mansìglias:** Io esco un momento, così lei può confessarsi con il P. Francesco Saverio e poi potrà ricevere la Comunione e essere uno dei nostri. (esce)

**Il portoghese** (confessa a bassa voce) Il Padre lo assolve e lo abbraccia. E il portoghese esce asciugando le lacrime).

**Fr. Mansìglias** (tornando e introducendo il Vescovo e il P. Paolo) Padre, guardi un po' che è venuto a trovarci!

**Vescovo:** Ringrazio Dio per tutto il lavoro che state svolgendo qui. In cinque mesi la città di Goa è cambiata, si è trasformata. Abbiamo nuove scuole, gruppi di catechesi, ricerca dei sacramenti, e la fede cristiana è cresciuta in tutti i cuori. I 10 comandamenti sono molto più conosciuti e rispettati. La vostra amabilità ha conquistato molte persone, molte anime per il Signore. Il popolo canta il catechismo, siete proprio creativi. Sia lodato il Signore!

**Francesco S.:** Grazie, Eccellenza, per le sue parole di incentivo. Ringraziamo Dio che ha realizzato queste meraviglie! Ogni tanto torneremo a Goa, come punto di partenza dell'evangelizzazione. Lasceremo qui altri confratelli. Ma noi andremo a altre città dell'India e dell'Asia. Gesù deve essere conosciuto e amato da altri popoli. Monsignor Giovanni Mascaregnas, grazie e ci benedica, inviandoci ad altre Missioni!

## Atto 5°

Una striscia azzurra rappresentando il mare. Una striscia con rena rappresentando la spiaggia. Francesco Saverio con Fr. Mansìglias, 2 pescatori, una donna, 2 ragazzetti e 3 Seminaristi. All'inizio solo il Padre, il fratello e i 3 Seminaristi.

**Francesco S.:** Il P. Ignazio di Loyola ha mandato qua alcuni Seminaristi, ad essi si sono aggiunti alcuni Seminaristi di Goa e altri Seminaristi di altre parti dell'India. Voi mi avete parlato dell'isola di Pescaria e siamo venuti qui ad evangelizzare.

**Tomè:** Io sono seminarista e mi chiamo Tomè. Qui siamo a 900 km. da Goa e a 100 Km da Tuticorìm. Qui è molto caldo. Come Lei ha detto, quest'isola si chiama Pescaria e siamo venuti qui per evangelizzare.

**Tiago:** Anche io sono seminarista e mi chiamo Tiago. Qui i pescatori erano molto esplorati dai pirati mussulmani che venivano dall'Arabia e dalla Persia. Allora pensarono di farsi battezzare e diventare cattolici, per avere l'appoggio dei portoghesi ed essere difesi dai mussulmani.

**Matteo:** Anch'io sono seminarista e mi chiamo Matteo. I pescatori malavari sono circa ventimila e sono cattolici, ma non conoscono Gesù, né il Vangelo, né la dottrina cristiana. Pensano che quando uno muore, la sua anima si incarna in un cane, o in un serpente o in un altro animale.

**Francesco S.:** Voi conoscete bene le preghiere, il catechismo e la lingua "malavar". Il Fr. Mansìglias qui presente vi fornirà quaderni, carta e penne e ognuno di voi tradurrà nella propria lingua alcune Preghiere e alcune parti della Dottrina Cristiana.

**Tomè:** Io posso tradurre il Credo.

**Francesco S.:** E traduci anche le risposte principali della Messa.

**Tiago:** Io posso tradurre i 10 Comandamenti della Legge di Dio.

**Francesco S.:** E traduci anche i 5 Precetti della Chiesa e le 7 Opere di Misericordia Corporale.

**Matteo:** Io posso tradurre il Padre Nostro, la Ave Maria, il Gloria al Padre e la Salve Regina.

**Francesco S.:** E traduci anche i Misteri del Santo Rosario.

**Fr. Mansìglias:** Il peggio è che il popolo adora immagini di idoli che rappresentano animali: elefanti, vacche,...

**Francesco S.:** Le nostre armi saranno la preghiera, la predicazione e la guarigione degli infermi. Voi seminaristi andate a fare le vostre traduzioni e che il Signore vi illumini. Fr. Mansìglias chiami alcuni ragzzi del catechismo e noi li trasformeremo in nostri aiutanti.

**Fr. Mansìglias:** (dando quaderni e penne ai Seminaristi) Ricevete qui quaderni e penne. Ognuno faccia la propria parte, per la maggior gloria di Dio e per la salvezza delle anime! (rimane solo Francesco S.).

**Francesco S.:** (inginocchiandosi davanti al Crocifisso) Signore Gesù, io ti ringrazio per questa vocazione e per questa missione che genera tanto amore e tanta consolazione. Aiutaci a perseverare e a mostrare la tua immensa gloria!

**Tomè:** (entra correndo) P. Francesco Saverio, c'è qui una donna che sta molto male, con una malattia che porta alla morte. Io l'ho catechizzata e lei vorrebbe il Battesimo. E' possibile fare qualcosa per lei? (entra la donna molto fiacca).

**Francesco S.:** (dialogando con la donna) Come ti chiami? Tu ami Gesù? Chi è Gesù?

**La donna:** (rispondendo alle domande di Francesco S.) Io mi chiamo Madalena Chupungo. Si, io amo Gesù. Gesù è il figlio di Dio, è il nostro Salvatore.

**Francesco S.:** Madalena Chupungo, vuoi essere battezzata?

**La donna:** (risponde a stento) Lo voglio, si, voglio diventare figlia di Dio, essere cristiana, e appartenere alla Chiesa Cattolica.

**Francesco S.:** (versando l'acqua nella fronte della donna, con brocca, conca e asciugamano): Madalena Chupungo, io ti battezzo nel nome del Padre, e del Figlio, e dello Spirito Santo.

**La donna:** Amen. ... (parla meglio) Segnore Gesù, mi sento meglio. Mi sento sana, la mia malattia mortale è scomparsa. Anche la mia famiglia si convertirà al Cristianesimo. Grazie Signore Gesù! Grazie, Pedre! (e esce).

**Fr. Mansìglias:** (entra con due ragazzetti e 2 ragazzette di 11/12/13 anni) Ecco i ragazzi più disposti a aiutarci. I nostri piccoli missionari.

**Francesco S.:** Ragazzi, voi siete bravi e avete accolto l'invito. Noi abbiamo molte richieste per visitare case e ammalati e noi non riusciamo a visitare tutti. Io vi do alcuni rosari, acqua benedetta e foglietti con orazioni scritte. Voi toccherete gli ammalati con il rosario, aspergerete l'acqua benedetta nelle persone e nelle case, direte una preghiera e lascerete un foglietto con le preghiere in ogni casa. Mi sono spiegato bene? Avete capito tutto?

**Ragazzi:** Si, abbiamo capito, abbiamo capito tutto.

**Francesco S.:** (distribuendo gli oggetti a ciascuno) Questo è per te. Per te. Per te. E per te. E ora io vi invio (li benedice) in nome del Padre, e del figlio, e dello Spirito Santo.

**Ragazzi e Fr. Mansìglias:** Amen. (escono i ragazzi e entrano i Seminaristi e due pescatori).

**Matteo:** Oltre alle preghiere che le ho fatto avere per dare ai ragazzi, ecco qui i misteri del Rosario che ho tradotto.

**Tiago:** Ed ecco qui i Comandamenti di Dio, i Precetti della Chiesa e le Opere di Misericordia in lingua malavàr.

**Tomè:** E qui ci sono il Credo e le risposte della Messa.

**Francesco S.:** Bravi, avete fatto presto e bene il vostro compito. Il Signore vibenedica!

**Il primo pescatore, Andrea:** (con turbante) Il mio nome è Andrea. Io e il mio amico Filippo stiamo chiedendo la sua protezione e quella del re di Portogallo per favorire il nostro commercio di perle e di pesci. E anche impedire ai governatori di perseguitare e tagliare la gola ai cristiani. Dovrebbero anzi a propagare la fede, aiutarci a costruire le Chiese e aiutarci a mantenere i nuovi Sacerdoti.

**Il secondo pescatore, Filippo:** (con turbante, accompagnato dalla moglie, porta nelle braccia un bambino affogato e poi lo stende nel suolo) Io sono Filippo e sono venuto a chiedere preghiere per il mio figlio Bartolomeo che è affogato in un pozzo. Prega per lui, Padre Francesco Saverio, perché non diventi un cane, ma sia una anima eletta di Dio.

**Francesco S.:** (si inginocchia vicino al bambino e prega) Signore Gesù, che molte volte nella terra di Israele e lungo la storia hai benedetto gli ammalati per ricuperare la salute e hai benedetto alcuni morti perché ricuperassero la vita, benedici questo bambino Bartolomeo e, se è tua volontà, restituiscigli la vita e la salute, Tu che vivi e regni con il Padre nell'unità dello Spirito Santo. Amen. (facendo un segno dicroce sul bambino). Ti benedica Dio onnipotente, Padre, e Figlio, e Spirito Santo. E, se è volontà di Dio, alzati e vivi!

**Il bambino Bartolomeo:** (come svegliandosi da un sonno) Dove sono? Papà! Mamma! Eccomi qui!

**Filippo e la sposa:** (abbracciano il figlio) Sia lodato Dio! Sia lodato Gesù Cristo! Dio ha ascoltato la preghiera del P. Francesco Saverio! Il nostro figlio vive! Ringraziamo il Signore!

**I ragazzi:** (entrando con Fr. Mansìglias allegri e battendo le mani) P. Francesco Saverio, quante cose meravigliose Dio ha realizzato attraverso di noi! Alcuni ammalati sono guariti. Alcune persone hanno fatto pace fra loro. Le persone hanno accettato le nostre preghiere e hanno pregato con noi. Sia lodato il Signore! (e battono le mani nuovamente).

**Fr. Mansìglias:** (vedendo tutti che arrivano con i turbanti in testa suona il campanello e grida) Venite a ascoltare il P. Francesco Saverio! Lui annuncia il Signore Gesù, il nostro Salvatore!

**Francesco S.:** Gesù curava gli infermi, guariva i lebbrosi, risuscitava i morti, annunciò a tutti la lieta notizia del Regno di Dio. Ha istruito gli Apostoli e i Discepoli, imsegnando la giustizia e la misericordia. Ha dato la sua vita per la nostra salvezza (alza il Crocifisso), spargendo il suo sangue sulla croce. Ma è risorto e ha detto agli Apostoli: "Andate nel mondo intero, predicate il mio Vangelo a ogni creatura. Chi crederà e sarà battezzato sarà salvo!"

**Fr. Mansìglias:** (prende un secchio con acqua e una conchiglia) Vi potete avvicinare. Togliete il turbante e il P. Francesco Saverio vi battezzerà. Avvicinandovi, dite il vostro nome.

**Francesco S.:** (in un lato, mentre gli altri in fila tolgono il turbante e si avvicinano dicendo il proprio nome) **Simone.**

Simone, io ti battezzo in nome del Padre, e del Figlio, e dello Spirito Santo! **Simone:** Amen (e subito un altro).

**Fr. Mansìglias:** (dall'altro lato e vicino al pubblico) Io ti ringrazio, Signore, perché la mano e il braccio destro del P. Francesco Saverio riescono a sopportare la fatica di tanto battezzare. Ora non sono più decine, ma centinaia e migliaia gli indù che vogliono essere battezzati. Continua, Signore, a dar forza a questo tuo servo, che ha inculturato il Vangelo tra i malavari.

**Francesco S.:** (dopo alcuni Battesimi si avvicina a Fr. Mansìglias e dice) Fr. Mansìglias, seminaristi e tutti i battezzati che hanno rimesso i propri turbanti, preghiamo con le mani alzate il Padre Nostro nella lingua malavàr!

(Francesco S., Fr. Mansìglias, i Seminaristi e tutti i Battezzati con i loro turbanti, pregano o com le mani alzate o dandosi le mani il Padre Nostro. Qui è riportato nella lingua sena di Mozambico):

Baba wathu muli kudzulu
Dzina yanu ikhali na mbiri
Dziko yanu mbize kuna ife
Pinafuna imwe mbapicitwe
Pantsi panu inga kudzulu!

Tipaseni lero kudja kwathu kwalero
Tilekereni mangawa athu
Ninga ifembro tinalekera andzathu mangawa awa
Lekani kutileka mbatinyengwa
Tipulumuseni mphiakuipa
Amèm!

**Atto 6°**

Interno di una semplice Cappella in Malacca. P. Francesco Saverio, con i 3 Seminaristi sono lì dall'inizio. Poi entreranno un messaggero con il turbante e poi il giapponese Angiro con giaccotto attillato.

(I primi 4 sono inginocchiati e ognuno apre le braccia quando prega ad alta voce).

**Francesco S.:** Noi ti ringraziamo, Signore, per aver avuto la possibilità di visitare il Santuario di San Tommaso, con la reliquia dell'Apostolo. Ti ringraziamo per le esperienze mistiche che hai concesso a ciascuno di noi nel Santuario. Basta, Signore, mi stai dando tante consolazioni che ne posso morire di felicità!

**Tommaso:** Noi Ti ringraziamo, Signore, per tutti i miracoli che realizzi tra noi per intercessione del P. Francesco Saverio. Per l'indemoniato che è stato curato, per il Crocifisso che il granchio ha riportato in spiaggia, per la conversione degli antropofagi che non mangiano più carne umana.

**Tiago:** Noi ti ringraziamo, Signore, perché la flotta portoghese ha sconfitto i pirati, per tutti gli abitanti delle isole Molucche che si sono convertiti e sono stati battezzati, per tutti gli abitanti di Malacca che stanno assumendo seriamente il Cristianesimo e fanno spesso la Confessione e la Comunione.

**Matteo:** Noi Ti ringraziamo, Signore, per tutti i gruppi di catechesi sia di ragazzi che di adulti, per i catechisti che portano avanti il loro ministero, per i giovani che assumono la loro vocazione sacerdotale e entrano in Seminario ,
per le ragazze che seguono la vita religiosa e consacrata.

**Francesco S.:** Noi ti ringraziamo, Signore, per i Missionari che stanno arrivando dall'Europa come risposta alle lettere che ho scritto là. Fa che molti giovani della Sorbona e di altre università capiscano che qui in India, a Malacca, nelle Molucche, e in altre nazione dell'Asia i popoli hanno bisogno di loro, perché Tu, Signore ci hai mandato a evangelizzare tutte i popoli, per la tua maggior gloria. Amen.
**Tutti:** Amen (e si alzano in piedi).
**Tommaso:** P. Francesco Saverio, abbiamo notato che Lei usa amabilità, dà attenzione a tutti, si inserisce nei vari ambienti, e riesce a ottenere il rispetto e l'amicizia delle persone attirandole a Gesù, perfino convertendole a Gesù.
**Francesco S.:** Dobbiamo essere tutti amabili e disponibili, perché è questo un segreto per avvicinare le persone. L'amabilità e l'accoglienza e la carità cristiana ottengono grandi frutti.
**Il messaggero:** (entrando) Io sono un commerciante che ha viaggiato molto in nave. P. Francesco Saverio, in questi ultimi mesi, vari villaggi o città, vicini o lontani, mi hanno supplicato di dirle che vorrebbero, o vorrebbero nuovamente, la sua visita. (porgendo un foglio) Ecco qui la lista di questi luoghi. E, se posso, vorrei presentarle un uomo che è venuto con me in quest'ultimo viaggio. E' un giapponese, si chiama Angiro. Lui vuol andare a Goa, ma ha sentito parlare di lei e lo vuol conoscere e così si è fermato qui a Malacca. Posso? (a cenno affermativo di Francesco S. si affaccia alla porta e chiama fuori) Angiro, vieni pure!
**Angiro:** (entrando) E' un piacere conoscerla, P. Francesco Saverio. Io mi chiamo Angiro, non sono di qui, vengo dal Giappone. Mi è successo un problema grave. C'è stato un diverbio là in Giappone e io ho ucciso un uomo. Ne sono molto pentito. Ho affrontato molti problemi, finché ho fatto amicizia con i portoghesi di questa nave e sono fuggito qua. Ho sentito parlare di Lei e vorrei molto ottenere il perdono di Dio.
**Francesco S.:** Sono molto contento di conoscerla, Angiro. Riceverà, sì, il perdono di Dio sui suoi peccati. Ma prima dovrà fare una catechesi, che io stesso le darò qui a Malacca e poi a Goa. Il Signore le sta facendo il dono della fede. Sarà come Paolo, un grande convertito. Quando sarà pronto, sarà il Vescovo di Goa a battezzarlo.
**Angiro:** Mi chiamerò Paolo della Santa Fede. Il mio nome cristiano sarà: Paolo Angiro della Santa Fede.
**Il messaggero:** (presentando una lettera) Ho anche una lettera che viene dal Giappone. E' di un daimiò, una specie di piccolo re, un governatore, che dice di voler conoscere il Cristianesimo. Gli piacerebbe essere cristiano.
**Francesco S.:** Ecco qui un segno della Volontà di Dio. Dopo il Battesimo di Angiro, partiremo per il Giappone.

**Il messaggero:** Andremo in nave, ma dovremo evitare le rotte dei pirati.

(Si spengono momentaneamente le luci e poi si accendono di nuovo. Sono a Yamagùsci, nel Giappone. P. Francesco Saverio, Fratel Fernàndes e Pietro Takàsci, che è un giapponese convertito).

**Fratel Fernàndes:** Siamo arrivati qui in Giappone nel giorno dell'Assunzione di Maria, il 15 Agosto 1549. Un vento provvidenziale spinse la nave in cui viaggiavamo proprio nel porto di Kangòscima. C'era con noi anche Paulo Angiro.

**Francesco S.:** Hai ragione, Fratel Fernàndes, le forze del male non sono riuscite a impedire la nostra venuta. Fu davvero volontà del Signore. Abbiamo avuto difficoltà, siamo stati derubati, ma Paolo Angiro e i suoi familiari ci hanno sostenuti in Kangòscima e in un anno abbiamo avuto alcune conversioni. Abbiamo lasciato Paolo Angiro là e siamo venuti a Yamagùsci con questo nostro preziosissimo Pietro Takàsci, un nuovo convertito, che ci aiuta nelle traduzioni.

**Pietro Takàsci:** (con il giaccotto attillato) Grazie a Dio, in pochi mesi che siamo qui già abbiamo avuto più conversioni che a Kangòscima. Qui a Yamagùsci siamo più considerati e più gente ci segue. Non è vero, Fratel Fernàndes?

**Fratel Fernàndes:** Concordo. Qui anche il capo dei bonzi buddisti Ningìtsu ascolta con piacere le prediche del P. Francesco Saverio e viene a chiedere spiegazioni. E anche il daimiò Shimàzu e altri governatori hanno dato il permesso per annunciare Gesù Cristo e la religione cristiana cattolica nei loro territori.

**Francesco S.:** Qui è più difficile che in India, in Malacca e nelle isole Molucche. Là pescavamo nuovi cristiani con la rete, qui si pesca con l'amo. Abbiamo anche difficoltà con il clima. Gli inverni rigidi e le lunghe camminate sulla neve ci gonfiano i piedi che arrivano a sanguinare, ma vale la pena aprire le porte di questa nazione al Cristianesimo.

**Fratel Fernàndes:** Due anni in Giappone ci hanno fruttato quasi mille giapponesi convertiti al cristianesimo. Il Vangelo sta conquistando spazio e aggiustando il proprio linguaggio. Alcuni gruppi stanno lasciando l'idolatria e le passioni mondane, per seguire Gesù, avere fede e purezza di spirito.

**Pietro Takàsci:** Voi siete i primi europei che riescono a capire un poco il Giappone e riescono a dialogare con i giapponesi. Perfino nella città di Meàco, che alcuni chiamano Kiòto, una città buddista e raffinata, che con le sue 90mila case probabilmente diventerà la capitale del Giappone, perfino là già ci sono alcuni cristiani.

**Francesco S.:** Manca ancora molto per sintonizzare davvero con questo popolo, ma possiamo lasciare queste comunità già iniziate al P. Cosimo Tòrres e a Fratel Giovanni Fernàndes che già parlano abbastanza il giapponese, insieme a te, Pietro

Takàsci, e a Paolo Angiro e famiglia. e mandare qualche altro. Io dovrò tornare a dare un rinforzo in India e in Indonesia, e poi partire per altri Paesi dell'Asia.
**Pietro Takàsci:** Il popolo giapponese ammira molto il popolo cinese. La Cina è una grande nazione, ben amministrata e con una grande cultura che ha influenza in altre nazioni. Se Lei riuscisse a evangelizzare la Cina, evangelizzando la Cina riuscirebbe a dare un grande passo per l'evangelizzazione di tutta l'Asia.
**Francesco S.:** Vedo in queste tue parole la Volontà di Dio. Tu, Pietro Takàsci, e quelli che ho nominato prima rimarrete qui in Giappone. Noi torneremo in India, otterremo la nomina di un ambasciatore di Portogallo per la Cina, saremo suoi aggregati e organizzeremo un gruppo per provare a evangelizzare la Cina. Già ho nostalgia del Giappone, perché tra i Paesi non cristiani non esiste uno più dotato del Giappone.

## Atto 7°

Nell'isola di Sanciano Francesco Saverio, due portoghesi (Gioacchino e Michele), il malavàr Cristoforo, il cinese Antonio, un altro cinese marinaio (i cinesi con il cappello a cono allacciato sotto la gola). In una povera capanna con una finestra e veduta di mare o di barca (o nave).
**Francesco S.:** Dopo molte difficoltà siamo arrivati all'isola di Sanciano. Se non sbaglio, già vi conosco. Voi siete portoghesi e vi chiamate Gioacchino e Michele.
**Gioacchino:** Sia benvenuto tra noi, P. Francesco Saverio. Si è ricordato dei nostri nomi, siamo proprio noi. Quando Lei passò qui andando dal Giappone a Malacca in Indonesia e a Goa in India, Lei promise che sarebbe tornato per andare in Cina. E' là che vuole andare?
**Francesco S.:** Sì, hai buona memoria, e la mia intenzione è proprio questa, di andare in Cina.
**Michele:** Solo che alcune cose sono cambiate. I cinesi hanno scoperto i nostri commerci con i loro contrabbandieri e hanno messo ostacoli alla nostra entrata in Cina. Ora occorre un permesso speciale per entrare in Cina. Se non c'è questo permesso, ci sequestrano la nave e ci mettono in prigione, in un orribile sotterraneo.
**Francesco S.:** Già era tutto programmato. Il capitano Diego Pereira sarebbe venuto con la nave Santa Croce come ambasciatore di Portogallo per la Cina e io con i miei due amici saremmo aggregati dell'ambasciatore. Ma il capitano di mare Alvaro di Ataìde, mosso da invidia per Diego Pereira, ci ha trattenuti a Malacca durante l'estate e ora ci ha lasciati venire, ma senza il capitano Diego Pereira e quindi senza ambasciatore e senza permesso di entrare in Cina.
**Gioacchino:** Solo che allora diventa difficile la situazione. Se siete senza il permesso speciale, nessuno di noi vi può portare in Cina. E' un rischio troppo

grosso. Per ora possiamo accoglierlo nella mia casa o in quella di Michele, finché non si sappia che Lei vuole andare in Cina senza permesso. C'è poi che a ottobre ricomincia il freddo e noi torniamo a Malacca.
**Michele:** Io conosco un cinese che ha una barca solida e se Lei paga quello che lui vuole, può portarlo in Cina, che è a soli 10 Km. da qui.
**Francesco S.:** Ringrazio l'offerta di accoglierci nelle vostre case, ma noi preferiamo abitare nelle capanne semplici, come il popolo di questa isola. Quanto a questo cinese che ha la barca solida, puoi presentarmelo e possiamo vedere se è possibile trattare con lui.
**Michele:** Aspetti, Padre, che l'ho visto qui vicino. (si affaccia fuori dalla porta e grida) Nobùo! Nobùo Wang! Venga!
(arriva Nobùo e Michele lo presenta) P. Francesco Saverio, questo è il cinese di cui Le ho parlato. Si chiama Nobùo Wang e è un buon navigatore e ha una buona barca. Nobùo Wang, questo signore è P. Francesco Saverio e vorrebbe andare in Cina con questi due suoi amici.
**Francesco S.:** Nobùo Wang, è un piacere conoscerla. Come le ha detto Michele, noi vogliamo raggiungere la Cina e siamo disposti a pagare quello che è necessario. Siamo tre persone: io, il suo compatriota cinese Antonio Yang e il malavàr Cristoforo, più un po' di bagagli.
**Nobùo Wang:** Sono molto onorato di conoscerla, Padre Francesco Saverio. E anche ai suoi illustri compagni di viaggio. Sarebbe per me un onore portarli subito con me in Cina. Ma questa volta la mia barca già è piena. Già ho caricato tutto e andrò subito via. Ma prometto tornare qui quanto prima e vi porterò là.
**Francesco S.:** Quanto vuole per portarci là in Cina, Nobùo Wang?
**Nobùo Wang:** La distanza non è molta, ma è molto il pericolo. E dobbiamo sbarcare là di notte. Il denaro portoghese per me non ha valore, e voi non avete denaro cinese. Vi porterò in Cina se mi date 20 chili di pepe. Va bene?
**Francesco S.:** Va bene. Io spero che lei, Nobùo Wang, torni qua i primi di ottobre, prima che il freddo aumenti.
**Nobùo Wang:** E' tutto deciso. Ritornerò fra pochi giorni. Ci potete contare.
**Gioacchino:** Ora non possiamo più farci vedere con Lei, Padre, perché se Lei sarà preso prigioniero là, maltratteranno anche noi qui.
**Michele:** Veda Lei quello che vuole fare. Se vuole ritornare a Malacca, noi andiamo fra tre giorni. Se vuole aspettare Nobùo Wang deve provvedere il necessario per quando arriverà il freddo.
**Francesco S.:** Ringrazio la sua attenzione, ma non ritorneremo a Malacca. Vogliamo approfittare questa occasione e andare in Cina. Forse ha già capito quanto desideriamo evangelizzare la Cina. Arrivederci e buon viaggio! (si salutano e i due portoghesi escono). (Breve musica come stacco).

**Il malavàr Cristoforo:** Già sono passati alcuni giorni, i portoghesi sono partiti per Malacca, il freddo già si è fatto rigido e pungente, e Nobùo Wang non si fa vedere, ritardando il nostro viaggio per la Cina.
**Francesco S.:** Se verrà un freddo più intenso ci potremo rifugiare nella nave Santa Croce. (Alcuni giorni dopo)
**Il cinese Antonio:** La nostra esperienza di rifugiarci nella nave non è stata positiva. Il freddo è intenso anche là e di notte le onde fanno oscillare la nave, e non si riesce a dormire.
**Francesco S.:** (tossendo) Ho poca roba addosso, sento freddo e mi pare di aver un poco di febbre.
**Il malavàr Cristoforo:** (mette la mano sulla fronte del Padre) Lei sta bruciando di febbre. E il freddo è sempre più intenso. Siamo al 21 Novembre e con questi venti non credo che Nobùo Wang voglia rischiare di venire qua.
**Francesco S.:** (tossendo di nuovo) Lui ha promesso che sarebbe venuto. Possiamo ancora sperarci.
**Il cinese Antonio:** Se passeranno altri 15 giorni e lui non verrà, allora passerà anche tutto l'inverno prima che ritorni. Lui tornerà quando ritorneranno quei portoghesi con cui lui trafficava.
**Francesco S.:** Gesù, figlio di Dio, siamo nelle tue mani. Maria, mamma di Gesù e mamma nostra, intercedi per noi! Su, fratelli, possiamo celebrare la Messa.
**Il malavàr Cristoforo:** Sono passati alcuni altri giorni e il P. Francesco Saverio è peggiorato. La sua polmonite non sta diminuendo, ma anzi lo sta bruciando di febbre.
**Il cinese Antonio:** Oggi, 3 dicembre 1542, lui sta peggio e ha chiesto il suo Crocifisso.
**Francesco S.:** Ti ringrazio, Signore, per tutta la Missione che ho svolto qui in Asia. Grazie per le conversioni, grazie per il tuo Regno sparso in questi luoghi e grazie per i tanti battesimi…
**Il malavàr Cristoforo:** per i Battesimi realizzati in India , in Malesia, in Indonesia, in Giappone. Grazie per essere arrivati alle porte della Cina.
**Francesco S.:** Grazie anche a te, Cristoforo, che sei malavàr e a te. Antonio, che sei cinese e sarai Padre Gesuita.
**Il cinese Antonio:** La Cina è grande, è immensa. Ma altri Sacerdoti seguiranno l'esempio del P. Francesco Saverio e ci aiuteranno a seminare un po' di Cristianesimo in questa grande nazione.
**Francesco S.:** (stringendo in mano il Crocifisso) Santa Maria, madre di Dio, prega per noi! Signore Gesù, morto e risorto per la nostra salvezza, accetta la mia vita per le Missioni in Asia e nel mondo intero! (bacia il Crocifisso).

**Il malavàr Cristoforo:** (chiudendo gli occhi di Francesco S.) E' morto il Padre Francesco Saverio!
**Il cinese Antonio:** E' morto il grande Santo Missionario!
**Cristoforo e Antonio:** Per intercessione di San Francesco Saverio, invia, Signore, molti e santi missionari e missionarie alla tua Chiesa. Che tutte le nazioni conoscano e amino Gesù, ricevano da Lui salvezza e propaghino la Missione. Amen!

# SAN GUIDO MARIA CONFORTI

*Fondatore dei Missionari Saveriani e Vescovo di Parma. Confondatore dell'Unione Missionaria del Clero. Ci auguriamo che sia scelto come terzo Patrono delle Missioni.*

# Guido Maria Conforti

Testo: P. Dante Volpini SX - Musica:Sebastião Luiz de Lima

1. Era figlio di Rinaldo,
uomo forte, esperto e duro,
ed Antonia era sua madre,
fede salda e cuore puro

Ricevette la chiamata,
contemplando il Crocifisso
tante cose gli diceva
sull'amore e il sacrificio

Rit.
**Guido Maria Conforti,**
**dei Saveriani Fondatore,**
**alle Missioni esorti**
**il suo esempio di fervore.**

**Fu devoto di Maria**
**che fu sempre sua avvocata**
**ed era l'Eucarestia**
**luce della sua giornata**

2. Ciò che lesse in seminario
su Saverio e la Missione
gli ispirò, giovane prete,
l'idea di una Congregazione

Vescovo a Ravenna e a Parma
si rivolse al mondo intero
e formò col Padre Manna
la Missionaria Union del Clero.

3. Indicò ai suoi Missionari
Obbedienza, fede e unione,
andò a visitarli in Cina,
si donò nell'afflizione.

"Amatevi come fratelli,
come re rispettatevi"
con l'intelligenza e i doni
solo al Regno dedicatevi

4. Fu un trionfo il funerale
Quanta gente con rimpianto
or la Chiesa universale
lo proclama in Cielo santo.

"La carità di Dio ci spinge",
"in tutti sia Cristo Signore",
popoli e culture permea
il Vangelo di Dio Amore.

# San Guido Conforti

**Testo: Benedita C. Rosa - Musica: Sebastião Luiz de Lima**

1 Affascinato dallo sguardo divino
si fermava lì il bambino
con Gesù a dialogar.
Fu allora che imparò
Il vero senso di amar.

**Rit.**

**Guido, san Guido Maria,**

**Nostro modello, stella che ci guida!**

2. Ancor oggi ascoltiamo la sua voce
Ripetendo quanto Gesù gli diceva:
“Va’, va’ a dir loro che li amo,
Le mie braccia aperte aspettano,
Ascoltate, io vi chiamo”.

3. Dì che uniscano le mani
(chiedendo a Dio Padre)
Giustizia, pace e armonia.
Deve esserci più amor
Tra i fratelli.

4. Sono la Via, la speranza
sono cielo, acqua, terra e mar,
sono vita piena e gioia,
sono tuo, e sono di tutti,
basta seguirmi e amar.

5. Più di un secolo è passato,
(la Missione ampliò il Regno),
come te vado sempre in chiesa,
anch'io sono da Lui affascinato.
e per Lui sono qui.

5º Lugar – Cássia Maria Ferreira Canale, Piracicaba, SP

# Nella storia che sto per raccontar

Parole e musica: Comunidade Nossa Senhora Aparecida do Campestre - Piracicaba SPCombina com o Cartaz Xaveriano 12 Faixa 4

1 Nella storia che sto per raccontare
è difficile con parole rivelare

la ricchezza di fede e coraggio

di quest'uomo scelto dal Signore.

Nella Missione che Dio gli affidò

Di portare il messaggio di amore:

ai cristiani e più ai non cristiani

si donò con impegno e passione

<u>Ritornello</u>:

**Mille grazie, Signor,**

**Per l'amor che Tu donasti**

**Al nostro pastore,  Fondatore,**

**san Guido Maria,**

**san Guido Conforti,**

**missionario del Signor.**

2. Ricevette ancora ragazzo
la sua vocazione sacerdotale
e poi quella di fare il missionario
per i popoli dalle tenebre salvare
Non potendo andare di persona
I suoi figli al mondo inviò
e alle nazioni ignare del Vangelo
per mezzo loro la Parola proclamò

3 Dall' Italia alla Cina viaggiò
I saveriani osservò in missione,
e comprese i valori dei popoli
a cui proporre l'evangelizzazione
I saveriani si inserirono in più nazioni
la Parola di Dio divulgando
in Asia, in Africa e nelle Americhe
con i popoli e culture dialogando

# Razza e cultura

Testo e musica: Marcos R. Do Nascimento e Gruppo MGPM

Voce

Su an - dia-mo con i Sa - ve-ria - ni ae van ge-liz - za - re sem-pre più -

- - - se - gui-rei pas-si del Sa - ve-rio e por-ta - re la cro - ce co me Ge - sù

pre-di - ca-re la pa-ro-la di Dio - - - ad o - gni crea - tu - ra

non im pro ta la sua raz - za il co-lo re e la sua cul-tu - ra quel lo cheim

por-ta è l'a-mor di Dio - - - di cuiil mod-doha tan - ta se - te è

que-sta la no - stra mis-sio - ne por-tar pa-ce ea mo-re con i sa

Mio a - mi-co mio fra-tel - lo u - nia-mo la no - stra fe - de se-

guia - mo san Gui - do Con-for - ti e San Fran-ce - sco Sa - ve - rio

1. Su, andiamo con i Saveriani
   a evangelizzare sempre più

   seguire i passi del Saverio e portare

   la croce come Gesù

   Predicare la Parola di Dio

   Ad ogni creatura

   Non importa la sua razza, il colore

   e la sua cultura.

   Quello che importa è l'amor di Dio,

   di cui il mondo ha tanta sete,

   È questa la nostra Missione: portar pace

   e amore con i saveriani (2 volte)

RIT: **Mio amico, mio fratello,**

**uniamo la nostra fede:**

**seguiamo san Guido Conforti**

**e san Francesco il Saverio.**

**(2 volte)**

2. Con molta convinzione

Guido Conforti dette il suo cuore;

Fu con gioia e armonia che fondò

la congregazione.

Compì la sua missione

per i fratelli nella privazione,

Dette tutta la sua vita al progetto

dell'evangelizzazione.

Adesso è arrivata l'ora

Per tutti e ogni saveriano:

di conquistare il mondo intero e convertire a Cristo

ogni essere umano

5° Lugar – Evelin Debei, Piracicaba, SP

## P. Roberto Beduschi e San Guido M. Conforti

P. Roberto Beduschi fu Maestro dei Novizi Saveriani in Italia e in Brasile e molto spesso parlò ai Novizi del Fondatore, ma alcune volte aprì il suo cuore anche ai Confratelli.

Una volta parlando ai confratelli della sua comunità a Pirajù ricordò il suo unico incontro con Mons. Conforti. Lui aveva 9 anni ed era chierichetto nella parrocchia di Rivarolo Mantovano, un paese fondato dai duchi Gonzaga a 33 Km sia da Mantova che da Cremona che dal fiume Po. Quel giorno ci fu la Cresima e al posto del Vescovo di Cremona venne il Vescovo di Parma Mons. Guido Maria Conforti. Il chierichetto Roberto fu incaricato di tenere la mitra del Vescovo e lui lo fece con molta devozione, data la devozione e la solennità con cui fu celebrata la Liturgia e l'ammirazione che tutti avevano per quel Vescovo fondatore dei Missionari Saveriani. Ne ricavò un'ottima impressione che rimase nella sua memoria e un forte amore alla liturgia che il P. Beduschi rivelò in particolare quando appena uscita la Costituzione del Concilio sulla riforma liturgica, per molte domeniche successive spiegò ai parrocchiani del Tempio del Sacro Cuore a Parma le varie parti della Messa, con il loro significato e il perché dei cambiamenti.

Poco dopo la Beatificazione del Fondatore ci fu un'Assemblea dei Saveriani del Brasile Sud a Londrina e il P. Roberto fu incaricato di guidare un'Orazione Eucaristica. Ne approfittò per fare una meditazione profonda commentando strofa per strofa del canto Adoro Te Devote di S. Tommaso d'Aquino. Ricordo il commento che fece alla strofa che parla del Pellicano quando Gesù è paragonato a un pellicano che nutre con il suo sangue i suoi pulcini e con il suo sangue li fa anche rivivere. Poi P. Roberto commentò brevemente il discorso di Mons. Conforti al Congresso Eucaristico di Palermo nel 1924, su "Eucaristia e Missioni", discorso che era stata distribuito a tutti dopo la Beatificazione e che a suo tempo Mons. Angelo G. Roncalli teneva sulla sua scrivania. Il Fondatore si diceva entusiasta con le notizie che gli scrivevano i Missionari: le giovani Chiese, non assuefatte come noi, hanno meraviglia e fervore per l'Eucaristia e vi trovano l'alimento forte per affrontare le difficoltà e la forza spirituale per rispondere con generosità alle varie vocazioni.

Era la Festa del Fondatore del 2004 e noi Saveriani del Settore di Piracicaba e Hortolândia eravamo riuniti nella fattoria della Dona Nilza per celebrare e festeggiare insieme. Chiedemmo al P. Roberto di presiedere la S. Messa e lui ci sorprese con una bellissima omelia. Il suo sogno era che non solo il Beato Guido

M. Conforti potesse essere dichiarato Santo, ma che potesse diventare il terzo Patrono delle Missioni. Disse che S. Francesco Saverio è Patrono delle Missioni perché fu un grande Missionario nell'Oriente, adattandosi, predicando e battezzando in più nazioni. Disse che S. Teresina del Bambino Gesù è Patrona delle Missioni perché fu il cuore della Chiesa, pregò e si sacrificò per le Missioni. Disse che Guido M. Conforti una volta dichiarato Santo avrebbe potuto essere dichiarato terzo Patrono delle Missioni, perché aveva vissuto allo stesso tempo come "Vescovo in Italia e Missionario per il Mondo", come "un Pastore con due greggi", trasmettendo questa sua spiritualità non solo ai Missionari Saveriani, ma anche all'Unione Missionaria del Clero. Aggiunse che come la circolazione sanguigna ha bisogno di due movimenti, la diastole per portare il sangue dal cuore alle estremità del corpo e la sistole per riportare il sangue dalle estremità al cuore, così ogni Chiesa ha bisogno dell'anelito missionario per fruttificare e rinnovarsi.

In realtà ogni cristiano è chiamato a vivere questa duplice finalità indicata da Gesù e insita nel proprio Cristianesimo: "Il mio sangue è sparso per voi e per tutti", "Le mie pecore mi ascoltano ... ma ho anche altre pecore che devo condurre", "Andate in tutto il mondo e predicate a tutti i popoli il mio Vangelo"... Ogni Chiesa e comunità locale è chiamata ad essere missionaria nel proprio territorio, ma anche a pregare, sacrificarsi, inviare offerte e inviare e ricevere Missionari per il Regno di Dio nel Mondo intero. Il fatto che S. Guido sia stato canonizzato nel giorno della Giornata Missionaria Mondiale può essere già un buon indizio per essere dichiarato in futuro il terzo Patrono. Sarà possibile che il sogno di P. Roberto divenga realtà?

P. Dante Volpini SX

## Il terzo Patrono

( Il sogno di P. Roberto)

1. San Francesco Saverio fu in Missione,
   predicando il Vangelo in più Paesi,
   fu in India, in Malesia e in Giappone,
   là mettendo della Chiesa le radici.

2. Santa Teresa del Bambino Gesù
   pregò per le Missioni dal convento,
   offrì buone azioni e sacrifici,
   come cuore nel corpo si sentendo.

3. Ambedue delle missioni son Patroni,
   di questa linea apostolica della Chiesa,
   che tra culture semina il Vangelo
   dialogando con i cuori in attesa.

4. Parlando dei due con entusiasmo,
   Padre Roberto ricordò il Fondatore,
   vescovo di Diocesi e aperto al Mondo,
   di due greggi portò il peso di Pastore.

5. Rischiò allora una azzardata profezia,
   che si arrivasse ad avere tre Patroni:
   con Saverio e con Teresa ci starebbe
   Guido Conforti nelle due direzioni.

6. "Per noi e per tutti" Gesù ha offerto
   il suo Sangue, per i peccati remissione;
   ogni cristiano lavori nel suo territorio ,
   e accompagni in tutto il mondo la Missione.

P. Dante Volpini SX

## ALCUNI MISSIONARI

*Sarebbero molti che meritano di essere citati, ma ci limitiamo a dare qualche esempio.*

## P. Roberto Beduschi SX

Si dice in Brasile che quando nasce un bambino le persone attorno ridono e il bambino piange, ma quando una persona di fede muore, le persone attorno sentono tristezza e la persona morta riceve da Dio la felicità. P. Roberto Beduschi nacque da Francesco beduschi e Maria Basani qui a Rivarolo Mantovano il 29.06.1921, qui fu cresimato il 7 luglio, qui ricevette la Prima Comunione e a dieci anni fu battezzato. Gli piaceva questo paese e diceva con enfasi: Fu costruito dai Gonzaga a uguale distanza da tre città. Era chierichetto e una volta venne qui il Vescovo di Parma Mons. Conforti e lui fu incaricato di reggere la mitra. Entrò nel Seminario di Cremona e vi fece le medie, il ginnasio e il liceo. Poi nel 1940 entrò con i Missionari Saveriani e fece il noviziato a S. Pietro in Vincoli. Tempo dopo nel Seminario di Cremona i seminaristi lodavano Beduschi, Pugnoli ed altri che erano andati con i Missionari ed altri ne seguirono l'esempio. Frequentò la Teologia nella Casa Madre di Parma durante la guerra e fu ordinato sacerdote il 20 aprile 1946 nella Casa del Vescovo nel giorno di sabato santo insieme ad altri 7 Missionari. Fu formatore e professore nelle case di Vicenza, Grumone e Zelarino. Poi nel 1951divenne Direttore del giornale Missionari Saveriani e lo portò da 4.500 a 45.000 copie.

Nel 1960 lo fecero parroco del tempio del Sacro Cuore sempre a Parma e per 10 anni vi rimase. Erano i tempi del Conc. Ecumenico Vaticano II e la prima Costituzione fu sulla Liturgia. Il Pe. Beduschi, che già stava facendo un'ottima catechesi per gli adulti, fu il primo tra i parroci di Parma ad attuare la riforma liturgica. Chiese il permesso al Vescovo, girò l'altare e cominciò a spiegare le parti della Messa. Nel 64 e 65 ogni domenica alcuni Teologi Saveriani andavano al Tempio per ascoltare la sua predica ben preparata ogni volta su una parte della Messa. Dal 70 al 72 fu Maestro dei Novizi a Nizza Monferrato: parlava con entusiasmo di Gesù, della chiesa, delle missioni, del Fondatore. C'era bisogno di un Maestro dei novizi in Brasile e lui desiderava tanto andare in missione: a novembre del 1973 sbarcava in Brasile e a febbraio del 1974 era già maestro dei novizi a Centenario do Sul. Mi chiamava da Jaguapità per predicare i Ritiri. Voleva che i novizi facessero apostolato nelle comunità ecclesiali di base (CEBs) di Centenario e di Lupionòpolis. Era sempre preciso.

Nel 1977 lo nominarono Rettore della Teologia, ma dopo pochi mesi fu presa la parrocchia di Goioeré e lui preferì andare Parroco a Goioeré che rimanere coi pochi Teologi. Insieme a un altro Padre preparavano sussidi per le Comunità di base che evangelizzavano capillarmente la Parrocchia e così metteva in pratica il suo motto: "Seminare, seminare, seminare".

Nell'80 chiamarono il P. Beduschi a San Paulo per essere il Redattore del Giornale Missionario "Kosmos" giornale simile a "Missionari Saveriani", ma con il P. Romano Codini (morto una settimana fa) pensarono di fare il giornale in una Parrocchia della periferia. Il Regionale montò un progetto con 5 Padri Missionari (tra cui io) e ne fissò i compiti: il P. Beduschi fu fatto Coordinatore della Comunità, Direttore del Kosmos e assunse una parte della Pastorale nel Complesso abitazionale José Bonifàcio. Al mattino e il pomeriggio dei giorni lavorativi lavorava per il giornale e ogni sera più il sabato e la domenica visitava le viuzze con le casette embrione di 4mx4 o i caseggiati con 30 o 40 miniappartamenti di 27 o 36 m2, formando gruppi di riflessione, comunità, invitando a Messa, evangelizzando le famiglie, con tante conversioni di operai. Si serviva dell'entusiasmo, dell'allegria (era famoso il suo "oh-là-là"), l'arte oratoria trascinatrice, la mimica, tutto a servizio dell'evangelizzazione. Anche gli altri misero i loro doni al servizio del Regno di Dio. Fu un lavoro straordinario che cominciò tutto da zero, da pochissime persone, da ambienti provvisori, e fiorì in nuove comunità e parrocchie molto abitate e organizzate, con molti laici convinti e impegnati nelle varie attività pastorali. Oggi ci sono lì 4 Parrocchia e ognuna con più di centomila abitanti.

A metà dell'84 gli affidarono la Parrocchia di San Sebastiano in Piraju dove rimase parroco per dodici anni e insieme col P. Lao che rimase dall'88 in poi organizzarono le 11 comunità della cittadina più 7 o 8 comunità rurali. File di confessioni tutti i giorni. Preparava sempre le catechesi scritte per i vari gruppi di comunità di base. Dette un forte appoggio al movimento Incontro di Coppie con Cristo per la Pastorale Familiare. Dopo la beatificazione di Mons. Conforti mi mandarono a Pirajù per l'AMV e così partecipai alla festa dei suoi 50 anni di Sacerdozio, cosa che fu ripetuta l'anno scorso (dal Noviziato andò a Pirajù per i suoi 60 anni di Sacerdozio.

Nella seconda metà del 1996 un esempio di obbedienza del P. Roberto B: fu trasferito da Pirajù nel Sudovest del Paranà, come vice parroco, cioè vicario parrocchiale, nella parrocchia di Cantagalo, con un centro non molto grande e molte Cappelle nell'interno, alcune con occupazione di terre da parte dei "senza terra", senz'altro una sfida per un uomo di 75 anni, ma che lui considerò un lavoro molto missionario. Non andava più da solo, lo portavano in jeep, ma sempre pronto a evangelizzare.

A inizio 2001 lo trasferirono con noi a Piracicaba, nel bairro della Paulicéia con 39 mila abitanti, due terzi cattolici e un terzo di una trentina di sette protestanti, evangeliche. Già con 80 anni ma sempre lucidissimo e con messaggi di grande spiritualità. Ci avvicendavamo nelle Messe e attività pastorali nella chiesa parrocchiale e nelle 16 comunità cristiane: lui, P. Beto (il P. brasiliano che era con noi) e io. Lo portavo con me nelle riunioni del Consiglio parrocchiale e nei Consigli delle Comunità e alla fine della Lectio con la parola di Dio commentata e applicata alla vita da parte mia e di tutti i laici presenti c'era sempre la sua conclusione. Una volta commentammo il brano dei 72 discepoli inviati da Gesù e che tornarono contenti perché anche i demoni si sottomettevano a loro, e tutti noi presenti commentammo come il signore stava realizzando cose meravigliose nella comunità, sia nella parte spirituale che nella parte sociale...; quando arrivò il suo momento lui commentò come solo lui sapeva fare l'ultimo versetto: "Non rallegratevi tanto perché i demoni si sottomettono a voi, quanto piuttosto perché i vostri nomi sono scritti nei cieli" , rallegriamoci perché il Paradiso ci aspetta e staremo sempre nella gioia del Signore.

A metà 2005 il Superiore Regionale lo trasferì a Hortolàndia e io lo portai là a 60 Km da noi. A Hortolàndia c'è il Noviziato dei Saveriani e lui fu destinato prima come Direttore Spirituale, poi quasi subito come Vicemaestro del P. Alfiero Ceresoli. Erano ora 2 anni che stava là e edificava i Novizi con la sua obbedienza e umiltà. Diceva: "S. Francesco Saverio è Patrono delle Missioni per la sua grandissima attività missionaria, S. Teresina del Bambino Gesù per le sue preghiere e sacrifici dal convento per i missionari, Mons. Guido Maria Conforti dovrebbe essere il terzo patrono delle Missioni per l'Unione Missionaria del Clero, di coloro che lavorano pastoralmente in un luogo e offrono tutto –preghiere e azione pastorale- per l'evangelizzazione del mondo intero".

Ieri a quest'ora c'è stata a Pirajù la Messa di corpo presente e poi il corpo è stato portato nel Cimitero sempre con moltissima gente e è stato sepolto vicino alla cappella del cimitero, dove ogni primo lunedì del mese è celebrata la Messa. Il suo corpo risusciterà nell'ultimo giorno, ma l'anima già è nella Casa del Padre, nella contemplazione eterna del Volto di Dio, nella gioia piena e eterna.

P. Dante Volpini SX

## P. ADOLFO ROMANO CODINI. Ricordi

Roma 07.05.38 Madrid 23.07.2007

Era un uomo concreto, un sacerdote saveriano vero, un contemplativo autentico.

Ricordava con piacere il Seminario di Anagni, da cui era venuto. Un ambiente serio, di studio, di liturgia, molte cose ancora in latino. Raccontava che una volta fu scelto per fare il cerimoniere in una festa solenne dei Gesuiti. C'era un cardinale, alcuni Vescovi, vari Sacerdoti, i Seminaristi che dovevano servire all'altare e gli altri nei loro banchi. Mise tutti in fila e arrivati davanti all'altare disse: "Genuflectant omnes!" e tutti fecero la genuflessione davanti al Signore. Che bello!

Sentì più forte la chiamata ad essere missionario che quella ad essere monaco. Fece il Noviziato a Nizza Monferrato, frequentò la Teologia a Parma ove ricevette la Ordinazione Sacerdotale il 13 ottobre 1968 e in ottobre del 69 fu mandato in Brasile. Ci teneva alle cose fatte bene, con spiritualità, con profondità, e allo stesso tempo sapeva trattare con la gente semplice, povera, in un dialogo da uguale a uguale. Era un bravo radioamatore e per potere esercitare questo suo dono per un certo tempo dovette prendere la cittadinanza brasiliana e perdere quella italiana. Nei tempi liberi comunicava con amici brasiliani, con le nostre Missioni nel mondo e organizzava soccorsi via radio.

Dopo altri compiti nel 75 gli fu affidata la Parrocchia di Panema, vicino a Santa Mariana, alcuni paesetti in mezzo a boschi, terra e sabbia rossa, sulla riva del grande fiume Paranapanema. A Panema aveva fatto la Chiesa un po' più grande e più alta delle altre Cappelle. Una volta si ruppero alcune tegole di eternit e andò lui stesso con l'aiuto di poche persone, a riparare il tetto. A un certo momento si ruppe un'altra tegola sotto i suoi piedi e cadde al suolo, un volo di 7 o 8 metri, cadde in piedi, ma si frantumò il tallone. Poco dopo, era il 1977, io venni in Italia per ferie e attraverso un radioamatore (P. Ermes Manzotti) riuscimmo a sentirci. Mi disse: "Va in Via Pineta Sacchetti, a trovare mamma Ester che ora cammina solo col bastone e è preoccupata per me, dille che il mio tallone è tornato a posto e io cammino bene". Quando tornai in Brasile mi dette uno dei bei calici di legno che lui faceva al tornio e con la coppa dorata per la Comunità di Curitiba.

A inizio febbraio 1981 facemmo parte di un grande progetto. Eravamo in 5 incaricati dal Superiore regionale per fare un lavoro missionario nelle Cohabs di

Itaquera e Guaianazes a 40 Km. dal centro di Sao Paulo e, allo stesso tempo, redigere e divulgare il giornale missionario Kosmos. L'idea che era maturata dal P. Roberto e dal P. Romano era che il nostro giornale missionario doveva essere prodotto in periferia, a contatto con la situazione difficile della gente povera e semplice. Il P. Romano organizzò la nostra entrata, l'incontro col Vescovo sul territorio delle Cohab, la prima Messa nel Centro Comunitario, la prima Messa nella Cappella distante. Lui ottenne in prestito la casa abbandonata dove abitammo i primi tempi, lui orientò la costruzione della Casa parrocchiale (insegnò a usare il filo a piombo), lui ottenne un terreno attiguo alla Cohab Prestes Maia per costruire la Chiesa e le sale. Quest'ultima parte non fu facile. Il Dr. Leonardo Gioia, di origine italiana, ci donò un bel terreno e il P. Romano mise paletti e filo spinato per distinguere la proprietà. Due giorni dopo il filo del P. Romano era stato tagliato e c'era un altro filo messo da un altro signore che rivendicava la proprietà di quel terreno. Il P. Romano non si perse d'animo e, aiutato da alcuni uomini della Comunità cattolica recise a sua volta il filo dell'altro, in un giorno costruì una sala con finestra e porta, vi dormì di notte e mise un cartello: "Diocesi di Sao Miguel Paulista, futura costruzione della Chiesa parrocchiale Sagrato Coraçao de Jesus". L'altro citò la cosa in Tribunale e accusò il P. Romano di invasione di proprietà e aver tagliato i fili con un processo civile e uno criminale. Il P. Romano si presentò ai due processi con l'avvocato Gioia, con cinque uomini della Comunità per testimoni, con il documento dell'agrimensore che riconosceva il luogo come nostro e vincemmo i processi. Oggi in quel posto (3600 m2) c'è la Chiesa parrocchiale della Cohab di Guaianazes, alcune sale e un campetto per i giovani.

Nell'86 andai a trovarlo a Gallico, vicino a Reggio Calabria, dove stava riformando le stanze dei Padri e il Parco della Mondialità.

Dopo 10 anni in Italia tornò in Brasile e dopo tre anni di attività pastorale nella parrocchia di Mello Viana in Minas Gerais, in una periferia con venticinque Comunità cristiane, chiese e ottenne di passare un anno con i Trappisti. Il P. Romano, dietro il missionario attivo, concreto, indaffarato, nascondeva lo spirito del monaco, del contemplativo, del credente e dell'orante. Per poco più di un anno visse come un Trappista nel lavoro dei campi e nella preghiera, molta preghiera.

Gli fu chiesto di tornare tra i Saveriani e assumere come Rettore e Economo la Casa Regionale di S. Paulo. Lo fece con grande amore: era accogliente, sorridente, discreto, servizievole, disposto a ascoltare uno sfogo o a dare un consiglio prudente. Aveva trasformato quella Casa in una Casa di Betania, di ristoro umano e spirituale. Un giorno gli chiesi un riassunto di spiritualità e lui mi dette questo foglietto. Nella parte inferiore c'è scritto: Meditazione: Parola dici - Mente : Storico – Esegetico. Nella parte mediana c'è: Orazione, rispondi, cuore, mistico: il Lui = Tu. Nella parte Superiore c'è: Contemplazione (una freccia =diffondi): profetico. In mezzo c'è una candela con la fiamma che arde dentro un circolo e in basso H. (=uomo) e in alto D. (Dio). Il parroco della vicina Parrocchia dell'Aclimaçao gli chiese di seguire un gruppo di preghiera e lui elaborò un fascicolo di più di 30 "Lectio Divina" per la conoscenza progressiva e esperienziale della Bibbia. Me ne fornì una copia che utilizzai in Piracicaba per il Corso Biblico e tanto il piccolo gruppo che preparava gli incontri come i partecipanti al Corso (tra cui un bel gruppetto di giovani molto fedele) apprezzavano molto questo bel sussidio che ci guidava e volevano copia di ogni "Lectio".

P. Adolfo Romano visse 3 anni di grande attività pastorale nei Cinco Conjuntos di Londrina, una realtà un po' simile alle Cohab di S. Paulo. Era praticamente da solo, con 8 comunità cristiane e varie migliaia di persone, cui dava assistenza religiosa e sociale. Era aiutato da molti laici e in alcune domeniche da un Padre del Seminario Saveriano, ma si era un po' debilitato.

Trasferito da pochissimo tempo alla Parrocchia Imaculado Coraçao de Maria in Piracicaba, si stava adattando benissimo alla nuova realtà (dove io ho lavorato dal 2000 al 2006). Mi aveva scritto qualche e-mail, dicendomi anche che in Italia avrebbe fatto i tre mesi di spiritualità saveriana a Tavernerio e che prima sarebbe passato da Cremona per conoscere la città e per stare un po' insieme e raccontarmi di Piracicaba. Il Signore l'ha fermato a Madrid e l'ha portato in Paradiso. La Signora Benedita Soares Rosa (che per alcuni anni è stata segretaria della parrocchia) così ha scritto da Piracicaba: "Siamo molto dispiaciuti con la partenza del P. Romano, perché nonostante sia rimasto in mezzo a noi per poco tempo, ci aveva conquistato con la sua simpatia e bontà e ci aveva dato la gioia di una presenza amica, ripiena dell'amore di Dio". Sappiamo che il P. Adolfo Romano davanti al Tribunale di Dio ha moltissimi testimoni a suo favore, ha tutto l'intraprendente apostolato missionario compiuto e quella Bellezza di Dio che molte volte ha iniziato a contemplare in terra la sta ora completamente e per sempre contemplando nella gioia del Cielo.

P. Dante Volpini SX

## P. Giancarlo Coruzzi

Nel 1961 fummo ammessi al primo Noviziato realizzato a Nizza Monferrato. Nostro maestro era P. Francesco Cavallo, il confessore era P. Alfeo Emaldi e l'economo il P. Mario Meini. Eravamo un gruppo con un'età superiore ai venti anni e metà erano vocazioni adulte che avevano fatto lì il triennio integrativo e metà eravamo seminaristi che avevano finito il liceo o con un anno o due di teologia. Giancarlo aveva trenta anni ed era il più maturo di tutti noi. Un giorno il Padre maestro ci aveva diviso in gruppi per riflettere sul Vangelo e preparare una riflessione da comunicare agli altri. Nel nostro gruppo Giancarlo Coruzzi a un certo punto si irritò, batté con il pugno sul tavolo e disse con foga: "Qui stiamo parlando del Vangelo, ma lo stiamo facendo in maniera distaccata e impersonale, praticamente senza coinvolgerci. Quando facevo il rappresentante della pasta Barilla, io volevo vendere il mio prodotto e allora ne parlavo difendendo che era il prodotto migliore e a buon mercato e quasi ci perdevo vendendolo, avevo una scheda per ogni cliente con i dati personali e le vendite e facevo di tutto per vendere la pasta asciutta. Noi trattiamo qui del prodotto più prezioso, il Vangelo di Gesù Cristo che può fare tanto del bene alle persone, e non possiamo parlarne in maniera amorfa, con poca convinzione Vi chiedo scusa per questo sfogo e il riferimento personale, ma non potevo stare zitto."

Nel 1977 mi inviò come rettore della filosofia e teologia di Curitiba e nel 78, finito il suo secondo mandato di Superiore regionale, venne a risiedere nel seminario come Direttore del Consiglio Missionario Regionale del Paraná. Era l'epoca delle CEBS (Comunità Ecclesiali di Base) e lui incentivava i nostri seminaristi saveriani a lavorare nei Settori della parrocchia Bom Pastor e a completare la formazione degli studi filosofici e teologici con l'attività pastorale e l'animazione missionaria. Nel 1980 e nel 1982 organizzò a Curitiba il primo e il secondo Festival Nazionale di Musica Missionaria con la partecipazione di ottimi cantautori. Con alcuni specialisti selezionò le migliori canzoni che furono eseguite nella Chiesa Nossa Senhora de Guadalupe in due serate, furono votate le migliori sei canzoni, riunite poi in un piccolo disco e cantate nelle Chiese di tutto il Brasile durante le Messe del mese di ottobre e in molte altre circostanze.

Nel 2000 chiese e ottenne di andare a lavorare in Mozambico e fu mandato nella Diocesi di Beira, nella parrocchia di Dondo dove già si trovavano il P. João Bortoloci e il P. Luiz Pinto de Toledo. Il COMIPA (consiglio missionario parrocchiale) della parrocchia Imaculado Coração de Maria di Piracicaba scrisse ai tre perché ci mandassero una videocassetta con la loro vita e attività missionaria. La mandarono mostrando loro tre intervistando persone delle loro comunità cristiane vicino alla propria cappella coperta di paglia e ogni comunità diceva quanti cristiani e quanti catecumeni aveva e parlava di una pastorale: liturgica, catechetica, caritativa, vocazionale, o altra, e chiudeva con la danza di un canto sacro, e danzavano tutti, la gente del luogo e anche i missionari, anche P. Carlos Coruzzi. Il popolo era molto povero e per ottenere altri prodotti andavano a vendere il carbone anche molto lontano. Il P. João Bortoloci raccontò a Piracicaba che il P. Carlos aveva molta compassione e spesso c'era la fila dei poveri alla porta della canonica e lui li ascoltava tutti e non lasciava andare via nessuno a mani vuote.

## Padre Gerson

Il 9 febbraio 1959 si presentò alla casa parrocchiale di Jaguapitã il P. Aurelio Basso, accompagnato da 6 ragazzetti. Li presentò al P. Luigi Medici, al P. Francesco Sozzi e a Fr. Gino Masseroni dicendo: "So che qui oggi comincia a funzionare un Seminario Saveriano. Questi sono bravi ragazzi, chierichetti, dicono che vogliono studiare in Seminario. Questi altri cinque non lo so, ma questo moretto che si chiama Gerson è buono, sarà un Sacerdote missionario, andrà in Missione e un giorno riposeremo vicini". Oggi , dopo tanti anni, possiamo vedere che la profezia del P. Aurelio si realizzò.

Gerson Galvino nacque a Martinópolis, stato di São Paulo, il 15 settembre 1946, terzo figlio di Claudiomiro Galvino e Santana Rogerio Galvino. Passati pochi anni la famiglia si trasferì nel Nord Paranà, a Centenario do Sul, dove Gerson fece le elementari e la 1ª Comunione. Il papà lavorava come operaio nella fazenda, nella piantagione di caffè e trasportava sacchi nel deposito. Gerson divenne chierichetto, conobbe alcuni Sacerdoti che predicavano le Missioni Popolari e ammirava il P. Aurelio, che era stato espulso dalla Cina, era stato uno dei primi quattro Missionari Saveriani ad arrivare in Brasile e com molto entusiasmo lavorava nella Parrocchia di Centenario do Sul.

Nel 1960 i "seminaristi" già numerosi passarono al nuovo Seminario di Jaguapitã con il rettore P. Gianni Gazza e un gruppo di Padri e di Fratelli: lì Gerson frequentò il ginnasio.

Era un seminarista semplice, lavoratore e com grande dignità spirituale. A Londrina fece il liceo e nel 1965 il 1° Noviziato Saveriano: era maestro il P. Cabras. Dopo gli studi filosofici a São Paulo, fu inviato a Parma per frequentare la Teologia. Non fu facile l'adattamento: l'unico collega brasiliano uscì dal Seminario e lui ritornò in Brasile. La sua perseveranza fu messa a prova, ma seppe apprezzare il tempo passato a Parma, sia per il contatto diretto con il ricordo del Fondatore, sia per l'approfondimento del carisma, che per il movimento dei Missionari partendo e tornando dalle varie Missioni.

Riprese la Teologia in Brasile, a Curitiba, e vi si trovò molto bene, non solo nella formazione e nello studio, ma anche nella attività pastorale: Gerson e José Pedro aiutavano il parroco P. Fornasier accompagnando il Gruppo Giovanile. Fu ordinato Sacerdote a Centenario do Sul dall' Arcivescovo Dom Geraldo Fernandes il 30 giugno del 1973: tutto il popolo comparve e rese omaggio a quel giovane che aveva visto crescere e diventava il primo Sacerdote Saveriano del Brasile. P. Gerson si presentò sorridente tra i genitori, poi umile davanti all'Arcivescovo e poi semplice ringraziando e benedicendo il popolo. I Seminaristi Saveriani di Jaguapitã e le Sorelle Saveriane di Londrina cantarono da soli e insieme con il popolo la Messa dell'Ordinazione e la sua Prima Messa nella domenica.

Dal febbraio 1974 a luglio del 1979 fu il primo rettore del nuovo Seminario Minore di Laranjeiras do Sul e fu molto stimato dai suoi alunni che sentivano in lui un autentico formatore. Trasmetteva ideali, seguiva gli studi, esigeva disciplina, organizzava sia la liturgia che i giochi.

Nei primi di agosto del 1979 arrivò a Curitiba, dove frequentò gli studi nell'Alleanza Francese preparandosi com accurato studio della lingua per andare in Africa. A fine anno davanti ai Teologi e Filosofi Saveriani e Novizie Saveriane e il popolo della Parrocchia "Bom Pastor" ricevette il Crocifisso dei partenti. Lo ricevette com molta devozione e sempre gli fu fedele. Il giorno dopo partì e andò in Zaìre, oggi Repubblica Democratica del Congo.

Lo inviarono come parroco a Mboko, sul margine del lago Tanganika, come parroco di zairesi e di rifugiati burundesi. Aveva al suo fianco P. Mario Diotto, Saveriano italiano, Pe. Chui, Saveriano messicano, due Suore Zairesi e due Suore Olandesi. Parlavano in francese o Kishwaili e si identificavano com gli zairesi. Trascorse 6 anni di grande dedicazione in questa Parrocchia com le sue Cappelle, imparando le lingue tribali, con manifestazioni culturali locali, rispetto alla gente africana, amore fraterno e servizievole. Godeva immensamente nel battezzare i catecumeni dopo i quattro anni di preparazione. L'ultimo anno, e questo indica la grande stima che godeva, fu Direttore Spirituale del Seminario di Rumonge aiutando i 120 Seminaristi della Diocesi di Uvira. Nel 1987 il Consiglio Regionale del Brasile chiese e ottenne dalla Direzione Generale che il P. Gerson tornasse nella sua patria per essere formatore nel liceo di Londrina.

P. Gerson tornò, ma amava l'Africa e sperava ritornarci ancora. La testimonianza che dette in un'Assemblea fu molto efficace. Fu Rettore a Londrina fino a fine ottobre del 1990. Si dedicava com molto zelo alla formazione dei giovani seminaristi saveriani, faceva un pò di pastorale nella attigua Parrocchia Nossa Senhora de Fatima e creava iniziative di Pastorale Vocazionale. Nell'agosto 1990 preparò le 100 domande per la "maratona biblica": un concorso tra i settori della parrocchia che studiarono il libro di Isaia e nel pomeriggio dell'ultima domenica di settembre disputarono tra loro alcuni premi. Organizzò la prima Esposizione Vocazionale Missionaria di Londrina: il Seminario Diocesano e 30 Congregazioni sia maschili che femminili presentarono l'aspetto vocazionale e missionario del loro carisma in pannelli che durante il mese di ottobre rimasero esposti in due sale e nel chiostro del Seminario. Nel pomeriggio della domenica 28 ottobre centinaia di adolescenti di varie parrocchie riempirono la Cattedrale e ci fu una Celebrazione Missionaria presieduta dal P. Gerson e dal P. Wagner com addobbi missionari, bandiere dei continenti, rappresentazioni, canti e danze. Alla sera nella parrocchia "Nossa Senhora de Fatima" ci fu la S. Messa presieduta dall'arcivescovo Dom Geraldo Majela Agnelo, che poi andò nell'attiguo Seminario Saveriano per la conclusione dell'Esposizione. L'Arcivescovo rimase incantato e chiese al P. Gerson che l'esposizione continuasse in Cattedrale per altri quindici giorni e poi in altre parrocchie per dare opportunità a molti altri giovani di vederla.

Il lunedì 29 al mattino presto P. Gerson partì con P. Wagner per Campinas e Nova Veneza perché ci sarebbe stato dopo pranzo un Incontro di Rettori Saveriani e di Animatori Vocazionali. Prima di mezzogiorno un poliziotto di Jundiaì telefonò al Seminario di Londrina chiedendo se conoscevamo i due Padri e annunciando che erano morti in uno scontro automobilistico. Una moltitudine di popolo gremì la Chiesa parrocchiale velando le salme dalle tre di notte alle dieci del mattino com preghiere e canti e Messe. Alle dieci la Messa presieduta da Dom Geraldo com il Regionale P. José Pedro e molti preti Saveriani e Diocesani. Era pronto il tumulo a Londrina vicino al P. Rovedatti e dove più tardi fu sepolto il P. Sincini, ma i suoi fratelli vollero che il corpo del P. Gerson fosse portato a Centenario do Sul e sepolto nel cimitero di quella città, "vicino" al P. Aurelio che è sepolto in Chiesa. La profezia del P. Aurelio si era avverata. E, come disse il P. José Pedro, la maniera migliore di ricordare il P. Gerson Galvino è dedicarsi alle Missioni e alla pastorale vocazionale, perché molti giovani e adolescenti possano scoprire e seguire con generosità la propria vocazione missionaria.

P. Dante Volpini SX

## Padre Wagner

Aveva già cominciato il liceo in un liceo della sua città, ma aveva dentro di sé un cuore forte e generoso. Insieme con un collega fondò in parrocchia un gruppo di giovani che si chiamava GUPAC: gruppo di Giovani Uniti Per l'Amicizia in Cristo. Incentivava l'apertura del gruppo, non voleva che si chiudesse in se stesso, ma accogliesse tutti i giovani che volevano entrare. Cercava sempre il meglio, una crescita intelletuale e spirituale, non solo per sé, ma anche per tutti i membri del Gruppo. Organizzava incontri formativi, pomeriggi ricreativi, veglie eucaristiche, novene per il Natale, foruns e altre attività. Lavorava alla Plenogás e propose e realizzò per gli altri operai un incontro di formazione simile a un ritiro.

Di orgine paranaense, era nato a Maringà il primo giugno del cinquanta, da Edgar dos Santos e da Maria Aparecida Bolognesi dos Santos, una coppia di contadini che si spostarono in città e, come tante famiglie brasiliane trapiantate in città, dovettero imparare altri lavori e adattarsi a un nuovo tipo di vita. Fu battezzato com due mesi di età nella Parrocchia Nossa Senhora da Glória. Fin da piccolo frequentava la Cappella del collegio Santa Cruz, dove le Suore della Carità di Vedruna scoprirono subito le sue ottime inclinazioni e capacità. Ricevette la Prima Comunione, divenne chierichetto e poi membro attivo e dinamico del gruppo liturgico. Dopo aver fondato e aver partecipato vario tempo come animatore del GUPAC e dopo aver fatto l'incontro formativo per gli operai della Plenogás, scoprì che la sua vita aveva un senso più pieno se donata totalmente a Gesù Cristo nell'evangelizzazione dei non cristiani.

Scrisse una lettera ai Missionari Saveriani della Comunità di Campo Mourão il 28 agosto del 1978 dichiarando che voleva diventare Sacerdote e lavorare per il Regno di Dio. La sua lettera fu recapitata a P. Sergio Tassi, rettore del Seminario di Londrina per il Liceo e la Filosofia. Subito fu invitato per un incontro e un periodo di esperienza. Il P. Tassi rimase molto bem impressionato da quel giovane molto aperto ai valori cristiani, responsabile e deciso, gioviale e sincero. Il 4 febbraio del 1979 entrò in Seminario a Londrina e fu alunno del Seminario Archidiocesano Paolo VI studiando la filosofia. Nel frattempo cresceva in lui l'adesione alla vocazione e ai valori che comportava a tutti i livelli. A fine 1980 fece la domanda al Noviziato, dove diceva: "Sono venuto a Londrina disposto a seguire Gesù Cristo in una forma speciale, cioè come seminarista saveriano. Com l'aiuto della grazia di Dio, sarò un buon Missionario". Il 5 Febbraio 1982, terminato l'anno di Noviziato a Nova Era (Minas Gerais), dove ebbe come Maestro il P. Occhio, fece la sua prima Professione Religiosa. Tornò nel Paraná, questa volta al sud, nella capitale Curitiba, per studiare la Teologia e prepararsi al Sacerdozio Missionario. Fece la Professione Perpetua a Curitiba. Fu ordinato Sacerdote il 19 ottobre 1985 nella parrocchia S. Antonio di Maringá da Dom Albano Cavallin (attuale Arcivescovo di Londrina) e alla sua ordinazione parteciparono in mezzo alla folla due giovani seminaristi saveriani che stavano seguendo le orme di P. Wagner: José Mello e Manoel Silva. Il Superiore Regionale P. Raffaele Bartoletti lo nominò Animatore Vocazionale com sede a Curitiba e subito il P. Wagner cominciò a parlare di Missione tra i giovani e a scoprire i giovani chiamati all'ideale missionario. Gli piaceva ripetere frasi di Gesù, di S. Paolo e del Papa Giovanni Paolo II, sfidando i giovani a seguire un ideale meraviglioso: "Ho parlato a voi, giovani, perché siete forti...". Il nuovo Regionale P. José Pedro da Silva lo confermò Animatore Vocazionale, ma poi lo trasferí a Londrina. P. Wagner parlava ai giovani com entusiasmo giovanile e li cattivava al servizio di Gesù Cristo e del Regno di Dio nel mondo. Usava spesso il gergo dei giovani e scherzava sulle parole, ma per scuotere e spronare a spendere bene la propria vita. Diceva: "O pipistrelli, non ci vediamo bene? Eh, non troviamo la strada? Uniamoci e lottiamo per i diritti dei poveri! Venite com noi per portare Dio agli uomini di varie nazioni e nel mondo ci sarà più amore!" Si sentiva felice nell'essere Saveriano e nell'invitare i giovani a lottare per il bene: "Benvenuti tra le nostre file, è tempo di essere Chiesa che libera e salva!" Ma non invitava solo per fare missione in Brasile, ma anche fuori dal proprio Paese. Lo stare a Londrina vicino al P. Gerson Galvino, che aveva nostalgia dell'Africa, aumentò in P. Wagner il desiderio di partire in missione. Nel 1990 fece la domanda al Superiore Generale per andare Missionario in Africa. La sua domanda fu accettata e gli comunicarono che a inizio 1991 si sarebbe dovuto preparare per andare in Camerum. Accettò la notizia com vibrazione interiore e continuò la sua missione di Animatore Vocazionale. Domenica 28 ottobre mattina celebrò la Messa delle dieci nella Parrocchia Nossa Senhora de Fátima: era la Messa dei giovani nell'ultima domenica del mese missionario e aprì il suo cuore e i giovani vibrarono com lui. Al pomeriggio andò in Cattedrale com il P. Gerson per la Celebrazione Missionaria degli Adolescenti dell' Archidiocesi di Londrina, così ben preparata com i colori dei Continenti, e scene e poesie e canti e vestiti tipici di ogni continente. Aiutò il P. Gerson a cantare un canto zairese e tutti quei giovani che affollavano la Cattedrale lo impararono e lo cantarono insieme. Alla sera nel Seminario Saveriano la chiusura della Esposizione Missionaria. Andò poi un momento a una festa di nozze d'argento. Il mattino dopo partì per la riunione di Animatori Vocazionali e Rettori, programmata da lui per Nova Veneza e Campinas. P. Wagner e P. Gerson non arrivarono a destinazione, un incidente stradale li sorprese a cento chilometri dall'arrivo. Sulla macchina c'erano pochi indumenti personali, i breviari e le vesti liturgiche, e varie magliette e volantini vocazionali. Furono vegliati a Londrina e ricevettero la preghiera e la Messa dell'Arcivescovo e di numerosi sacerdoti Missionari e Diocesani venuti da più luoghi e di una grande moltitudine di popolo. La mamma volle che lo seppellissero a Maringá, dove non mancano fiori e preghiere per lui. Il P. Regionale P. José Pedro da Silva ebbe a dire: "Il nostro migliore omaggio ai Padri Gerson e Wagner è continuare il loro lavoro nei Seminari Saveriani e nell'Animazione Vocazionale delle Parrocchie, perché giovani e adolescenti possano scoprire la propria vocazione e molti fra di loro possano diventare Missionari".

## La testimonianza del Card. Simoni

Durante la sua visita in Albania, nella cattedrale di Scutari, il 21 settembre 2014, Papa Francesco, prima dell'omelia ascoltò due testimonianze: quella di Don Simoni e quella di Suor Maira Kuleta. Il Papa rimase impressionato dalla drammatica storia delle violenze subite dai martiri durante la persecuzione del regime di Enver Hoxha, che aveva proclamato l'ateismo di stato e stava soffocando la pratica religiosa di cristiani cattolici e ortodossi, e anche di musulmani e sufi bektashi. Il Papa non riuscì a nascondere le lacrime, poi volle conoscere di più su quelle persecuzioni e giunse a affermare: "L'Albania è una terra di martiri!"

Furono istituiti vari processi per appurare la fedeltà alla fede di numerosissime persone che dal 1944 al 1991, durante il regime comunista, furono perseguitate, accusate di essere spie della Santa Sede o collaborazionisti di altri regimi, messe in prigione, torturate e poi eliminate fisicamente. Si arrivò alla dichiarazione dell'effettivo martirio di 38 persone, con a capo Vincenzo Prennushi, francescano e arcivescovo di Durazzo. La lista comprende 2 Vescovi, vari sacerdoti e religiosi, 3 laici e 1 laica, Maria Tuci, aspirante delle suore Stimmatine. La Beatificazione dei 38 Martiri Albanesi è avvenuta il 5 novembre 2016 davanti alla cattedrale di Scutari ad opera del cardinal Amato, delegato dal Santo Padre Papa Francesco.

Mancava in questa lista Don Simoni che aveva sofferto per 28 anni e due volte era sfuggito alla morte, commutata in lavori forzati. Pochi giorni dopo, il 16 novembre 2016, il Papa ha nominato Cardinale questo semplice prete con il titolo di Cardinale diacono di Santa Maria della Scala con la frase "Zemra jeme do te trimfoje" (Il mio Cuore trionferà).

Ernest Simoni è nato a Troshan da famiglia cattolica il 18 ottobre 1928 e nel 1938 entrò nel collegio francescano del suo paese, ma nel 1948 il regime chiuse il convento e espulsò i novizi. Dal 1953 al 1955 fece il servizio militare obbligatorio, ma subito dopo riprese gli studi di teologia e fu ordinato Sacerdote il 7 aprile 1956. Il 24 dicembre 1963 fu arrestato, torturato e condannato a morte, ma la pena fu commutata in 25 anni di prigionia e lavori forzti. Nel 1973 un'altra condanna a morte non eseguita. Poi nel 1981 la liberazione vigilata con il lavoro forzato nelle fogne di Scutari. Sempre continuò a celebrare la Messa clandestinamente e a compiere il ministero sacerdotale fino alla caduta del regime nel 1990. Dopo la liberazione il suo zelo e le sue testimonianze hanno aiutato o confermato nella fede molte persone che lo hanno ascoltato.

Il Direttore del Centro Missionario Diocesano di Ancona, Don Isidoro Lucconi, ha invitato il Card. Simoni per una testimonianza nella Veglia dei Missionari Martiri venerdì 23 marzo dopo la Messa delle ore 18 nella Parrocchia San Paolo, contando anche con la presenza dell'Arcivescovo di Ancona Angelo Spina e con l'animazione del Laicato Saveriano.

P. Dante Volpini SX

## P. Salvatore Deiana

Nel 1978 tra i novizi saveriani ad Ancona c'era un giovane sardo di ventidue anni, si chiamava Salvatore, ma tutti in segno di amicizia lo chiamavano Tore. Il noviziato aiutava a conoscere la Congregazione e il Fondatore e il carisma missionario, e a lavorare nella catechesi, nella carità, nell'animazione dei giovani. Le persone delle parrocchie che frequentavano Tore e gli altri novizi ne ammiravano la fede impegnata e l'entusiasmo per l'annuncio cristiano da portare a tutti i popoli. Il Maestro dei novizi affermò che Tore era "un giovane generoso, attivo, intraprendente, portato per la meccanica, ed anche responsabile e interessato alla spiritualità e al bene della comunità". Il 1° settembre 1979 fece la prima professione dei voti religiosi nella parrocchia di Cristo Divino Lavoratore nel rione Posatora di Ancona. Poteva così continuare il suo cammino verso il sacerdozio missionario nella congregazione dei Missionari Saveriani che ha come fondatore Mons. Guido Maria Conforti e come patrono S. Francesco Saverio.

Per un anno ritornò in Sardegna per essere assistente dei ragazzi a Macomer. Dato che dal 73 al 78 aveva studiato a Cagliari i tre anni del liceo e i primi due anni di teologia, nel 1981 andò a Parma per ripartire dal terzo anno di Teologia. Lo incaricarono di fare attività pastorale nella parrocchia di Ognissanti e anche lì fece molte amicizie e portò avanti molte iniziative. Il 21 febbraio 1082, insieme a nove compagni fu ordinato Diacono nella cappella della Casa Madre dal vescovo saveriano Mons. Danilo Catarzi. Per l'occasione i genitori Damiano e Lina, le tre sorelle, Antonietta, Natalina e Luisella, e gli amici gli portarono pane fatto in casa e dolci sardi. Esercitò il diaconato a Parma e nelle vacanze estive in Sardegna dove battezzò le prime nipotine Marta e Chiara. Aveva ventisei anni e il 26 settembre 1982 nel Palazzetto dello sport di Parma Tore e i suoi nove compagni ricevettero l'Ordinazione Sacerdotale dal Vescovo Mons. Benito Cocchi, successore di Mons. Conforti, alla presenza di cento preti, tra diocesani e saveriani, e circa tremila persone. Il 3 ottobre celebrò la sua prima Messa solenne nella Sardegna, ad Ardauli, dove era nato il 17 luglio 1956, e tutto il paese festeggiò il compaesano Tore, giovane prete missionario.

Ritornò a Parma per finire il quarto anno di teologia. Aveva 27 anni quando ricevette la destinazione per il Brasile del Nord. Passò un breve periodo in Sardegna poi arrivò il momento della partenza. I suoi genitori, una zia e i genitori di una suo amico lo accompagnarono alla stazione di Abbasanta per l'addio alla sua terra. Passò alcuni giorni a Parma per salutare i confratelli, la parrocchia in cui aveva lavorato e sua sorella Luisella che stava facendo là un corso di infermiera. Poi il 26 ottobre 1983 prese il volo per il Brasile, lasciando Milano e l'Italia ed dopo alcune ore arrivando a Belém, nel Nord del Brasile.

Proprio Belém fu la sua prima destinazione, un milione e mezzo di abitanti, quasi alla foce del grande Rio delle Amazzoni, capitale del Pará, uno dei 24 stati in cui è diviso il Brasile. È zona equatoriale e c'era un caldo soffocante, ma presto Tore dovette abituarsi. Lo accolsero nella casa saveriana, lo aiutarono ad adattarsi, a imparare un po' di portoghese, a visitare la metropoli, conoscendo anche la povertà, la violenza e il degrado. Appena riuscì a muoversi da solo, lo destinarono a Bujaru, una piccola cittadina di circa 3000 abitanti con una chiesetta attorniata da manghi e con strade di terra battuta e tante casette di legna. Là fece parte di una comunità internazional:, un padre spagnolo e uno brasiliano, lui e tre missionarie del sud. La sua attività principale fu imparare il portoghese e lo studiava molte ore al giorno, così che arrivò a capire tutto, migliorò la pronuncia, riuscì a celebrare la Messa e fare la predica.

Cominciò a visitare le 150 comunità di base nelle anse dei fiumi e nella foresta. Vi rimase sei mesi e poi fu mandato nello Xingu per la pastorale indigenista insieme a Padre Renato. Faceva la spola tra la periferia della città di Altamira nel rione Brasilia e le aldeias degli indios. Aveva imparato a mangiare riso e fagioli , con patate dolci, banane e farina di manioca. Fecero una nuova capanna, che Padre Tore attrezzò con pochi mobili fatti da lui, viaggiavano in barca o in jeep o in camion e fecero amicizia con gli indios con parole nella loro lingua, con sorrisi e anche con sigarette fatte a mano. Ad Altamira con l'aiuto di P. Antonello anche lui giovane e appena arrivato, si dedicarono alla pastorale dei giovani e con chitarra e incontri biblici e liturgici i gruppi aumentarono e mancavano le sedie e lo spazio. Progettarono una chiesa e fecero la campagna dei mattoni, sollecitarono la decima e promossero chermesse. Chiesero aiuto anche a Ardauli e cominciarono la costruzione. La mattina di Pasqua, dopo la Messa fece 25 Battesimi, una sfilata con cartelloni di 400 bambini e la Messa in manicomio. Il lavoro pastorale era ottimo, si stancava molto ma si riempiva di soddisfazione nel vedere la grande risposta e i progressi della gente.

All'inizio del 1986 il Vescovo gli chiese di fare anche il rettore del seminario di Altamira. Dovette accettare e assumere la formazione di 16 giovani dai 17 ai 24 anni. Parroco e rettore, lui che di anni ne aveva 30. Voleva che il seminario fosse una famiglia, con preghiera, studio, lavoro, responsabilità, un po' di svago, e condivisione fraterna. I seminaristi si convinsero che non era facile fare il prete. Gli affidarono anche il giornale della diocesi e mise in evidenza gli avvenimenti spirituali e le rivendicazioni sociali. Quando si sentiva stanco si ripeteva le parole sarde: Forza paris, che vuol dire Avanti insieme. Avanti con Gesù, con i confratelli e i seminaristi, con la gente e i giovani, avanti insieme.

Nel Brasile c'era un regime che proteggeva le classi abbienti e sacrificava i poveri e i lavoratori. Il Vescovo dello Xingu dom Erwin Krautler aveva sempre difeso i più poveri ed era stato spesso minacciato. Il 16 ottobre 1987 un gruppo di contadini organizzò una protesta davanti a una sede governativa a Brasil Novo, a 46 Km da Altamira, lungo la Trnsamazzonica. Il vescovo don Erwin decise di andare a celebrare una Messa per loro e chiese a Padre Tore, a Padre Marco e alla animatrice laica Sonia di accompagnarlo. Era un periodo di scarse piogge e al passaggio delle macchine si alzava una polvere sottile rossa che toglieva per alcuni momenti la visibilità. Al Km 23 c'era una salita e la macchina guidata dal Vescovo incrociò un pulmino in una nuvola di polvere. Dietro il pulmino c'era un camion che cercava di sorpassarlo e si trovò davanti l'auto con i nostri. Lo scontro fu frontale e violento. I soccorritori estrassero i corpi: il Vescovo, P. Marco e Sonia erano feriti e furono portati all'ospedale. Ma Tore aveva la testa appoggiata sul cruscotto come se dormisse. La sua morte era stata istantanea.

Rimase il dubbio: Fu incidente o attentato a un vescovo scomodo? In realtà accadeva ogni tanto qualche "incidente premeditato" per eliminare persone impegnate a favore degli oppressi. Tore sapeva che andando con il Vescovo c'era anche questo rischio. Ma ci andò e il popolo di Altamira nell'Amazzonia e il popolo di Ardauli in Sardegna riconobbero la sua coraggiosa testimonianza missionaria mentre il Cielo riceveva l'anima di un martire.

P. Dante Volpini SX

# MOTIVAZIONI PER CREDERE

*Alcuni incontri con persone che credono diversamente mi hanno spinto a motivare con citazioni bibliche ed ecclesiali vari punti della fede e della missione e scrivere i risultati delle mie ricerche ed avere un fondamento.*

# Credo

## 1. Credo in Dio Padre onnipotente Creatore e Signore del cielo e della terra.

È provato da alcune citazioni del Nuovo Testamento con paralleli nell'Antico Testamento. È il Padre la causa efficiente, che ha creato, e il Figlio la causa strumentale, per mezzo di cui il Padre ha creato. La 1ª frase del Credo "apostolico" ha fondamento nella Bibbia e nella dottrina della Chiesa.

1Cor 8,6: " (5)... si pretende che vi siano molti"dèi" e molti "signori", (6) tuttavia per noi uno solo è Dio, il Padre, dal quale ha origine tutto e al quale noi siamo ordinati, e uno solo è il Signore, Gesù Cristo, mediante il quale tutto esiste e per mezzo del quale noi pure siamo"

Gn 1,1: "In principio Dio creò il cielo e la terra." È Dio, il Padre, che creò.

Mt 11,25: "Ti benedico, o Padre, Signore del cielo e della terra, perché hai tenuto nascoste queste cose ai sapienti e agli intelligenti e le hai rivelate ai piccoli". È il Padre il creatore e signore di tutto.

Eb 1,1-2: "Dio (Padre), che aveva già parlato nei tempi antichi molte volte e in diversi modi ai padri per mezzo dei profeti, ultimamente, in questi giorni, ha parlato a noi per mezzo del Figlio, che ha costituito erede di tutte le cose e per mezzo del quale ha fatto anche il mondo".

Gv 1,1-3.10.14 "In principio era il Verbo, e il Verbo era presso Dio (Padre) e il Verbo era Dio. Egli era in principio presso Dio: tutto è stato fatto per mezzo di lui, e senza di lui niente è stato fatto di ciò che esiste" Spiegazione: il Padre ha creato tutto per mezzo del Figlio, che poi si è fatto carne ed abitò fra noi. Il mondo fu fatto per mezzo di lui e il mondo non lo riconobbe.

Cl 1,15-17.: "Egli è immagine del Dio invisibile, generato prima di ogni creatura; poiché per mezzo di lui sono state create tutte le cose, quelle nei cieli e quelle sulla terra... Tutte le cose sono state create per mezzo di lui e in vista di lui. Egli è prima di tutte le cose e tutte sussistono in Lui". E' il Figlio per mezzo del quale e in vista del quale il Padre ha creato tutte le cose:

Sap 9,9: "Con te è la sapienza che conosce le tue opere, che era presente quando creavi il mondo..." Il Figlio è il Verbo, la Parola, la Sapienza increata per mezzo della quale Dio ha creato tutto il mondo.

Dt 32,6: "Così ripaghi il Signore, o popolo stolto e insipiente? Non è lui il padre che ti ha creato, che ti ha fatto e costituito?"

Is 64,7: "Tu, Signore, sei nostro Padre; noi siamo argilla e tu colui che ci dà forma; tutti noi siamo opera delle tue mani".

Sl 95/94,3-5: "Poiché grande Dio è il Signore, re grande sopra tutti gli dei. Nella sua mano sono gli abissi della terra, sono sue le vette dei monti. Suo è il mare, egli l'ha fatto, le sue mani hanno plasmato la terra".

Sl 89/88,12.27: "Tuoi sono i cieli, tua è la terra, tu hai fondato il mondo e quanto contiene"... "Egli (=il mio popolo) mi invocherà: Tu sei mio padre, mio Dio e roccia della mia salvezza".

Sl 33/32,6: "Dalla parola del Signore furono fatti i cieli, dal soffio della sua bocca ogni loro schiera"

Sl 31/30,15-16: "Ma io confido in te, Signore; dico: Tu sei il mio Dio, nelle tue mani sono i miei giorni".

Sl 24/23: "Del Signore è la terra e quanto contiene, l'universo e i suoi abitanti. È lui che l'ha fondata sui mari, e sui fiumi l'ha stabilita".

Sl 19/18: "I cieli narrano la gloria di Dio, e l'opera delle sue mani annunzia il firmamento".

Sl 8,1-2.4-5: "O Signore, nostro Dio, quanto è grande il tuo nome su tutta la terra: sopra i cieli si innalza la tua magnificenza... Se io guardo il tuo cielo, pera delle tue dita, la luna e le stelle che hai fissate, che cosa è l'uomo perché te ne ricordi ... te ne curi?..."

Gb 38,4-5: "Dov'eri tu quando io ponevo le fondamenta della terra? Dillo se hai intelligenza! Chi ha fissato le sue dimensioni, se lo sai, o chi ha teso su di essa la misura?"

Pr 8,12.23.27.29-30: "Io, la Sapienza, possiedo la prudenza e ho la scienza e la riflessione ... Dall'eternità sono stata costituita, fin dal principio, dagli inizi della terra. Quando non esistevano gli abissi, io fui generata... Quando egli fissava i cieli, io ero là; quando tracciava un cerchio sull'abisso... quando stabiliva al mare i suoi limiti... quando disponeva le fondamenta della terra, allora io ero con lui come architetto ed ero la sua delizia ogni giorno, dilettandomi davanti a lui ogni istante...". È la Sapienza di Dio che il NT ha mostrato generata ma non creata, con la pienezza della divinità, che ha l'uguaglianza con Dio, è il Figlio, per mezzo del quale Dio, il Padre ha fissato i cieli, disposto le fondamenta della terra, ha fatto tutte le sue creature.

Il Credo apostolico:

1. Io credo in Dio, Padre onnipotente, creatore del cielo e della terra.
2. E in Gesù Cristo, suo unico Figlio, nostro Signore,
3. il quale fu concepito di Spirito Santo, nacque da Maria vergine,
4. patì sotto Ponzio Pilato, fu crocifisso, morì e fu sepolto, discese agli inferi,
5. il terzo giorno risuscitò da morte,
6. salì al cielo, siede alla destra di Dio Padre onnipotente;
7. di là verrà a giudicare i vivi e i morti.
8. Credo nello Spirito Santo,
9. la santa Chiesa Cattolica, la comunione dei santi,
10. la remissione dei peccati,
11. la risurrezione dei morti,
12. la vita eterna. Amen.

**2. E in Gesù Cristo, suo unico Figlio, nostro Signore.**
Mt 3,17: "Ed ecco una voce dal cielo che disse: Questi è il Figlio mio prediletto, nel quale mi sono compiaciuto" E' la voce del Padre che annuncia il Figlio.

Mt 17,5: "Egli (Pietro) stava ancora parlando quando una nuvola luminosa li avvolse con la sua ombra. ed ecco una voce che diceva: "Questi è il Figlio mio prediletto, nel quale mi sono compiaciuto. Ascoltatelo."

Mt 16,16: "Rispose Simon Pietro: Tu sei il Cristo, il Figlio del Dio vivente. E Gesù: Beato te, Simone figlio di Giona, perché né la carne né il sangue te l'hanno rivelato, ma il Padre mio che sta nei cieli". E' l'atto di fede ispirato da Dio che riconosce il figlio di Dio, il messia salvatore.

Mt 11, 27: "Tutto mi è stato dato dal Padre mio; nessuno conosce il Figlio se non il Padre e nessuno conosce il Padre se non il figlio e colui al quale il Figlio lo voglia rivelare".

Mt 4,3.5: "il tentatore gli si accostò e gli disse: Se sei il Figlio di Dio,..."

Gv 3,16-18: "Dio infatti ha tanto amato il mondo da dare il suo Figlio unigenito, perché chiunque crede in lui non muoia, ma abbia la vita eterna. Dio non ha mandato il Figlio nel mondo per giudicare il mondo, ma perché il mondo si salvi per mezzo di lui. Chi crede in lui non è condannato; ma chi non crede è già stato condannato, perché non ha creduto nel nome dell'unigenito Figlio di Dio". Questa fede e questa adesione porta alla salvezza.

Gv 1,16-18: "dalla sua pienezza noi tutti abbiamo ricevuto grazia su grazia. Perché la legge fu data per mezzo di Mosè, la grazia e la verità vennero per mezzo di Gesù Cristo. Dio nessuno l'ha mai visto: proprio il Figlio unigenito, che è nel seno del Padre, lui lo ha rivelato". Il Figlio è il portatore della grazia e della verità, il mediatore della nuova alleanza.

Gv 17,1-5: "Così parlo Gesù. Quindi alzati gli occhi al cielo, disse: Padre, è giunta l'ora, glorifica il Figlio tuo, perché il figlio glorifichi te... Questa è la vita eterna: che conoscano te, l'unico vero Dio, e colui che hai mandato, Gesù Cristo... E ora , Padre, glorificami davanti a te, con quella gloria che avevo presso di te prima che il mondo fosse". Il Figlio fu inviato dal Padre per manifestare l'Amore

Lc 23,46: "Gesù gridando a gran voce disse: "Padre, nelle tue mani consegno il mio spirito".

Mc 15,39: "Allora il centurione che gli stava di fronte, vistolo spirare in quel modo, disse: Veramente quest'uomo era il Figlio di Dio". Il centurione ha visto un amore superiore alle offese e alla morte, un amore da Figlio di Dio.

Ef 1.3-6: "Benedetto sia Dio, Padre del Signore nostro Gesù Cristo,che ci ha benedetti con ogni benedizione spirituale nei cieli, in Cristo. In lui ci ha scelti prima della creazione del mondo, per essere santi e immacolati al suo cospetto nella carità, predestinandoci ad essere suoi figli adottivi per opera di Gesù Cristo, secondo il beneplacito della sua volontà. E questo a lode e gloria della sua grazia, che ci badato nel suo Figlio diletto, nel quale abbiamo la redenzione...".

Fl 2,5-7: "Abbiate in voi gli stessi sentimenti che furono in Gesù Cristo, il quale, pur essendo di natura divina, non considerò un tesoro geloso la sua uguaglianza con Dio, ma spogliò se stesso, assumendo la condizione di servo e divenendo simile agli uomini...".

1Gv 4,14-15. "Noi stessi abbiamo veduto e attestiamo che il Padre ha mandato il suo Figlio come salvatore del mondo. Chiunque riconosce che Gesù è il Figlio di Dio, Dio dimora in lui ed egli in Dio". La fede nel Figlio ci unisce a Dio e ci salva.

Fl 2,10-11: "perché nel nome di Gesù ogni ginocchio si pieghi nei cieli, sulla terra e sotto terra; ed ogni lingua proclami che Gesù Cristo è il Signore, a gloria di Dio Padre". E' il Signore.

1Cor 8,6: "(per noi c'e) un solo Signore Gesù Cristo" (già citato al n. 1).

**3. Il quale fu concepito di Spirito Santo, nacque da Maria vergine.**

Lc 1,30-35.38: "L'angelo le disse: Non temere , Maria, perché hai trovato grazia presso Dio. Ecco concepirai un figlio, lo darai alla luce e lo chiamerai Gesù. Sarà grande e sarà chiamato Figlio dell'Altissimo... Allora Maria disse all'angelo: Come è possibile? Non conosco uomo. Le rispose l'angelo: Lo Spirito Santo scenderà su di te, su te stenderà la sua ombra la potenza dell'Altissimo. Colui che nascerà sarà dunque santo e chiamato Figlio di Dio... Allora Maria disse: Eccomi, sono la serva del Signore, avvenga di me quello che hai detto". Ecco il progetto di Dio: una concezione verginale per opera dello Spirito Santo e Maria accetta.

Is 7,14: "Pertanto il Signore stesso vi darà un segno. Ecco: la vergine concepirà e partorirà un figlio, che chiamerà Emmanuele". La profezia di Isaia trova compimento nel Nuovo Testamento.

Mt 1,18.20-25: "Ecco come avvenne la nascita di Gesù. sua madre Maria, essendo promessa sposa di Giuseppe, prima che andassero a vivere insieme si trovò incinta per opera dello Spirito Santo. Giuseppe suo sposo che era giusto e non voleva ripudiarla, decise di licenziarla in segreto. Mentre però stava pensando a queste cose, ecco che gli apparve in sogno l'angelo del Signore e gli disse: Giuseppe, figlio di Davide, non temere di prendere con te Maria, tua sposa, perché quel che è generato in lei viene dallo Spirito Santo. Essa partorirà un figlio e tu lo chiamerai Gesù: egli infatti salverà il popolo dai suoi peccati. Tutto questo avvenne perché si adempisse ciò che era stato detto dal Signore per mezzo del profeta: Ecco la vergine concepirà e partorirà un figlio che sarà chiamato Emmanuele, che significa Dio con noi. Destatosi dal sonno, Giuseppe fece come gli aveva ordinato l'angelo del Signore e prese con sé la sua sposa, la quale, senza che egli la conoscesse, partorì un figlio, che egli chiamò Gesù". Quello che è generato in Maria viene dallo Spirito Santo. Il figlio è Dio con noi. Il bambino nasce senza che Giuseppe abbia conosciuto Maria, cioè senza che Giuseppe abbia fecondato Maria: Maria è vergine madre. Giuseppe lo chiama Gesù, perché viene a salvare il popolo dai suoi peccati.

Lc 1,41-45: "... Elisabetta fu piena di Spirito santo ed esclamò a gran voce: Benedetta tu fra le donne e benedetto il frutto del tuo grembo! A che debbo che la madre del mio Signore venga a me? Ecco appena la voce del tuo saluto è giunta ai miei orecchi, il bambino ha esultato di gioia nel mio grembo. E beata colei che ha creduto nell'adempimento delle parole del Signore".

Lc 2,4-7: "Anche Giuseppe, che era della casa e della famiglia di Davide, dalla città di Nàzaret e dalla Galilea salì in Giudea alla città di Davide chiamata

Betlemme, per farsi registrare insieme con Maria sua sposa, che era incinta. Ora, mentre si trovavano in quel luogo, si compirono per lei i giorni del parto. Diede alla luce il suo figlio primogenito, lo avvolse in fasce e lo depose in una mangiatoia, perché non c'era posto per loro nell'albergo".

Lc 2,10-14.16.20-21: "L'angelo disse ai pastori: Non temete, ecco vi annunzio una grande gioia, che sarà di tutto il popolo: oggi vi è nato nella città di Davide un salvatore, che è il Cristo Signore. Questo per voi il segno: troverete un bambino avvolto in fasce, che giace in una mangiatoia. E subito apparve una moltitudine dell'esercito celeste che lodava Dio e diceva: Gloria a Dio nel più alto dei cieli e pace in terra agli uomini che egli ama. ... Andarono dunque senza indugio e trovarono Maria e Giuseppe e il bambino, che giaceva nella mangiatoia. ... I pastori poi se ne tornarono, glorificando e lodando Dio per tutto quello che avevano udito e visto, come era stato detto loro. Quando furono passati gli otto giorni prescritti per la circoncisione, gli fu messo nome Gesù, come era stato chiamato dall'angelo prima di essere concepito nel grembo della madre".

Mt 2,1-2.5.11: "Gesù nacque a Betlemme di Giudea, al tempo del re Erode. Alcuni Magi giunsero da oriente a Gerusalemme e domandavano: Dov'è il re dei Giudei che è nato? Abbiamo visto sorgere la sua stella e siamo venuti per adorarlo. ... Risposero (gli scribi a Erode e ai Magi): A Betlemme di Giudea, perché così fu scritto dal profeta Michea (5,1). ... Entrati nella casa, videro il bambino con Maria sua madre, e prostratisi lo adorarono. Poi aprirono i loro scrigni e gli offrirono in dono oro, incenso e mirra".

Lc 2,25-31 : "Ora a Gerusalemme c'era un uomo di nome Simeone, uomo giusto e timorato di Dio, che aspettava il conforto di Israele. Lo Spirito Santo che era sopra di lui, gli aveva preannunziato che non avrebbe visto la morte senza prima aver veduto il Messia del Signore. Mosso dunque dallo Spirito si recò al tempio, e mentre i genitori vi portarono il bambino per adempiere la Legge, lo prese tra le braccia e benedisse Dio: Ora lascia, o Signore, che il tuo servo vada in pace secondo la tua parola; perché i miei occhi hanno visto la tua salvezza, preparata da te davanti a tutti i popoli, luce per illuminare le genti e gloria del tuo popolo Israele".

Lc 2,46-49: "Dopo tre giorni lo trovarono nel tempio (Gesù a dodici anni vi era rimasto senza avvisare), seduto in mezzo ai dottori, mentre li ascoltava e li interrogava. E tutti quelli che lo udivano erano pieni di stupore per la sua intelligenza e le sue risposte. Al vederlo restarono stupiti e sua madre gli disse: Figlio, perché ci hai fatto così? Ecco tuo padre e io, angosciati, ti cercavamo. Ed egli rispose: perché mi cercavate? Non sapevate che io devo occuparmi delle cose del Padre mio?" Gesù mostra di essere cosciente di essere "il Figlio", e dice davanti a Giuseppe e a tutti di avere Dio per Padre, rivendicando rapporti che oltrepassano quelli della famiglia umana (cf BG p. 2201).

**4. Patì sotto Ponzio Pilato, fu crocifisso, morì e fu sepolto, discese agli inferi.**

Mt 16,21; 17,22-23; 20,17-18: "Mentre saliva a Gerusalemme, Gesù prese in disparte i dodici e lungo la via disse loro: Ecco noi stiamo salendo a Gerusalemme e il Figlio dell'uomo sarà consegnato ai sommi sacerdoti e agli scribi, che lo condanneranno a morte e lo consegneranno ai pagani perché sia schernito e flagellato e crocifisso; ma il terzo giorno risusciterà". I tre annunzi della passione, citati anche nei testi paralleli di Marco e di Luca, preparano gli apostoli all'evento.

Mt 26,26-28: "Ora, mentre esse mangiavano, Gesù prese il pane e, pronunziata la benedizione, lo spezzò e lo diede ai discepoli dicendo: Prendete e mangiate; questo è il mio corpo. Poi prese il calice e dopo aver reso grazie, lo diede loro dicendo: Bevetene tutti, perché questo è il mio sangue dell'alleanza, versato per molti, in remissione dei peccati". Gesù istituisce la memoria dell'evento.

1Cor 10,16: "Il calice della benedizione che noi benediciamo, non è forse comunione con il sangue di Cristo? E il pane che noi spezziamo, non è forse comunione con il corpo di Cristo?".

1Cor 11,26. "Ogni volta infatti che mangiate di questo pane e bevete di questo calice, voi annunziate la morte del Signore finché egli venga".

Mt 26,30.36.39.42.46-50: "E dopo aver cantato l'inno (i salmi dell'Hallel 113-118), uscirono verso il monte degli Ulivi... Allora Gesù andò con loro in un podere chiamato Getsèmani e disse ai discepoli: Sedetevi qui, mentre io vado là a pregare... Padre mio, se è possibile, passi da me questo calice! Però non come voglio io, ma come vuoi tu... Padre mio, se questo calice non può passare da me senza che io lo beva, sia fatta la tua volontà!... Poi si avvicinò ai discepoli... ecco colui che mi tradisce è vicino. Mentre parlava ancora, ecco arrivare Giuda, uno dei Dodici, e con lui gran folla con spade e bastoni, mandata dai sommi sacerdoti e dagli anziani del popolo. il traditore aveva dato loro questo segnale dicendo: Quello che bacerò, è lui, arrestatelo! e subito si avvicinò a Gesù e disse: Salve, Rabbì! E lo baciò. E Gesù gli desse: Amico, per questo sei qui! Allora si fecero avanti e misero le mani addosso a Gesù e lo arrestarono".

Mt 26,57.63-68: "Or quelli che avevano arrestato Gesù, lo condussero dal sommo sacerdote Caifa, presso il quale si erano già riuniti gli scribi e gli anziani... Allora il sommo sacerdote gli disse: Ti scongiuro per il Dio vivente, perché ci dica se sei il Cristo, il Figlio di Dio. Tu l'hai detto gli rispose Gesù, anzi io vi dico: d'ora innanzi vedrete il Figlio dell'uomo seduto alla destra di Dio e venire sulle nubi del cielo. ... Ha bestemmiato... È reo di morte. Allora gli sputarono in faccia e lo schiaffeggiarono, altri lo bastonavano dicendo: Indovina, Cristo, chi ti ha percosso?"

Mt 27,1: "Venuto il mattino, tutti i sommi sacerdoti e gli anziani del popolo tennero consiglio contro Gesù, per farlo morire. Poi, messolo in catene, lo condussero e consegnarono al governatore Pilato."

1 Tm 6,13: "Al cospetto di Dio che dà vita a tutte le cose e di Gesù Cristo che ha dato la sua bella testimonianza davanti a Ponzio Pilato, ..." Paolo ricorda a Timoteo la testimonianza di Gesù davanti a Ponzio Pilato, che i Vangeli e gli Atti chiamano solo Pilato.

Mt 27,11- "Gesù intanto comparve davanti al governatore che lo interrogò dicendo: Sei tu il re dei Giudei? Gesù rispose: Tu lo dici".

Gv 18,36-19,22: e passi paralleli nei Sinottici raccontano il dialogo tra Gesù e Pilato su regno, verità e autorità; i tentativi di Pilato per liberare Gesù; il farlo flagellare; il lavarsi le mani e la condanna di Gesù alla crocifissione; la scritta Gesù di Nàzaret Re dei Giudei.

I patimenti di Gesù sono molteplici:

Lc 22,44: "In preda all'angoscia, pregava più intensamente, e il suo sudore diventò come gocce di sangue che cadevano a terra".

Lc 22,48.52.54: "Giuda, con un bacio tradisci il Figlio dell'uomo?"... "Siete usciti con spade e bastoni come contro un brigante". "Dopo averlo preso, lo condussero via e lo fecero entrare nella casa del sommo sacerdote".

Lc 22,63-64: "Frattanto gli uomini che avevano in custodia Gesù lo schernivano e lo percuotevano, lo bendavano e gli dicevano: Indovina, chi ti ha colpito? E molti altri insulti dicevano contro di lui".

Lc 23,11: "Allora Erode, con i suoi soldati. lo insultò e lo schernì, poi lo rivestì di una splendida veste e lo rimandò a Pilato".

Lc 23,18.21: "Ma essi si misero a gridare tutti insieme: A morte costui, dacci libero Barabba!" ... Ma essi urlavano: Crocifiggilo, crocifiggilo!"

Mt 27,26-31 : "Allora (Pilato) rilasciò loro Barabba e, dopo aver fatto flagellare Gesù, lo consegnò ai soldati perché fosse crocifisso. ...Spogliatolo gli misero addosso un manto scarlatto e intrecciata una corona di spine gliela posero sul capo, con una canna nella destra; poi mentre gli si inginocchiavano davanti lo schernivano: Salve, re dei Giudei! E sputandogli addosso, gli tolsero di mano la canna e lo percuotevano sul capo. Dopo averlo così schernito, lo spogliarono del mantello, gli fecero indossare i suoi vestiti e lo portarono via per crocifiggerlo".

Lc 23,26: "Mentre lo conducevano via, presero un certo Simone di Cirene che veniva dalla campagna e gli misero addosso la croce da portare dietro a Gesù".

Lc 23,33-34: "Quando giunsero al luogo detto Cranio, là crocifissero lui e i due malfattori, uno a destra e l'altro a sinistra. Gesù diceva: Padre, perdonali, perché non sanno quello che fanno".

Lc 23,35-43: "Il popolo stava a vedere, i capi invece lo schernivano ... Anche i soldati lo schernivano... Uno dei malfattori lo insultava... Ma l'altro...(Gesù) gli rispose (al buon ladrone): Oggi sarai con me in paradiso".

Mt 27,45-46: "Da mezzogiorno fino alle tre del pomeriggio si fece buio su tutta la terra. Verso le tre, Gesù gridò a gran voce: 'Elì, Elì, lemà sabactàni?', che significa: 'Dio mio, Dio mio, perché mi hai abbandonato?'. Gesù si identifica con il Servo di Dio del Sl 22/21,17-18: 'Hanno forato le mie mani e i miei piedi, posso contare tutte le mie ossa... si dividono le mie vesti, sulla mia veste gettano la sorte'.

Eb 5,1.7-10: "Ogni sommo sacerdote, preso fra gli uomini, viene costituito per il bene degli uomini nelle cose che riguardano Dio, per offrire doni e sacrifici per i peccati. ... Proprio per questo nei giorni della sua vita terrena egli offrì preghiere e suppliche con forti grida e lacrime a colui che poteva liberarlo da morte e fu esaudito per la sua pietà; pur essendo Figlio, imparò tuttavia l'obbedienza dalle cose che patì e, reso perfetto, divenne causa di salvezza eterna per tutti coloro che gli obbediscono, essendo stato proclamato da Dio sacerdote alla maniera di Melchisedek". Gesù ha compiuto perfettamente il proprio ufficio di sacerdote e vittima della Nuova Alleanza.

Gv 19,26-30: "Gesù allora, vedendo la madre e lì accanto a lei il discepolo che egli amava, disse alla madre: 'Donna, ecco tuo figlio!' Poi disse al discepolo: 'Ecco tua madre!...". Dopo questo, Gesù, sapendo che ogni cosa era ormai compiuta, disse per adempiere la Scrittura: 'Ho sete'. Vi era lì un vaso pieno d'aceto; posero perciò una spugna imbevuta d'aceto in cima a una canna e gliela accostarono alla bocca. E dopo aver ricevuto l'aceto, Gesù disse: 'Tutto è compiuto!'. Gesù ha compiuto le Scritture. "E'stato trafitto per i nostri delitti", "dalle sue piaghe siamo stati guariti".

Lc 23,46: "Gesù, gridando a gran voce, disse: 'Padre, nelle tue mani consegno il mio spirito'. Detto questo spirò". Gesù si è offerto al Padre per la remissione dei peccati, per la salvezza di tutti, con un Amore divino, che ha pregato per chi l'ha offeso e crocifisso, ed ha obbedito fino alla morte di croce, con un Amore che supera ogni afflizione, anche la morte.

Eb 9,14: "... quanto più il sangue di Cristo, che con lo Spirito (Santo) eterno offrì se stesso senza macchia a Dio, purificherà la nostra coscienza dalle opere morte, per servire il Dio vivente!"

Lc 23,50-53: "C'era un uomo di nome Giuseppe... era di Arimatea... si presentò a Pilato e chiese il corpo di Gesù.. Lo calò dalla croce, lo avvolse in un lenzuolo e lo depose in una tomba scavata nella roccia, nella quale nessuno era stato ancora deposto. Era il giorno della parascève e già splendevano le luci del sabato ... le donne seguivano Giuseppe... prepararono aromi... e osservarono il riposo secondo il comandamento.

1Pt 3,18-19: "Anche Cristo è morto una volta per sempre per i peccati, giusto per gli ingiusti, per ricondurvi a Dio; messo a morte per la carne, ma reso vivo nello spirito. E in spirito andò ad annunziare la salvezza anche agli spiriti che attendevano in prigione...".

1Pt 4,6: "infatti è stata annunciata la buona novella anche ai morti, perché pur avendo subito, perdendo la vita del corpo, la condanna comune a tutti gli uomini, vivano secondo Dio nello spirito".

**5. Il terzo giorno risuscitò da morte.**

Sl 16/15,10: "Perché non abbandonerai la mia vita nel sepolcro, né lascerai che il tuo santo veda la corruzione". I versetti 8-11 sono citati da Pietro nel discorso del giorno di Pentecoste in At 2,25-28 e da Paolo nel discorso ai Giudei di Antiochia in At 13,35. Egli cita anche Sl 2,7 e Is 55,3.

Is 53,10-12: "Ma al Signore è piaciuto prostrarlo nei dolori. Quando offrirà se stesso in espiazione, vedrà una discendenza, vivrà a lungo, si compirà per mezzo suo la volontà del signore. Dopo il suo intimo tormento vedrà la luce e si sazierà della sua conoscenza; il giusto mio servo giustificherà molti, egli si addosserà le loro iniquità. Perciò io gli darò in premio le moltitudini, dei potenti farà bottino, perché ha consegnato se stesso alla morte ed è stato annoverato tra gli empi, mentre egli portava il peccato di molti e intercedeva per i peccatori".

Sl 22,20-23: "...accorri in mio aiuto... Scampami... la mia vita... Salvami dalla bocca del leone... annunzierò il tuo nome ai miei fratelli, ti loderò in mezzo all'assemblea" detto dopo i versetti 17-19 che parlano della passione.

. il segno del profeta Giona

Mt 16,21; 17, 23; 20,19 (e brani paralleli): "... ma il terzo giorno risusciterà". Gesù dopo aver preannunciato la sua passione e morte, sempre ha preannunciato la sua risurrezione al terzo giorno.

Mt 17,9: "E mentre scendevano dal monte, Gesù ordinò loro: 'Non parlate a nessuno di questa visione, finché il Figlio dell'uomo non sia risorto dai morti".

Mt 12,39-40: "Una generazione perversa e adultera pretende un segno! Ma nessun segno le sarà dato, se non il segno di Giona profeta. Come infatti Giona rimase tre giorni e tre notti nel ventre del pesce, così il Figlio dell'uomo resterà tre giorni e tre notti nel cuore della terra". Questa frase tipica si applica in maniera approssimativa allo spazio di tempo tra la morte e la risurrezione del Cristo.

Mc 16,1-8: "Passato il sabato, Maria di Magdala, Maria (madre cf. 15,40.47) di Giacomo e Salome comprarono oli aromatici per andare a imbalsamare Gesù. Di buon mattino, il primo giorno dopo il sabato, vennero al sepolcro al levar del sole. Esse dicevano... ma guardando videro che il masso era già stato rotolato via... Entrando nel sepolcro, videro un giovane seduto sulla destra, vestito d'una veste bianca... Ma egli disse: 'Non abbiate paura! Voi cercate Gesù Nazareno, il crocifisso.. È risorto, non è qui. Ecco il luogo dove l'avevano deposto. Ora andate , dite ai suoi discepoli..."

Mc 16,9-10: "Risuscitato al mattino nel primo giorno dopo il sabato, apparve prima a Maria Maddalena, dalla quale aveva cacciato sette demòni. questa andò ad annunciarlo ai suoi seguaci che erano in lutto e in pianto. Ma essi ,udito che era vivo ed era stato visto da lei, non vollero credere.

Gv 20,3-9: "Uscì allora Simon Pietro insieme all'altro discepolo e si recarono al sepolcro. Correvano... l'altro giunse prima, ma non entrò. Giunse anche Simon Pietro ed entrò nel sepolcro e vide le bende per terra e il sudario che era stato posto sul capo... piegato in un luogo a parte. Allora entrò anche l'altro e vide e credette. Non avevano infatti ancora compreso la Scrittura, che Egli cioè doveva risuscitare dai morti".

Mc 16,12: "Dopo ciò apparve a due di loro sotto altro aspetto, mentre erano in cammino verso la campagna…".

Lc 24,13-35: "Ed ecco in quello stesso giorno (il primo dopo il sabato) due di loro erano in cammino verso un villaggio distante sette miglia da Gerusalemme, di nome Èmmaus, e conversavano di tutto quello che era accaduto. Mentre conversavano e discutevano, Gesù in persona si accostò e camminava con loro… 'Che sono questi discorsi… ?' Uno di loro di nome Cleopa gli disse: 'Tu solo sei così forestiero in Gerusalemme da non sapere…?' 'Che cosa?'

'Tutto quello che riguarda Gesù Nazareno che fu profeta potente in opere e in parole, … crocifisso… Noi speravamo… Alcune donne hanno avuto visione di angeli che affermano che ele è vivo… Alcuni dei nostri sono andati al sepolcro… ma a lui non l'hanno visto'. Ed egli disse loro: 'Sciocchi e tardi di cuore nel credere alla parola dei profeti!'… e spiegò loro in tutte le Scritture ciò che si riferiva a lui. Quando furono vicino al villaggio… 'Resta con noi perché si fa sera'… Quando fu a tavola con loro, prese il pane, disse la benedizione, lo spezzò e lo diede loro. Allora si aprirono i loro occhi e lo riconobbero. Ma lui sparì dalla loro vista Ed essi dissero l'un l'altro: 'Non ci ardeva forse il cuore nel petto mentre conversava con noi lungo il cammino, quando ci spiegava le Scritture?' E partirono senza indugio e ritornarono a Gerusalemme, dove trovarono gli Undici e gli altri che erano con loro, i quali dicevano: 'davvero il Signore è risorto ed è apparso a Simone'. Essi riferirono ciò che era accaduto lungo la via e come l'avevano riconosciuto nello spezzare il pane".

Lc 24,36-48: "Mentre essi parlavano di queste cose, Gesù in persona apparve in mezzo a loro e disse: 'Pace a voi!' Stupiti e spaventati credevano di vedere un fantasma. Ma egli disse: 'Perché siete turbati…? Guardate le mie mani e i miei piedi: sono proprio io!... Ma poiché per la grande gioia ancora non credevano ed erano stupefatti, disse: 'Avete qualcosa da mangiare?' Gli offrirono una porzione di pesce arrostito; egli lo prese e lo mangiò davanti a loro". … Allora aprì loro la mente all'intelligenza delle Scritture…".

Gv 20,21-29: "Gesù disse loro di nuovo: 'Pace a voi! Come il padre ha mandato me, anch'io mando voi? Dopo aver detto questo, alitò su di loro e disse: 'Ricevete lo Spirito santo, a chi rimetterete i peccati saranno rimessi e a chi non li rimetterete resteranno non rimessi'. Tommaso… non era con loro… Gli dissero gli altri discepoli: 'Abbiamo visto il signore!' Ma egli disse: 'Se non vedo nelle sue mani il segno dei chiodi e non metto il dito nel posto dei chiodi e non metto la mia mano nel suo costato, non crederò'. Otto giorni dopo i discepoli erano di nuovo in casa e c'era anche Tommaso. Venne Gesù ... e disse: 'Pace a voi!' Poi disse a Tommaso: 'Metti qua il tuo dito... stendi la tua mano e mettila nel mio costato; e non essere più incredulo, ma credente!' Rispose Tommaso: 'Mio Signore e mio Dio!' Gesù gli disse: 'Perché hai veduto hai creduto: beati quelli che pur non avendo visto crederanno!'"

Gv 21,1.9-10.13-19: "Dopo questi fatti Gesù si manifestò di nuovo ai discepoli sul mare di Tiberiade. ... Appena scesi a terra (dopo la pesca ottenuta sulla parola di Gesù), videro un fuoco di brace con del pesce sopra e del pane. disse loro Gesù: 'Portate un po' del pesce che avete preso or ora?. Allora Simon Pietro trasse a terra la rete piena di centocinquantatre grossi pesci... Allora Gesù si avvicinò, prese il pane e lo diede loro, e così pure il pesce. Questa era la terza volta che Gesù si manifestava ai discepoli, dopo essere risuscitato dai morti. Quand'ebbero mangiato, Gesù disse a Simon Pietro: 'Simone di Giovanni, mi vuoi bene tu più di costoro?' Gli rispose: 'Certo, signore,tu sai che ti voglio bene'. Gli disse: 'Pasci i miei agnelli'... Gli disse di nuovo... e gli disse per la terza volta... Simone rimase addolorato che per la terza volta gli dicesse 'Mi vuoi bene?' e gli disse: 'Signore, tu sai tutto; tu sai che ti voglio bene'. Gli rispose Gesù: 'Pasci le mie pecorelle'"...

At 2,23-25.32: "... secondo il prestabilito disegno e la prescienza di dio, fu consegnato a voi, voi l'avete inchiodato sulla croce per mano di empi e l'avete ucciso. Ma Dio lo ha risuscitato, sciogliendolo dalle angosce della morte, perché non era possibile che questa lo tenesse in suo potere. Dice infatti Davide a suo riguardo..." e qui Pietro cita il Sl 16/15,8-11... "questo Gesù Dio lo ha risuscitato e noi tutti ne siamo testimoni" = in At 3,14.

1Cor 15,3-8: "Vi ho trasmesso dunque, anzitutto, quello che anch'io ho ricevuto: che cioè Cristo morì per i nostri peccati secondo le Scritture, fu sepolto ed è risuscitato il terzo giorno secondo le Scritture,e che apparve a Cefa e quindi ai Dodici. In seguito apparve a più di cinquecento fratelli in una sola volta: la maggior parte di essi vive ancora, mentre alcuni sono morti. Inoltre apparve a Giacomo, e quindi a tutti gli apostoli. Ultimo fra tutti apparve anche a me, come a un aborto".

1Cor 15,17-22: "...se Cristo non è risorto, è vana la vostra fede e voi siete ancora nei vostri peccati. E anche quelli che sono morti in Cristo sono perduti. se poi noi abbiamo avuto speranza in Cristo soltanto in questa vita, siamo da compiangere più di tutti gli uomini. Ora, invece, Cristo è risuscitato dai morti, primizia di coloro che sono morti. Poiché se a causa di un u8omo venne la morte, a causa di un uomo verrà anche la risurrezione dai morti; e come tutti muoiono in Adamo, così tutti riceveranno la vita in Cristo".

Cl 2,12: "Con lui infatti siete stati sepolti insieme nel battesimo, in lui anche siete stati insieme risuscitati per la fede nella potenza di Dio, che lo ha risuscitato dai morti".

1 Pt 1,3-4: "Sia benedetto Dio e Padre del Signore nostro Gesù Cristo; nella sua grande misericordia egli ci ha rigenerati, mediante la risurrezione di Gesù Cristo dai morti, per una speranza viva, per un'eredità che non si corrompe, non si macchia e non marcisce".

Rm 10,9: "poiché se confesserai con la tua bocca che Gesù è il Signore, e crederai con il tuo cuore che Dio lo ha risuscitato dai morti, sarai salvo".

**6. Salì al cielo, siede alla destra di Dio Padre onnipotente.**

Mt 28,18-20: "E Gesù, avvicinatosi, disse loro: 'Mi è stato dato ogni potere in cielo e in terra. Andate dunque e ammaestrate tutte le nazioni, battezzandole nel nome del Padre e del Figlio e dello Spirito Santo, insegnando loro ad osservare tutto ciò che vi ho comandato. Ecco, io sono con voi tutti i giorni, fino alla fine del mondo". Il Signore Gesù sarà presente con i suoi, anche se non in maniera visibile, come lo era prima e come lo è in cielo.

Mc 16,15-19: "Gesù disse loro: 'Andate in tutto il mondo e predicate il vangelo ad ogni creatura. Chi crederà e sarà battezzato sarà salvo, ma chi non crederà sarà condannato. E questi saranno i segni...' Il Signore Gesù, dopo aver parlato con loro, fu assunto in cielo e sedette alla destra di Dio".

Lc 24,45-53: "Allora aprì loro la mente all'intelligenza delle Scritture e disse: 'Così sta scritto: il Cristo dovrà patire e risuscitare dai morti il terzo giorno e nel suo nome saranno predicate a tutte le genti la conversione e il perdono dei peccati, cominciando da Gerusalemme. Di questo voi siete testimoni. E io manderò su di voi quello che il Padre mio ha promesso; ma voi restate in città, finché non siate rivestiti di potenza dall'alto. Poi li condusse fuori verso Betania e, alzate le mani, li benedisse. Mentre li benediceva, si staccò da loro e fu portato verso il cielo. Ed essi, dopo averlo adorato, tornarono a Gerusalemme con grande gioia, e stavano sempre nel tempio lodando Dio".

Gv 20,17: “Gesù le disse: ‘Non mi trattenere, perché non sono ancora salito al Padre; ma va dai miei fratelli e dì loro: Io salgo al padre mio e Padre vostro, Dio mio e Dio vostro”.

At 1,7-13: “Ma egli rispose: ‘Non spetta a voi conoscere i tempi e i momenti che il Padre ha riservato alla sua scelta, ma avrete forza dallo Spirito Santo che scenderà su di voi e mi sarete testimoni a Gerusalemme, in tutta la Giudea e la Samaria e fino agli estremi confini della terra’. Detto questo, fu elevato in alto sotto i loro occhi e una nube lo sottrasse al loro sguardo. E poiché essi stavano fissando il cielo mentre egli se ne andava, ecco due ponimi in bianche vesti si presentarono a loro e dissero: ‘Uomini di Galilea, perché state a guardare il cielo? Questo Gesù, che è stato di tra voi assunto fino in cielo, tornerà un giorno allo stesso modo in cui l’avete visto andare in cielo’. Allora ritornarono a Gerusalemme… Entrati in città salirono al piano superiore dove abitavano. …”.

At 1,22-23: “Bisogna dunque che tra coloro che ci furono compagni per tutto il tempo in cui il Signore Gesù ha vissuto in mezzo a noi, incominciando dal battesimo di Giovanni fino al giorno in cui è stato tra noi assunto in cielo, uno divenga, insieme a noi, testimone della risurrezione”.

1Pt 3,21-22: “Figura, questa del battesimo, che ora salva voi; esso non è rimozione di sporcizia del corpo, ma invocazione di salvezza rivolta a Dio da parte di una buona coscienza, in virtù della risurrezione di Gesù Cristo, il quale è alla destra di Dio, dopo esser salito al cielo e aver ottenuto la sovranità sugli angeli, i principati e le Potenze”.

Ef 4,8-10: “ per questo sta scritto: ‘Ascendendo in cielo ha portato con sé prigionieri, ha distribuito doni agli uomini’. Ma che significa la parola ‘ascese’, se non che prima era disceso quaggiù sulla terra? Colui che discese è lo stesso che anche ascese al di sopra di tutti i cieli per riempire tutte le cose”.

Cl 3,1-4: “ Se dunque siete risorti con Cristo, cercate le cose di lassù, dove si trova Cristo assiso alla destra di Dio; pensate alle cose di lassù, non a quelle della terra. Voi infatti siete morti e la vostra vita è ormai nascosta con Cristo in Dio! Quando si manifesterà Cristo, la vostra vita, allora anche voi sarete manifestati con lui nella gloria”.

### 7. Di là verrà a giudicare i vivi e i morti.

Mt 24,30: “Allora comparirà nel cielo il segno del Figlio dell’uomo e allora si batteranno il petto tutte le tribù della terra, e vedranno il Figlio dell’uomo venire sopra le nubi del cielo con grande potenza e gloria. Egli manderà i suoi angeli con una grande tromba e raduneranno tutti i suoi eletti dai quattro venti, da un estremo all'altro dei cieli".

Mt 25,31-46: "Quando il Figlio dell'uomo verrà nella sua gloria con tutti i suoi angeli, si siederà sul trono della sua gloria. E saranno riunite davanti a lui tutte le genti, ed egli separerà gli uni dagli altri, come il pastore separa le pecore dai capri, e porrà le pecore alla sua destra e i capri alla sua sinistra. Allora il re dirà a quelli che stanno alla sua destra: 'Venite, benedetti del Padre mio, ricevete in eredità il regno preparato per voi fin dalla fondazione del mondo. Perché io ho avuto fame e mi avete dato da mangiare, ho avuto sete e mi avete dato da bere, ero forestiero e mi avete ospitato, nudo e mi avete vestito, malato e mi avete visitato, carcerato e siete venuti a trovarmi.... ogni volta che avete fatto queste cose a uno solo di questi miei fratelli più piccoli, l'avete fatto a me'. Poi dirà a quelli alla sua sinistra: 'Via, lontano da me, maledetti, nel fuoco eterno, preparato per il diavolo e per i suoi angeli. Perché ho avuto fame e non mi avete dato da mangiare; ho avuto sete e non mi avete dato da bere; ero forestiero e non mi avete ospitato, nudo e non mi avete vestito, malato e in carcere e non mi avete visitato. ... Ogni volta che non avete fatto queste cose a uno di questi miei fratelli più piccoli, non l'avete fatto a me'. e se ne andranno, questi al supplizio eterno, e i giusti alla vita eterna".

Mt 26,63: "Ma Gesù taceva. Allora il sommo sacerdote gli disse: 'Ti scongiuro, per il Dio vivente, perché ci dica se tu sei il Cristo, il Figlio di Dio'. Gli rispose Gesù: 'Tu l'hai detto, anzi io vi dico: d'ora innanzi vedrete il Figlio dell'uomo seduto alla destra di Dio, e venire sulle nubi del cielo '".

Gv 14,2-3.6: "Nella casa del Padre mio vi sono molti posti. Se no, ve l'avrei detto. Io vado a prepararvi un posto; quando sarò andato e vi avrò preparato un posto, ritornerò e vi prenderò con me, perché siate anche voi dove sono io... Io sono la via, la verità e la vita. Nessuno viene al Padre se non per mezzo di me".

2 Tm 4,1: "Ti scongiuro davanti a Dio e a Gesù Cristo, che verrà a giudicare i vivi e i morti, per la sua manifestazione e il suo regno...".

1 Pt 4,5: "Ma renderanno conto a colui che è pronto a giudicare i vivi e i morti..".

## 8. Credo nello Spirito Santo.

Già nell'Antico Testamento Dio ha promesso lo Spirito Santo e ha agito attraverso di lui.

Ez 36,25-28: "Vi aspergerò con acqua pura e sarete purificati. Io vi purificherò da tutte le vostre sozzure e da tutti i vostri idoli. Vi darò un cuore nuovo, matterò dentro di voi uno spirito nuovo, toglierò da voi il cuore di pietra e vi darò un cuore di carne. Porrò il mio Spirito dentro di voi e vi farò vivere secondo i miei precetti. Abiterete la terra che io diedi ai vostri padri. Voi sarete il mio popolo e io sarò il vostro Dio". Molto simile è la profezia di Geremia:

Ger 31,33: "Questa sarà l'alleanza che concluderò con la casa d'Israele dopo quei giorni, oracolo del Signore: porrò la mia legge dentro di loro, la scriverò nel loro cuore. Allora io sarò il loro Dio ed essi saranno il mio popolo. Mi conosceranno...". I profeti scrissero mossi dallo Spirito Santo:

2Pt 1,24: Nessuna scrittura profetica va soggetta a spiegazione privata, perché non da volontà umana fu recata mai una profezia, ma mossi dallo Spirito Santo parlarono quegli uomini da parte di Dio". Per questo la Parola di Dio produce effetti di conversione come una pioggia benefica:

Is 55,10-11: "Come la pioggia e la neve scendono dal cielo e non vi ritornano senza aver irrigato la terra, senza averla fecondata e fatta germogliare, perché dia il seme al seminatore e pane da mangiare, così sarà della mia parola: non ritornerà a me senza effetto, senza aver operato ciò che desidero, senza aver compiuto ciò per cui l'ha mandata".

Lo Spirito Santo è presente nella vita di Gesù Cristo. Egli fu concepito per opera dello Spirito Santo, come abbiamo visto al numero 3. Ha agito ed è venuto a portare lo Spirito Santo.

Mt 4,1: Gesù fu condotto dallo Spirito nel deserto...

Gv 1,32-34: Giovanni testimoniò dicendo: "Ho visto lo Spirito discendere su di lui come una colomba dal cielo e rimanere su di lui. Io non lo conoscevo, ma proprio colui che mi ha inviato a battezzare nell'acqua mi disse: Colui sul quale vedrai discendere e rimanere lo Spirito, è lui che battezza nello Spirito Santo. E io ho visto e ho testimoniato che questi è il Figlio di Dio".

Gv 7,37-39: Nell'ultimo giorno della Festa (delle Capanne) Gesù, ritto in piedi, gridò: "Se qualcuno ha sete venga a me, e beva chi crede in me. Come dice la Scrittura: fiumi di acqua viva sgorgheranno dal suo seno". Questo egli disse dello Spirito Santo che avrebbero ricevuto i credenti in lui: infatti non c'era ancora lo Spirito, perché Gesù non era stato ancora glorificato.

Nella Cena Gesù ha promesso che avrebbe inviato lo Spirito Santo sugli Apostoli e sulla Chiesa.

Gv 14,15-17: Se mi amate, osservate i miei comandamenti, e io pregherò il Padre ed egli vi darà un altro Paraclito perché egli rimanga con voi per sempre, lo Spirito della verità, che il mando non può ricevere perché non lo vede e non lo conosce. Voi lo conoscete perché egli rimane presso di voi e sarà in voi.

Gv 14,25-26: Vi ho detto queste cose mentre sono ancora con voi. Ma il Paraclito, lo Spirito Santo che il Padre manderà nel mio nome, lui vi insegnerà ogni cosa e vi ricorderà tutto ciò che io vi ho detto.

Gv 15,26-27: Quando verrà il Paraclito, che io vi manderò dal Padre, lo Spirito della verità che procede dal Padre, egli darà testimonianza di me, e anche voi darete testimonianza, perché siete con me fin dal principio.

Gv 16,13: Quando verrà lui, lo Spirito della verità, vi guiderà a tutta la verità, perché non parlerà da se stesso, ma dirà tutto ciò che avrà udito, e vi annuncerà le cose future. Egli mi glorificherà, perché prenderà da quel che è mio e ve lo annuncerà. Tutto quello che il Padre possiede è mio, per questo vi ho detto che prenderà da quel che è mio e ve lo annuncerà.

Gesù ha offerto se stesso al Padre sulla croce nell'amore dello Spirito Santo per purificare l'umanità

Eb 9,14: … "quanto più il sangue di Cristo, il quale mosso dallo Spirito eterno, offrì se stesso senza macchia a Dio, purificherà la nostra coscienza dalle opere di morte, perché serviamo al Dio vivente?

Lc 23,46: Gesù gridando a gran voce, disse: "Padre, nelle tue mani consegno il mio spirito!". Detto questo, spirò. Gv 19,30: "chinato il capo, consegnò lo spirito" (al Padre, e alla Chiesa).

Gesù risorto effonde lo Spirito Santo per il perdono dei peccati e promette la Pentecoste.

Gv 20,19-22: Gesù si fermò in mezzo a loro e disse: "Pace a voi". Detto questo mostrò le mani e il costato. Ei discepoli gioirono al vedere il Signore. Gesù disse loro di nuovo: "Pace a voi. Come il padre ha mandato me, anch'io mando voi". Dopo aver detto questo alitò su di loro e disse: "Ricevete lo Spirito santo, a chi rimetterete i peccati saranno rimessi, e a chi non li rimetterete, resteranno non rimessi".

Prima di ascendere al cielo, Gesù invia gli apostoli a predicare il vangelo, battezzare e rimettere i peccati a tutte le nazioni (Mt 28,18-20; Mc 16,15-16; Lc 24,47) e in Lc 24,48-49 e At 1,8 dice di aspettare lo Spirito Santo.

Lc 24,47-49: Nel suo nome saranno predicati a tutti i popoli la conversione e il perdono dei peccati, cominciando da Gerusalemme. Di questo voi siete testimoni. Ed ecco, io mando su di voi colui che il Padre mio ha promesso, ma voi restate in città, finché non siate rivestiti di potenza dall'alto".

At 1,8: "Riceverete la forza dello Spirito Santo che scenderà su di voi, e di me sarete testimoni a Gerusalemme, e nella Giudea e la Samaria e fino ai confini della terra".

Ed ecco il giorno di Pentecoste e le promesse si realizzano "nella stanza al piano superiore… vi erano gli Apostoli citati per nome, perseveranti e concordi nella preghiera, insieme ad alcune donne e a Maria, la madre di Gesù e ai fratelli di lui" (At 1,13-14).

At 2,1-4: "Mentre stava compiendosi il giorno della Pentecoste, si trovavano tutti insieme nello stesso luogo. Venne all'improvviso dal cielo un fragore, come di vento che si abbatte impetuoso, e riempì tutta la casa dove si trovavano. Apparvero loro lingue come di fuoco che si dividevano e si posarono su ciascuno di loro, ed essi furono pieni di Spirito Santo e cominciarono a parlare in altre lingue come lo Spirito dava loro il potere di esprimersi". Nel giorno di Shavuòt, la festa delle Settimane, viene su di loro lo Spirito Santo, come vento impetuoso e come lingue di fuoco, e loro aprono le porte, escono ed annunciano con "parresia", forza, in altre lingue, le meraviglie di Dio.

At 2,5-6: "Si trovavano allora a Gerusalemme Giudei osservanti di ogni nazione che è sotto il cielo. Venuto quel fragore, la folla si radunò e rimase sbigottita perché ciascuno li sentiva parlare nella propria lingua. Erano stupefatti e fuori di sé dallo stupore…". Non erano solo gli stranieri che abitavano a Gerusalemme, ma anche quelli che erano saliti per la Festa di Shavuòt. Gli Apostoli con nuovo coraggio e forza annunciano in altre lingue e tutti capiscono. È l'inizio della predicazione del Vangelo a tutti i popoli, a tutte le lingue, uguale a Mc 16,17 "parleranno lingue nuove" come avverrà poi e tutti potranno capire e accogliere. Qui non è il carisma della preghiera in lingue che è un linguaggio estatico, a volte incomprensibile, se non c'è chi spiega, come in 1Cor 14,13-14: "Perciò chi parla con il dono delle lingue, preghi di poterle interpretare. Quando infatti prego con il dono delle lingue, il mio spirito prega, ma la mia intelligenza rimane senza frutto".

Il Battesimo nello Spirito Santo è importante nel cammino di salvezza: occorre rinascere, rinnovarsi

Gv 3,5-6: Rispose Gesù (a Nicodemo): "In verità, in verità io ti dico, se uno non nasce da acqua e Spirito, non può entrare nel regno di Dio. Quello che nasce dalla carne è carne, e quello che nasce dallo Spirito è spirito. Non meravigliarti se ti ho detto: dovete nascere dall'alto.

Tt 3,3-7: "Anche noi un tempo eravamo insensati, disobbedienti, traviati, schiavi di ogni sorta di passioni e di piaceri, vivendo nella malvagità e nella invidia, degni di odio e odiandoci a vicenda. Quando però si sono manifestati la bontà di Dio, salvatore nostro, e il suo amore per gli uomini, egli ci ha salvati non in virtù di opere di giustizia da noi compiute, ma per sua misericordia mediante un lavacro di rigenerazione e di rinnovamento nello Spirito Santo, effuso da lui su di noi abbondantemente per mezzo di Gesù cristo, salvatore nostro, perché giustificati dalla sua grazia diventassimo eredi, secondo la speranza, della vita eterna".

Oltre il Battesimo, è importante che i cristiani siano confermati nel dono dello Spirito Santo.

At 8,14-17: "Frattanto gli Apostoli, a Gerusalemme, seppero che la Samaria aveva accolto la parola di Dio e vi inviarono Pietro e Giovanni. Essi discesero e pregarono per loro perché ricevessero lo Spirito Santo; non era infatti ancora sceso sopra nessuno di loro, ma erano soltanto stati battezzati nel nome del Signore Gesù. Allora imponevano loro le mani e quelli ricevevano lo Spirito Santo". Lo Spirito Santo conduce l'opera missionaria della Chiesa e la invia anche ai pagani.

At 11,11 "Ed ecco, in quell'istante, tre uomini giunsero alla casa dove eravamo, mandati da Cesarea a cercarmi. Lo Spirito mi disse di andare con loro senza esitare". E Pietro evangelizzò Cornelio.

At 13,1-4 C'erano nella comunità di Antiochia profeti e dottori: Barnaba, Simeone soprannominato Niger, Lucio di Cirene, Manaen compagno d'infanzia di Erode tetrarca, e Saulo. Mentre essi stavano celebrando il culto del Signore e digiunando, lo Spirito santo disse: "Riservate per me Barnaba e Saulo per l'opera alla quale li ho chiamati". Allora, dopo aver digiunato e pregato, imposero loro le mani e li accomiatarono. Essi dunque, inviati dallo spirito santo, discesero a Seleucia e di qui salparono verso Cipro". E qui comincia il primo grande viaggio di Paolo insieme con Barnaba. Gli Apostoli e i cristiani portarono ai popoli la testimonianza di Gesù risorto, la conversione, il perdono dei peccati e la vita secondo lo Spirito Santo.

Lo Spirito Santo ci rende figli di Dio e ci trasforma relazionandoci meglio con le cose, con il prossimo e con Dio, per essere popolo di Dio che costruisce un mondo nuovo e aspetta il Signore.

Tt 2,11-14: "È apparsa infatti la grazia di Dio, apportatrice di salvezza per tutti gli uomini, che ci insegna a rinnegare l'empietà e i desideri mondani e a vivere con sobrietà, giustizia e pietà in questo mondo, nell'attesa della beata speranza e della manifestazione della gloria del nostro grande dio e salvatore Gesù Cristo. Egli ha dato se stesso per noi, per riscattarci da ogni iniquità e formarsi un popolo puro che gli appartenga, zelante nelle opere buone".

Nella Pentecoste gli Ebrei celebravano la consegna dei dieci comandamenti fatta da Dio a Mosè sul monte Sinai. Lo Spirito Santo che scende in quel giorno sugli Apostoli è la nuova legge, l'Amore di Dio e del prossimo che Gesù ha vissuto e insegnato e vuole praticato dai suoi discepoli.

Rm 5,1.5: "Giustificati dunque per la fede, noi siamo in pace con Dio per mezzo del signore nostro Gesù Cristo. ... La speranza poi non delude, perché l'amore di Dio è stato riversato nei nostri cuori per mezzo dello Spirito Santo che ci è stato dato.

Rm 8,12-17: "Così dunque, fratelli, noi siamo debitori, ma non verso la carne per vivere secondo la carne; poiché se vivete secondo la carne, voi morirete; se invece con l'aiuto dello Spirito voi fate morire le opere del corpo, vivrete. Infatti tutti quelli che sono guidati dallo Spirito di Dio, costoro sono figli di Dio. E voi non avete ricevuto uno spirito da schiavi per ricadere nella paura, ma avete ricevuto uno spirito da figli adottivi per mezzo del quale gridiamo 'Abbà, Padre!'. Lo Spirito stesso attesta nei nostri cuori che siamo figli di Dio. E se siamo figli, siamo anche eredi: eredi di Dio, coeredi di Cristo, se veramente partecipiamo alle sue sofferenze, per partecipare anche alla sua gloria". La legge dello Spirito Santo ci fa figli ed eredi, e ci dà i doni e i frutti dello stesso Spirito.

Rm 8,1.5: La legge dello Spirito che dà vita in Cristo Gesù ti ha liberato dalla legge del peccato e della morte. Quelli che vivono secondo la carne, pensano alle cose della carne; quelli che vivono secondo lo Spirito, alle cose dello Spirito e vivono da figli.

Gal 5,16-25: Quelli che sono di Cristo hanno crocifisso la loro carne con le sue passioni e i suoi desideri. Del resto le opere della carne sono ben note:

fornicazione, impurità libertinaggio, idolatria, stregonerie, inimicizia, discordia, gelosia, dissensi, divisioni, fazioni, invidie, ubriachezze, orge e cose del genere; circa queste cose vi preavviso, come già ho detto, che chi le compie non entrerà nel regno di Dio. (Come Mt 7,21-22 in cui Gesù parla su ciò che viene da dentro e rende impuro l'uomo). Il frutto dello Spirito invece è amore, gioia, pace, pazienza, benevolenza, bontà, fedeltà, mitezza e dominio di sé; contro queste cose non c'è legge. Se pertanto viviamo dello Spirito, camminiamo anche secondo lo Spirito.

Rm 5,5: La speranza poi non delude, perché l'amore di Dio è stato riversato nei nostri cuori per mezzo dello Spirito Santo che ci è stato dato.

1Gv 4,8.12-13: Chi non ama non ha conosciuto Dio, perché Dio è amore. Se Dio ci ha amato, anche noi dobbiamo amarci gli uni gli altri, così Dio rimane in noi e l'amore di lui è perfetto in noi. Da questo si riconosce che noi rimaniamo in lui e lui in noi: egli ci ha fatto il dono del suo Spirito.

È lo Spirito Santo ci insegna a pregare, ad amare, a testimoniare, a fare apostolato e missione. I doni dello Spirito sono in Is 11,2: sapienza, intelletto, consiglio, fortezza, scienza, pietà e timore di Dio. I frutti dello Spirito Santo sono in Gal 5,22-23 citato sopra: amore, gioia, pace, pazienza, benevolenza, bontà, fedeltà, mitezza e dominio di sé.

**9. Credo la santa Chiesa cattolica, la comunione dei santi.**

Crediamo nella Chiesa fondata da Gesù e che è il popolo di Dio, il corpo di Cristo, il suo gregge, la vite, la comunità dei credenti e dei salvati, la Chiesa terrena e la Chiesa celeste. La Chiesa è lo strumento universale di evangelizzazione e santificazione. Noi siamo Chiesa, il popolo dei chiamati a seguire il Signore Gesù e costruire nel mondo il regno di Dio, una famiglia di popoli fratelli.

Mt 16,18-19: E io ti dico: Tu sei Pietro e su questa pietra io edificherò la mia Chiesa e le porte degli inferi non prevarranno contro di essa. A te darò le chiavi del regno dei cieli, e tutto ciò che legherai sulla terra sarà legato nei cieli, e tutto ciò che scioglierai sulla terra sarà sciolto nei cieli.

Gv 10,14-16: Io sono il buon pastore, conosco le mie pecore e le mie pecore conoscono me, come il Padre conosce me e io conosco il Padre; e offro la mia vita per le pecore. E ho altre pecore che non sono di questo ovile; anche queste io devo condurre; ascolteranno la mia voce e diventeranno un solo gregge e un solo pastore.

Gv 15,1.5.10.12 Io sono la vera vite e il Padre mio è il vignaiolo. Io sono la vite, voi i tralci. Chi rimane in me e io in lui fa molto frutto, perché senza di me non potete far nulla. Se osserverete i miei comandamenti rimarrete nel mio amore. Questo è il mio comandamento: che vi amiate gli uni gli altri come io vi ho amato.

Lc 22,32-34: Pietro, mi rinnegherai tre volte, ma io ho pregato per te, che non venga meno la tua fede; e tu, una volta convertito, conferma nella fede i tuoi fratelli. È questo il compito del Papa.

Gv 19,33-34: "Venuti però da Gesù e vedendo che era già morto, non gli spezzarono le gambe, ma uno dei solfati gli colpì il costato con la lancia e subito ne uscì sangue e acqua". Dalla costola di Adamo fu formata Eva, dal costato di Gesù esce la Chiesa, il popolo dei Battezzati nell'acqua e nello Spirito Santo, e che si nutre del Corpo e Sangue di Cristo nell'Eucaristia.

Gv 21,15-17 Quando ebbero mangiato, Gesù disse a Simon Pietro: Simone di Giovanni, mi ami tu più di costoro? Gli rispose: Certo, signore, tu lo sai che io ti amo. Gli disse: Pasci i miei agnelli. Gli disse di nuovo: Simone di Giovanni, mi ami? Gli rispose: Certo, Signore, tu lo sai che ti amo. Gli disse: Pasci le mie pecorelle. Gli disse per la terza volta: Simone di Giovanni, mi ami? Pietro rimase addolorato che per la terza volta gli dicesse: Mi ami?, e gli disse: Signore, tu sai tutto, tu sai che ti amo. Gli rispose Gesù: Pasci le mie pecorelle. Così Gesù affidò a Pietro e agli Apostoli e ai loro successori, il Papa e i Vescovi, la sua Chiesa, per compiere un ministero di servizio e fraternità.

Col 1,18: "Egli, Gesù, è anche il capo del corpo, cioè della Chiesa, il principio, il primogenito di coloro che risuscitano dai morti".

Ef 1,22-23: "Tutto infatti ha sottomesso ai suoi piedi e lo ha costituito su tutte le cose a capo della Chiesa, la quale è il suo corpo, la pienezza di colui che si realizza interamente in tutte le cose".

Lc 24,46-49: "Così sta scritto: il Cristo dovrà patire e risuscitare dai morti il terzo giorno, e nel suo nome saranno predicati a tutte le genti la conversione e il perdono dei peccati, cominciando da Gerusalemme. Di questo voi siete testimoni. E io manderò su di voi quello che il Padre mio ha promesso (= lo Spirito Santo); ma voi restate in città, finché non siate rivestiti di potenza dall'alto". Lo Spirito Santo fa la Chiesa "cattolica", cioè "universale", mondiale, inviata a tutte le genti, a tutti i popoli e nazioni, come abbiamo visto anche in At 1,8; Mt 24,14 e 28,28-20; Mc 16,15-16.

Ef 1,9-10; 2,14-18: 3,6: (la comunione dei santi) Con ogni sapienza e intelligenza ci ha fatto conoscere il mistero della sua volontà, prestabilito per realizzarlo nella pienezza dei tempi: il disegno di ricapitolare  in Cristo tutte le cose, quelle del cielo come quelle della terra. Egli infatti è la nostra pace, colui che ha fatto dei due un popolo solo, per mezzo della croce. Per mezzo di lui possiamo presentarci, gli uni e gli altri, al Padre in un solo Spirito. I gentili sono chiamati, in Gesù Cristo a partecipare della stessa eredità (degli ebrei), a formare lo stesso corpo, e ad essere partecipi della promessa per mezzo del vangelo.

Gv 17,20-21: Non prego solo per questi, ma anche per quelli che per la loro parola crederanno in me; perché tutti siano una cosa sola. Come tu, Padre, sei in me e io in te, siano anch'essi in noi una cosa sola, perché il mondo creda che tu mi hai mandato.

At 2,42-48: Erano assidui nell'ascoltare l'insegnamento degli apostoli e nella unione fraterna, nella frazione del pane e nelle preghiere.... Tutti coloro che erano diventati credenti stavano insieme e tenevano ogni cosa in comune; chi aveva proprietà e sostanze le vendeva e ne faceva parte a tutti, secondo il bisogno di ciascuno. ...

At 4,32-33: La moltitudine di coloro che erano venuti alla fede aveva un cuor solo e un'anima sola e nessuno diceva sua proprietà quello che gli apparteneva, ma ogni cosa era fra loro comune. Con grande forza gli apostoli rendevano testimonianza della risurrezione del Signore Gesù e tutti essi godevano di grande stima. Nessuno infatti tra loro era bisognoso...

1Cor 10,16-17: Il calice di benedizione che noi benediciamo, non è forse comunione con il sangue di Cristo? E il pane che noi spezziamo, non è forse comunione con il corpo di Cristo? Poiché c'è un solo pane, noi, pur essendo molti, siamo un corpo solo; tutti infatti partecipiamo dell' unico pane.

Rm 12,3-8: Per la grazia di dio che mi è stata concessa, io dico a ciascuno di voi: non valutatevi più di quanto è conveniente, ma valutatevi in maniera da acere di voi un giusto concetto, ciascuno secondo la misura di fede che Dio gli ha dato. Poiché, come in un solo corpo abbiamo molte membra e queste membra non hanno tutte la stessa funzione, così anche noi, pur essendo molti, siamo un solo corpo in Cristo e ciascuno per la sua parte siamo membra gli uni degli altri. Abbiamo pertanto doni diversi secondo la grazia data a ciascuno di noi. Chi ha il dono della profezia la eserciti secondo la misura della fede; chi ha un ministero attenda al ministero; chi l'insegnamento all'insegnamento; chi l'esortazione all'esortazione. Chi dà, lo faccia con semplicità; chi presiede, lo faccia con diligenza; chi fa opere di misericordia, le compia con gioia.

Eb 12,22-24: Voi vi siete invece accostati al monte Sion e alla città del Dio vivente, alla Gerusalemme celeste e a miriadi di Angeli, all'adunanza festosa e all'assemblea dei primogeniti iscritti nei cieli, al Dio giudice di tutti e agli spiriti dei giusti portati a perfezione, al Mediatore della Nuova Alleanza e al sangue dell'aspersione dalla voce più eloquente di quello di Abele. Siamo in comunione con la Chiesa celeste.

Ef 2,19-22: Voi non siete più stranieri né ospiti, ma siete concittadini dei santi e familiari di Dio, edificati sopra il fondamento degli apostoli e dei profeti, e avendo come pietra angolare lo stesso Cristo Gesù. In lui ogni costruzione cresce ben ordinata per essere tempio santo nel Signore; in lui anche voi insieme con gli altri venite edificati per diventare dimora di Dio per mezzo dello Spirito.

**10. Credo la remissione dei peccati.**

Gesù è venuto per salvare e rimettere i peccati. Gesù ha promesso che Pietro e gli Apostoli e la Chiesa avrebbero potuto sciogliere e legare in terra con effetto nei cieli. Gesù ha ottenuto la remissione dei peccati con lo spargimento del suo sangue, con la sua morte e risurrezione. Gesù risorto ha effuso sugli Apostoli lo Spirito Santo comandando di perdonare i peccati. Gesù ha inviato gli Apostoli a tutte le genti annunciando la conversione e il perdono dei peccati. La Chiesa continua questa ministero di misericordia particolarmente attraverso i sacerdoti nel Sacramento della Penitenza o della Riconciliazione, chiamato anche Confessione.

Gv 3,17: Dio non ha mandato il Figlio nel mondo per giudicare il mondo, ma perché il mondo si salvi per mezzo di lui.

Mc 2,5: Gesù, vista la loro fede, disse al paralitico: Figliolo, ti sono perdonati i tuoi peccati.

Lc 7,48-50; Poi disse a lei: Ti sono perdonati i tuoi peccati. Allora i commensali cominciarono a dire tra sé: Chi è quest'uomo che perdona anche i peccati? Ma egli disse alla donna: La tua fede ti ha salvata; và in pace!

Lc 19,7-10: Vedendo ciò tutti mormoravano: È andato ad alloggiare da un peccatore! Ma Zaccheo, alzatosi, disse al Signore: Ecco, Signore, io do la metà dei miei beni ai poveri; e se ho frodato qualcuno, restituisco quattro volte tanto. Gesù gli rispose: Oggi la salvezza è entrata in questa casa, perché anch'egli è figlio di Abramo; il Figlio dell'uomo infatti è venuto a cercare e a salvare ciò che era perduto. Gesù ha perdonato i peccatori e ha promesso che altri uomini avrebbero potuto perdonare in nome di Dio, ottenendo questa possibilità attraverso la sua morte e risurrezione.

Mt 16,18-19: E io ti dico: Tu sei Pietro e su questa pietra edificherò la mia Chiesa e le porte degli inferi non prevarranno contro di essa. A te darò le chiavi del regno dei cieli, e tutto ciò che legherai sulla terra sarà legato nei cieli, e tutto ciò che scioglierai sulla terra sarà sciolto nei cieli.

Mt 18,18: In verità vi dico: tutto quello che legherete sopra la terra sarà legato anche in cielo e tutto quello che scioglierete sopra la terra sarà sciolto anche in cielo.

Mt 26,27-28: Poi prese il calice (nell'ultima cena) e, dopo aver reso grazie, lo diede loro, dicendo: Bevetene tutti, perché questo è il mio sangue dell'alleanza, versato per molti, in remissione dei peccati.

Is 53,10-12: Quando offrirà se stesso in espiazione... il giusto mio servo giustificherà molti, egli si addosserà le loro iniquità, perciò io gli darò in premio le moltitudini... perché ha consegnato se stesso alla morte ed è stato annoverato tra gli empi, mentre egli portava il peccato di molti e intercedeva per i peccatori.

Rm 3,23-25: E non c'è distinzione: tutti hanno peccato e sono privi della gloria di Dio, ma sono giustificati gratuitamente per la sua grazia, in virtù della redenzione realizzata da Cristo Gesù. Dio lo ha prestabilito a servire come strumento di espiazione per mezzo della fede, nel suo sangue, al fine di manifestare la sua giustizia...

Rm 4,24-25: Anche per noi sarà accreditato come giustizia: a noi che crediamo in colui che ha risuscitato dai morti Gesù nostro Signore, il quale è stato messo a morte per i nostri peccati ed è stato risuscitato per la nostra giustificazione.

Tt 2,11-14: È apparsa infatti la grazia di Dio, apportatrice di salvezza per tutti gli uomini, che ci insegna a rinnegare l'empietà e i desideri mondani e a vivere con sobrietà, giustizia e pietà in questo mondo, nell'attesa della beata speranza e della manifestazione della gloria del nostro grande Dio e salvatore Gesù Cristo. Egli ha dato se stesso per noi, per riscattarci da ogni iniquità (= peccato), e formarsi un popolo puro che gli appartenga, zelante nelle opere buone.

Lc 24,45-49: (Gesù prima di ascendere al cielo parlò agli Apostoli). Allora aprì loro la mente all'intelligenza delle Scritture e disse: Così sta scritto: il Cristo dovrà patire e risuscitare dai morti il terzo giorno e nel suo nome saranno predicati a tutte le genti la conversione e il perdono dei peccati, cominciando da Gerusalemme. Di questo voi siete testimoni. E io manderò su di voi quello che il Padre mio ha promesso (= lo Spirito Santo); ma voi restate in città, finché non siate rivestiti di potenza dall'alto (nella Pentecoste). Il perdono dei peccati avviene principalmente in 3 Sacramenti:

il Battesimo, la Confessione, la Unzione degli infermi.

Gv 3,5-7: Rispose Gesù a Nicodemo: In verità, in verità ti dico, se uno non nasce da acqua e da Spirito, non può entrare nel regno di Dio. Quel che è nato dalla carne è carne, e quel che è nato dallo Spirito è Spirito. Non ti meravigliare se ti ho detto: dovete rinascere dall'alto.

Mt 28,18-20: E Gesù, avvicinatosi, disse loro: Mi è stato dato ogni potere in cielo e in terra. Andate dunque e ammaestrate tutte le nazioni, battezzandole nel nome del Padre e del Figlio e dello Spirito Santo, insegnando loro ad osservare tutto ciò che vi ho comandato. Ecco, io sono con voi tutti i giorni, fino alla fine del mondo.

Mc 16,15-16: Gesù disse loro: Andate in tutto il mondo e predicate il vangelo a ogni creatura. Chi crederà e sarà battezzato sarà salvo, ma chi non crederà sarà condannato.

At 2,41: Allora quelli che accolsero la parola di Pietro furono battezzati e quel giorno si unirono a loro circa tremila persone.

At 8,35.38: Filippo, prendendo a parlare e partendo da quel passo della Scrittura, gli annunziò la buona novella di Gesù... Fece fermare il carro e discesero tutti e due nell'acqua, Filippo e l'eunuco, ed egli lo battezzò.

At 10,48: Pietro battezza Cornelio e i suoi. At 16,15: Paolo battezza Lidia e la sua famiglia. At 16,31-33: Paolo battezza il carceriere e tutti i suoi.

Tt 3,3-7: Anche noi un tempo eravamo insensati, disobbedienti, traviati, schiavi di ogni sorta di passioni e dispiaceri, vivendo nella malvagità e nell'invidia, degni di odio e odiandoci a vicenda. Quando però si sono manifestati la bontà di Dio, salvatore nostro, e il suo amore per gli uomini, egli ci ha salvati non in virtù di opere di giustizia da noi compiute, ma per sua misericordia mediante un lavacro di rigenerazione e di rinnovamento nello Spirito Santo, effuso da lui su di noi abbondantemente per mezzo di Gesù Cristo, salvatore nostro, perché giustificati dalla sua grazia diventassimo eredi, secondo la speranza, della vita eterna.

1Pt 3,18.21: Anche Cristo è morto una volta per sempre per i peccati, giusto per gli ingiusti, per ricondurvi a Dio; messo a morte nella carne, ma reso vivo nello spirito. L'arca di Noè è figura del battesimo, che ora salva voi; esso non è rimozione di sporcizia del corpo, ma invocazione di salvezza rivolta a Dio da parte di una buona coscienza, in virtù della risurrezione di Gesù Cristo, il quale sta alla destra di Dio. Il Battesimo perdona tutti i peccati commessi prima.

!Gv 2,1-2: Figlioli miei, vi scrivo queste cose per ché non pecchiate; ma se qualcuno ha peccato, abbiamo un avvocato presso il Padre: Gesù Cristo giusto. Egli è vittima di espiazione per i nostri peccati, non soltanto per i nostri, ma anche per quelli di tutto il mondo.

1Gv 1,8-10: Se diciamo che siamo senza peccato, inganniamo noi stessi e la verità non è in noi. Se riconosciamo i nostri peccati, egli che è fedele e giusto ci perdonerà i peccati e ci purificherà da ogni colpa. Se diciamo che non abbiamo peccato, facciamo di lui un bugiardo e la sua parola non è in noi.

Gc 5,16: Confessate i vostri peccati gli uni agli altri e pregate gli uni per gli altri per essere guariti.

Gv 20,20-23: E i discepoli gioirono al vedere il Signore (risorto). Gesù disse loro di nuovo: Pace a voi! Come il Padre ha mandato me, anch'io mando voi. Dopo aver detto questo, alitò su di loro e disse: Ricevete lo Spirito Santo; a chi rimetterete i peccati saranno rimessi e a chi non li rimetterete, resteranno non rimessi. A chi si confessa con umiltà e pentimento, il Vescovo o il Sacerdote, in nome della Santissima Trinità e della Chiesa, può dare il perdono dei peccati.

Lc 5,31: Gesù rispose: Non sono i sani che hanno bisogno del medico, ma i malati; io non sono venuto a chiamare i giusti, ma i peccatori a convertirsi.

E rimette i peccati anche l'Unzione degli infermi, come si vede nella Lettera di Giacomo.

Gc 5,13-15: Chi è malato, chiami a sé i presbiteri della Chiesa e preghino su di lui, dopo averlo unto con olio in nome del Signore. E la preghiera fatta con fede salverà il malato: il Signore lo rialzerà e se ha commesso peccati, gli saranno perdonati.

**11. Credo la risurrezione della carne.**

La fede cristiana crede che la vita del corpo e dell'anima non finisce definitivamente con la morte corporale, ma che invece il corpo risusciterà nell'ultimo giorno e l'anima immortale può accedere alla vita eterna. Queste due cose sono state promesse da Gesù a chi riceve l'Eucaristia. È un punto fondamentale della fede che Cristo è risuscitato e che esiste risurrezione dei morti. Gesù ha contestato i sadducei che non la credevano, ha affermato che lui è la Risurrezione e la Vita, ha risuscitato alcuni morti, e ha promesso che chiunque crede in lui lo risusciterà nell'ultimo giorno.

Gv 6,39-40: E questa è la volontà di colui che mi ha mandato, che io non perda nulla di quanto egli mi ha dato, ma lo risusciti nell'ultimo giorno. Questa infatti è la volontà del Padre mio, che chiunque vede il Figlio e crede in lui abbia la vita eterna; io lo risusciterò nell'ultimo giorno.

Gv 6,54: Chi mangia la mia carne e beve il mio sangue ha la vita eterna e io lo risusciterò nell'ultimo giorno.

Gv 11,23-26: Gesù le disse: Tuo fratello risusciterà. Gli rispose Marta: So che risusciterà nell'ultimo giorno. Gesù le disse: Io sono la risurrezione e la vita; chi crede in me, anche se muore, vivrà; chiunque vive e crede in me non morrà in eterno.

1Cor 15,16-24.26.28: Se infatti i morti non risorgono, neanche Cristo è risorto; ma se Cristo non è risorto, è vana la vostra fede e voi siete ancora nei vostri peccati. E anche quelli che sono morti in Cristo sono perduti. Se poi noi abbiamo avuto speranza in Cristo soltanto in questa vita, siamo da compiangere più di tutti gli uomini. Ora, invece, Cristo è risuscitato dai morti, primizia di coloro che sono morti. Poiché se a causa di un uomo venne la morte, a causa di un uomo verrà anche la risurrezione dei morti; e come tutti muoiono in Adamo, così tutti riceveranno la vita in Cristo. Ciascuno però nel suo ordine: prima Cristo, che è la primizia; poi, alla sua venuta, quelli che sono di Cristo; poi sarà la fine, quando egli consegnerà il regno a Dio Padre, dopo aver ridotto al nulla ogni principato e ogni potestà e potenza. L'ultimo nemico ad essere annientato sarà la morte, perché ogni cosa ha posto sotto i suoi piedi. E quando tutto gli sarà stato sottomesso,anche lui, il figlio, sarà sottomesso a Colui che gli ha sottomesso ogni cosa, perché dio sia tutto in tutti.

1Cor 15,51-58: Ecco, io vi annunzio un mistero: non tutti, certo, moriremo, ma tutti saremo trasformati, in un istante, in un batter d'occhio, al suono dell'ultima tromba; suonerà infatti la tromba e i morti risorgeranno incorrotti e noi saremo trasformati. È necessario infatti che questa corpo corruttibile si vesta di incorruttibilità e questo corpo mortale si vesta di immortalità. Quando poi questo corpo corruttibile si sarà vestito di incorruttibilità e questo corpo mortale si sarà vestito di immortalità, si compirà la parola della Scrittura: La morte è stata ingoiata per la vittoria: Dov'è, o morte, la tua vittoria? Dov'è, o morte, il tuo pungiglione? Il pungiglione della morte è il peccato e la forza del peccato è la legge. Siano rese grazie a Dio che ci dà la vittoria per mezzo del signore nostro Gesù Cristo! Perciò, fratelli carissimi, rimanete saldi e irremovibili, prodigandovi sempre nell'opera del Signore, sapendo che la vostra fatica non è vana nel Signore.

Rm 8,10-11: Se lo Spirito di colui che ha risuscitato Gesù Cristo dai morti abita in voi, colui che ha risuscitato Gesù Cristo dai morti, darà la vita anche ai vostri corpi mortali.

**12. Credo la vita eterna. Amen.**

Già in questa vita terrena i cristiani possono avere in Cristo la vita eterna, vivendo da risorti, in grazia di Dio, con il dono dello Spirito. Con la morte corporale l'anima immortale riceve un giudizio individuale ed accede al Paradiso o Purgatorio o Inferno. Gesù prepara un posto nella Casa del Padre: chi ha praticato le opere di misericordia risplende nel regno che fu preparato.

Gv 5,24: In verità, in verità vi dico: chi ascolta la mia parola e crede a Colui che mi ha mandato, ha la vita eterna e non va incontro al giudizio, ma è passato dalla morte alla vita.

Gv 17,3-4: Perché tu gli (=al Figlio) hai dato potere sopra ogni essere umano, perché egli dia la vita eterna a tutti coloro che gli hai dato. Questa è la vita eterna: che conoscano te, unico vero Dio, e colui che hai mandato, Gesù Cristo.

Rm 6,4: Per mezzo del battesimo siamo dunque stati sepolti insieme con lui nella morte, perché come Cristo fu risuscitato dai morti per mezzo della gloria del Padre, così anche noi possiamo camminare in una vita nuova. ... Così anche voi consideratevi morti al peccato, ma viventi per Dio, in Cristo Gesù.

2Cor 5,17: Quindi se uno è in Cristo è una creatura nuova; le cose vecchie sono passate, ecco ne sono nate di nuove.

Col 3,1-17. Se dunque siete risorti con Cristo, cercate le cose di lassù... voi siete morti e la vostra vita è ormai nascosta con Cristo in Dio. Quando si manifesterà

Cristo, la vostra vita, allora anche voi sarete manifestati con lui nella gloria . Mortificate dunque quella parte di voi che appartiene alla terra.... Rivestitevi come eletti di Dio, santi e amati, di sentimenti di misericordia, bontà, umiltà, mansuetudine e pazienza... Come il Signore vi ha perdonati, così fate anche voi. Al di sopra di tutto vi sia la carità, vincolo della perfezione, e la pace di Cristo regni nei vostri cuori... La parola di Cristo dimori tra voi abbondantemente... cantando a Dio di cuore e con gratitudine salmi, inni e cantici spirituali. Tutto quello che fate in parole ed opere, tutto si compia nel nome di Gesù Cristo, rendendo per mezzo di lui grazie a Dio Padre.

Gal 5,16-25: Vi dico dunque: camminate secondo lo Spirito e non sarete portati a soddisfare i desideri della carne. Del resto le opere della carne sono ben note: fornicazione, impurità, libertinaggio, idolatria, stregonerie, inimicizie, discordia, ... ubriachezze, orge e cose del genere... Il frutto dello Spirito invece è amore, gioia, pace, pazienza, benevolenza, bontà, fedeltà, mitezza e dominio di sé... Ora quelli che sono di Cristo Gesù hanno crocifisso la carne con le sue passioni e i suoi desideri. Se pertanto viviamo dello spirito, camminiamo anche secondo lo Spirito.

Ef 6,10-20: Per il resto, attingete forza nel Signore e nel vigore della sua potenza. Rivestitevi dell'armatura di Dio per poter resistere alle insidie del diavolo... cinti i fianchi con la verità, rivestiti con la corazza della giustizia, ... lo zelo per propagare il vangelo della pace, ... lo scudo della fede, l'elmo della salvezza, la spada dello Spirito, cioè la parola di Dio. Pregate con ogni sorta di preghiere e di suppliche nello Spirito, vigilando con perseveranza e pregando per tutti i santi e anche per me...

La vita secondo Dio comincia qui in questa terra in maniera precaria e limitata, già ma non ancora, e raggiunge la sua perfezione nella Casa del Padre per tutta l'eternità: è la vita eterna vera e propria.

Gv 14,1-6: "Non sia turbato il vostro cuore. Abbiate fede in Dio e abbiate fede anche in me. Nella casa del Padre mio vi sono molti posti. Se no ve lo avrei detto. Io vado a prepararvi un posto;quando sarò andato e vi avrò preparato un posto, ritornerò e vi prenderò con me, perché siate anche voi dove sono io. E del luogo dove io vado, voi conoscete la via". Gli disse Tommaso: "Signore, non sappiamo dove vai e come possiamo conoscere la via?" Gli disse Gesù: "Io sono la via, la verità e la vita. Nessuno viene al Padre se non per mezzo di me". Gesù prepara un posto a tutti nella casa del Padre.

Lc 23,42-43: E (il buon ladrone) aggiunse: “Gesù, ricordati di me quando entrerai nel tuo regno”. Gli rispose: “Oggi sarai con me nel paradiso”.

Lc 16,22-23: (Nella parabola del ricco e del povero Lazzaro dice Gesù) “Un giorno il povero morì e fu portato dagli angeli nel seno di Abramo. Morì anche il ricco e fu sepolto. Stando nell’inferno tra i tormenti, levò gli occhi e vide di lontano Abramo e Lazzaro accanto a lui.”

Mt 25,31-46: Quando il Figlio dell’uomo verrà nella sua gloria con tutti i suoi angeli, si siederà sul trono della sua gloria. Saranno riunite davanti a lui tutte le genti ed egli separerà gli uni dagli altri… alla sua destra e alla sua sinistra. Dirà a quelli della sua destra: “Venite, benedetti del Padre mio, ricevete in eredità il regno preparato per voi fin dalla fondazione del mondo, perché io ho avuto fame e mi avete dato da mangiare… ogni volta che avete fatto questo a uno solo di questi miei fratelli più piccoli, l’avete fatto a me. … Poi dirà a quelli posti alla sua sinistra… Ma egli risponderà: In verità vi dico: ogni volta che non avete fatto queste cose a uno di questi miei fratelli più piccoli, non l’avete fatto a me. E se ne andranno, questi al supplizio eterno, e i giusti alla vita eterna.

Mt 5,3-12: Beati i poveri in spirito, perché di essi è il regno dei cieli… Beati voi quando vi insulteranno, vi perseguiteranno e , mentendo, diranno ogni sorta di male contro di voi per causa mia. Rallegratevi ed esultate, perché grande è la vostra ricompensa nei cieli.

2Cor 5,1.5-10: Sappiamo infatti che quando verrà disfatto questo corpo, nostra abitazione sulla terra, riceveremo un’abitazione da Dio,una dimora eterna, non costruita da mani di uomo, nei cieli. … Dio ci ha fatti per questo e ci ha dato la caparra dello Spirito. Così dunque siamo sempre pieni di fiducia e sapendo che finché abitiamo nel corpo siamo in esilio lontano dal Signore, camminiamo nella fede e non ancora in visione. Siamo pieni di fiducia e preferiamo andare in esilio dal corpo ed abitare presso il Signore. Perciò ci sforziamo, sia dimorando nel corpo sia esulando da esso, di essere a lui graditi. Tutti infatti dobbiamo comparire davanti al tribunale di Cristo per ricevere la ricompensa delle opere compiute finché era nel corpo, sia in bene che in male.

Fil 1,21-24: Per me infatti il vivere è Cristo e il morire un guadagno. Ma se il vivere nel corpo significa lavorare con frutto, non so davvero cosa debba scegliere. Sono messo alle strette tra queste due cose: da una parte il desiderio di essere sciolto dal corpo per essere con Cristo, il che sarebbe assai meglio; d’altra parte è più necessario per voi che io rimanga nella carne.

2Tm 4,6-8: Quanto a me, il mio sangue sta per essere sparso in libagione ed è giunto il momento di sciogliere le vele. Ho combattuto la buona battaglia, ho terminato la corsa, ho conservato la fede. Ora mi resta solo la corona di giustizia che il Signore, giusto giudice, mi consegnerà in quel giorno; e non solo a me, ma anche a tutti quelli che aspettano con amore la sua manifestazione.

Eb 12,22-24: Voi vi siete invece accostati al monte Sion e alla città del Dio vivente, alla Gerusalemme celeste e a miriadi di angeli, all'adunanza festosa e all'assemblea dei primogeniti iscritti nei cieli, al Dio giudice di tutti e agli spiriti dei giusti portati alla perfezione, al Mediatore della Nuova Alleanza e al sangue dell'aspersione dalla voce più eloquente di quello di Abele.

## Conferenza Missionaria

## La vocazione, la pratica e la pedagogia missionaria di Gesù

(fatta dal P. Dante Volpini SX il13/10/2002 a Piracicaba in Brasile e da lui tradotta)

1. **La Vocazione di Gesù.**

**1.1**La vocazione è una chiamata che esige ascolto e disponibilità. Si riconosce la grandezza e bontà di Dio, si riconoscono le necessità degli altri, si vincono le difficoltà, si accetta inizialmente e continuamente di compiere la propria missione. I Vangeli dicono che Gesù è il Servo di Dio, è il Re, è il buon pastore, è la luce, è il Figlio di Dio. Gesù stesso dice che è stato mandato dal Padre, Egli sempre ascolta la voce del Padre, e compie la Volontà del Padre, Gesù è obbediente. Il Figlio è la Parola del Padre. Ci sono tre citazioni che indicano la piena divinità di Gesù e la sua sintonia con il Padre: Gv 1,1-2; Fil 2,6-11; Cl 1,15.

**1.2**La vocazione esige che il vocazionato abbia un cambiamento e veramente Gesù l'avuto, assumendo la sua annichilazione. Il Figlio di Dio ha assunto la carne umana, ha accettato di compiere la sua missione ed è stato fedele, come mostra Fil 2,7-8.

**1.3**Esistono segni di vocazione, o meglio segni della missione che il messia salvatore, il Figlio del Dio vivente che ha assunto la natura umana, è venuto a compiere. È un inviato speciale per compiere una missione. Lui è il Missionario del Padre, l'inviato per salvare l'umanità.

**1.4**La nuova Alleanza comincia con il Sì del Figlio al Padre. La lettera agli Ebrei fotografa il momento in cui il Figlio accetta ed è concepito, entrando nel mondo. Eb 10,5-10 dopo aver ripreso il Sl 39/40,7-9, e aver affermato che non sono accette le cose offerte secondo la Legge (v. 8), nel v. 9 "soggiunge Ecco io vengo per fare la tua volontà. Così egli abolisce il primo sacrificio (= la prima alleanza) per costituire quello nuovo (= la nuova alleanza)" e conclude nel v. 10: "Mediante quella volontà siamo stati santificati per mezzo dell'offerta del corpo di Gesù Cristo, una volta per sempre". Nello stesso istante in cui Maria dice in terra: "Ecco la serva del Signora, si faccia di me secondo la tua parola" (Lc 1,38), il Figlio, il verbo di Dio, dice al Padre: "Ecco io vengo per fare la tua volontà" (Sl 39/40,8-9 e Eb 10,7). E così "il Verbo si fece carne e abitò fra noi" (Gv 1,14).

**1.5**La missione di Gesù è rivelata dal suo stesso nome. "Ecco che concepirai e darai alla luce un figlio e lo chiamerai Gesù. Sarà grande e sarà chiamato

Figlio dell'Altissimo... e il suo regno non avrà fine (Lc 1,31-33a ). E l'Angelo dice a Giuseppe: "Giuseppe, figlio di David, non temere... ha concepito per opera dello Spirito Santo. Darà alla luce un figlio che chiamerai Gesù, perché salverà il suo popolo dai suoi peccati" (Mt 1,20b-21). Jahvè-shalom, Jo-sha, o Je-sha, Gesù, significa: Dio dà la pace, Dio porta la salvezza.

**1.6**La missione di Gesù è riconosciuta dal vecchio Simeone nella presentazione di Gesù al Tempio 40 giorni dopo la nascita: Ora puoi lasciarmi andare in pace... i miei occhi hanno visto la salvezza davanti a tutti i popoli. Sarà gloria del suo popolo, ma sarà anche luce e salvezza per le nazioni, per tutti i popoli (Lc 2,29-32).

**1.7**A dodici anni Gesù compie una cerimonia che sorse in quell'epoca per i ragazzi ebrei a dodici anni: il "bar-mitzvà" (= figlio del comandamento). Il ragazzo è istruito dai rabbini: "lo incontrarono nel Tempio seduto in mezzo ai rabbini ascoltandoli e interrogandoli e erano meravigliati dalle sue risposte" (Lc 2,46-47). Per la prima volta mette il "tallid" (il manto con le frange) e il "chipà" (il cappellino rotondo uguale a quello dei vescovi) e per la prima volta proclama o canta la Sacra Scrittura e dopo proclama la propria vocazione: "Non sapete che devo occuparmi delle cose del Padre mio?" (Lc 2,49).

**1.8**Nel Battesimo del Giordano e nella Trasfigurazione nel monte Tabor (o Hermon) è il Padre stesso che proclama Gesù suo Figlio alla presenza dello Spirito Santo: Questo è il mio figlio diletto nel quale ho posto la mia compiacenza. Ascoltatelo." (Mt 3,17 e 17,5). Gesù è l'inizio della nuova umanità nella quale il Padre si compiace.

**1.9**Gesù adulto manifesta che è cosciente della sua missione nella sinagoga di Nazaret davanti ai suoi compaesani. Legge quel passo di Isaia che Lo identifica come il Messia, il Cristo, l'Unto e Inviato da Dio, e che identifica la missione di ogni cristiano, cioè di ogni seguace, consacrato e inviato, di Gesù Cristo. Gesù sceglie il passo dove Isaia dice: Lo Spirito del Signore è su di me, mi ha unto e inviato ad annunciare la buona novella ai poveri, a sanare i contriti di cuore,..." (Lc 4,18-19 = Is 62,1-2). Ed afferma che la profezia si sta realizzando in lui. "Oggi si compie la profezia che avete udito" (v. 21). E aggiunge che come Elia fu inviato alla vedova straniera di Sarepta e Eliseo a Naaman il Siro, così lui sarà più accetto fuori patria che dentro (Lc 4, 24-31).

**1.10**La missione di Gesù è ben definita in questi quattro passi: 1) "Come Mosè innalzò il serpente nel deserto, così bisogna che sia innalzato il Figlio dell'uomo, perché chiunque crede in lui abbia la vita eterna. Dio infatti ha tanto amato il mondo da dare il Figlio unigenito, perché chiunque crede in lui non vada perduto, ma abbia la vita eterna. Dio, infatti, non ha mandato il Figlio nel mondo per condannare il mondo, ma perché il mondo sia salvato per mezzo di lui." (Gv 3,14-17). 2) "...Chi vuole essere il primo tra voi, sarà vostro schiavo. Come il Figlio dell'uomo, che non è venuto per farsi servire, ma per servire e dare la propria vita in riscatto per molti" (Mt 20,27-28). 3) "Il centurione che si trovava davanti a lui, avendolo visto spirare in quel modo, disse: 'Davvero quest'uomo era Figlio di Dio '" (Mc 15,39). 4) "Gli rispose Tommaso: 'Mio Signore e mio Dio!' Gesù gli disse: 'Perché mi hai veduto, tu hai creduto; beati quelli che non hanno visto e hanno creduto '. Gesù, in presenza dei suoi discepoli, fece molti altri segni che non sono stati scritti in questo libro. Ma questi sono stati scritto perché crediate che Gesù è il Cristo, il Figlio di Dio, e perché, credendo, abbiate la vita nel suo nome." (Gv 20,28-31)

Dopo aver considerato la vocazione di Gesù, quale è la sua missione, vedremo ora quale è stata la sua pratica, cioè le tappe che segnarono la vita pubblica di Gesù nel realizzare questa missione, questo cammino di salvezza.

## 2. La pratica di Gesù e la sua testimonianza contagiante.

**2.1** All'inizio della sua vita pubblica, Gesù vuole che le persone scelgano, si decidano per il Regno di Dio. Giovanni Battista aveva preparato le vie del Signore, aveva battezzato Gesù e l'aveva mostrato come l'Agnello di Dio che avrebbe tolto i peccati del mondo. Giovanni Battista era stato poi ucciso da Erode perché ne rimproverava l'adulterio. Gesù comincia da dove Giovanni Battista aveva terminato, chiedendo la conversione di tutti. "Dopo che Giovanni fu arrestato, Gesù andò nella Galilea, proclamando il vangelo di Dio, e diceva: 'Il tempo si è compiuto e il regno di Dio è vicino; convertitevi e credete nel Vangelo '" (Mc 1,14-15).

Il primo miracolo di Gesù è un cambiamento, una conversione. L'acqua trasformata in vino, su richiesta di Maria, non è solo un aiuto agli sposi per continuare la festa, ma anche un segno. Il primo vino che è finito significa la prima alleanza solo con gli Ebrei. Il secondo vino prodotto da Gesù è nuovo, migliore e dura tutta la festa, è segno della nuova ed eterna Alleanza, con tutti i popoli, che sarà realizzata da Gesù nella sua Ora, attraverso il suo Sangue.

All'inizio della predicazione di Gesù avvengono due cose molto significative. La prima è che Lui chiama persone a seguirlo: 'Venite dietro a me, vi farò pescatori di uomini ' (Mc 1,17). La seconda è che Lui libera alcune persone dal demonio (Mc 1,23-26; Lc 4,31-37). Gesù vuole che le persone si convertano, lascino il cammino sbagliato e seguano a Lui che è segno di salvezza, segno del Regno di Dio, e intermediario della Nuova Alleanza. 'Convertitevi e credete al Vangelo (credete in Me che sono la Buona Notizia per voi)'.

**2.2**La vita pubblica di Gesù è raccontata dagli Evangelisti in tre grandi parti. Seguiamo questo nel Vangelo di Luca, dove è molto chiaro. Il ministero di Gesù nella Galilea va da Lc 4,14 a 9,50. Nella Galilea Gesù proclama il Sermone della Montagna e altri insegnamenti, ma il Vangelo presenta più diffusamente le opere miracolose di Gesù. Gesù è buono, misericordioso, Egli cura gli ammalati con potere e gloria: "i ciechi riacquistano la vista, gli zoppi camminano, i lebbrosi sono purificati, i sordi odono, i morti risuscitano, ai poveri è annunciata la buona notizia"(Lc 7,22). Egli cura il corpo e perdona i peccati, allontana il male dalle persone (il maligno e i mali). Si avvicinò alla cassa del figlio e dice alla vedova di Naim: 'Donna, non piangere ' e le consegna il figlio vivo (Lc 7,11-17). Risuscita la figlia di Giairo, di dodici anni; 'Talita cumi! Giovinetta, alzati ' (Lc 8,54) e la prende per mano e lo spirito di vita ritorna in lei e lui chiede che le diano da mangiare (Battesimo, Cresima e Comunione). Perfino l'orlo del suo manto è miracoloso e la donna che aveva flusso di sangue rimane curata (Lc 8,43-48). "Tutta la folla cercava di toccarlo, perché da lui usciva una forza che curava tutti" (Lc 6,19). La parola di Gesù comanda e le cose avvengono: "Dico a te – disse al paralitico – alzati, prendi il tuo lettuccio e torna a casa tua" Subito egli si alzò davanti a loro ... glorificando Dio. (Lc 5,24-25). "Stendi la tua mano" e la mano paralizzata ricupera i movimenti in giorno di sabato (Lc 6,10). "Ed egli. destatosi, minacciò il vento e le acque in tempesta: si calmarono e fu bonaccia" (Lc 8,24). E perfino i suoi ordini a distanza ottengono l'effetto: "Dì una parola e il mio servo sarà guarito... quando tornarono a casa, trovarono il servo guarito (Lc 7,7.10). Gesù ha compassione, agisce divinamente, valorizza la fede delle persone, concede le sue grazie.

**2.3**Nel viaggio di Gesù a Gerusalemme, da Lc 9,51 a Lc 19,28, Gesù è meno Taumaturgo, meno Miracoloso, ed è più il Profeta, il Maestro che sta istruendo i suoi apostoli e i suoi discepoli. Le parole di Gesù esigono di più, alle volte sono perfino taglienti. "Nessuno che mette mano all'aratro e poi si volge indietro è adatto per il regno di Dio" (Lc 9,62). "Se uno viene a me e non mi ama più di quanto ami suo padre, la madre, la moglie, i figli, i fratelli, le sorelle e perfino la propria vita, non può essere mio discepolo. Colui che non porta la propria croce e non viene dietro a me, non può essere mio discepolo" (Lc 14,25-27). "Chi si esalta sarà umiliato e chi si umilia sarà esaltato" (Lc 18,14) e "È più facile per un cammello passare per la cruna di un ago, che per un ricco entrare nel regno di Dio!" (Lc 18,25). Ma allo stesso tempo egli mostra l'amore di Dio che dobbiamo imitare e il suo cammino che dobbiamo seguire: la rinuncia e la dedicazione ci aprono il cammino della fede e della salvezza. Le parabole sul progetto del ricco (Lc 12,13-21) e sul ricco e il povero Lazzaro (Lc 16,19-31) mostrano che il denaro è solo un mezzo e deve essere relativizzato per non impedire di ottenere la ricchezza vera e dare attenzione a Dio e al prossimo con condivisione e solidarietà (Lc 16,9-13). L'orazione insistente educa il cuore alla fiducia nel Padre, nel Signore, che è il nostro tesoro più grande (Lc 11,1-13). L'umiltà dell'ultimo posto (Lc 14,7-14), il soccorrere il nemico (Lc 10,25-37), la misericordia che il Padre ha con noi e che noi dobbiamo avere con gli altri (Lc 15,1-31; 19,1-7) sono virtù che il cristiano non può lasciare da parte. I talenti ricevuti debbono produrre frutti per il Signore nostro Dio e per il bene dei nostri simili (Lc 19,11-27; 20,9-17). Così la vigilanza della preghiera e della carità prevarrà sulle passioni mondane (Lc 21,34-36) e i giusti otterranno il regno e siederanno alla mensa con il Signore (Mt 25,34.46; Lc 22,28-30).

**2.4**Gli ultimi giorni di Gesù in Gerusalemme, da Lc 19,29 a Lc 21,38 e la Passione e Risurrezione di Gesù, da Lc 22,1 a Lc 24,53 mostrano che Gesù è il centro della Storia, è l'A e l'Ω, e mostrano che Gesù è e ha l'Amore del Padre, inaugurando la Nuova Alleanza nel suo sangue e nella vita nuova. La Santa Cena inizia la sua offerta (Lc 22,19-20), l'agonia nell'Orto degli Olivi mostra il suo sudore di sangue e la sua obbedienza per puro amore: "Padre, se vuoi, allontana da me questo calice! Tuttavia non sia fatta la mia, ma la tua volontà" (Lc 22,42-44). Lui sopporta la sua dura passione, ma le sue sofferenze fisiche e le sue angustie morali sono superate dall'amore. Per amore egli perdona i suoi persecutori: "Padre, perdona loro perché non sanno quello che fanno" (Lc 23,34), perdona il buon ladrone: "In verità io ti dico: oggi con me sarai nel paradiso" (Lc 23,43), si consegna, senza ribellione e senza nervosismo, ma con amore, al Padre: "Padre, nelle tue mani consegno il mio spirito" (Lc 23,46). Questo olocausto di Gesù non è solo per la salvezza di alcuni, ma per la salvezza di tutti. Nella Cena aveva detto: "Questa è la Nuova Alleanza nel mio sangue, che è versato per voi" (Lc 22,20), "che è versato per molti" (Mc 14,24), "che è versato per molti, per il perdono dei peccati" (Mt 26,28), e "Padre, che tutti siano uno perché il mondo creda" (Gv 17,21) e dopo la risurrezione: "Andate e fate discepoli tutti i popoli..." (Mt 28,19-20), "andate in tutto il mondo" (Mc 16.15) e "nel suo nome saranno predicati a tutti i popoli la conversione e il perdono dei peccati" (Lc 24,47).

**2.5**La prima pedagogia di Gesù è la sua testimonianza pratica: così come Lui esige e agisce, così il Teofilo. L'amico di Dio, il cristiano seguace di Gesù Cristo è chiamato ad agire. Se Gesù manda via i demoni da alcune persone e chiama altri ad essere pescatori di uomini, significa che occorre abbandonare il male e il maligno, e seguire il bene, seguire Gesù. "Convertitevi e credete nel Vangelo, nel Regno di Dio" e "Non sono venuto a chiamare i giusti, ma i peccatori" (Lc 5,32) significa che il cristiano è chiamato ad abbandonare i propri peccati, le proprie dipendenze, e seguire le virtù del Messia. La sobrietà del digiuno, la carità dell'elemosina e la dedicazione nella preghiera esigono umiltà e mansuetudine, spogliamento e perseveranza.

**2.6**Il ministero di Gesù nella Galilea mostra un Gesù che è vicino ai poveri e agli ammalati, un Gesù che ha compassione e cura. Gesù mostra che chi vuol seguirlo non può essere egoista e avaro, accomodato o avido. Gesù vuole che le persone che lo seguono siano altruiste, attente e dedicate al bene degli altri, alla cura degli ammalati, all'aiuto generoso del prossimo. Gesù vuole con sé uomini e donne buoni, altruisti, generosi, con bontà di cuore.

**2.7**Nel suo viaggio a Gerusalemme, Gesù si presenta come il Maestro e vuole che i suoi seguaci siano suoi discepoli. La mentalità deve cambiare e i criteri personali devono lasciare il posto ai criteri evangelici. L'Antica Alleanza deve lasciar il posto alla Nuova Alleanza (Lc 16,16). La bontà umana non è sufficiente. Il discepolo di Gesù ha bisogno della grazia divina per cercare il cammino del distacco dalle cose, dalle persone e da se stesso, per ottenere una fede radicale e coerente. Il discepolo di Gesù ha bisogno della grazia di Dio per seguire il cammino della carità e del perdono, della giustizia e della misericordia. È solo con la grazia dello Spirito Santo che si ottiene di produrre frutti per il Signore con coerenza e perseveranza.

**2.8**Il Mistero Pasquale di Gesù, la sua morte e risurrezione, insegnano al discepolo cristiano a vivere il proprio Battesimo, morendo al peccato e vivendo come figlio/a di Dio. Assumendo se stesso/a come figlio/a di Dio, della Luce, il cristiano impara ad accettare i sacrifici con amore. Se Gesù seppe accettare la Volontà del Padre fino alla morte di croce, se Gesù seppe perdonare i suoi aguzzini e si offrì con amore al Padre per la salvezza di tutti, anche i cristiani sono chiamati a realizzare la Volontà del Padre anche quando costa sacrificio, a perdonare il prossimo quando non sa cosa sta facendo o non ne capisce le conseguenze, a offrirsi con amore al Padre per la salvezza di tutti anche quando le cose non vanno come ci piacerebbe che andassero. La vita cristiana comporta ascetica e mistica. Ascetica è il cammino in salita, dove il cristiano si corregge e cerca di imitare Gesù; Mistica è la contemplazione dell'Amore di Dio e la vita nello Spirito Santo. Lo spirito missionario aiuta le persone a lavorare per il Regno di Dio nel territorio in cui vivono e a offrire le proprie preghiere, sacrifici e azioni per la salvezza di altri territori e del Mondo intero: "Il mio sangue è sparso per voi e per tutti", come Gesù.

**2.9**Luca mostra come Gesù ha inviato dal Padre lo Spirito Santo per formare la Chiesa alla comunione e alla missione: "Riceverete lo Spirito Santo e sarete miei testimoni a Gerusalemme, in Giudea e in Samaria e fino ai confini della terra" (At 1,8). Lo Spirito Santo ha formato le comunità che perseveravano nella dottrina degli apostoli, nelle riunioni in comune, nello spezzare il pane e nelle preghiere (At 2,42) e mettevano gli averi in comune (At 4,32). E comunità che inviavano missionari a formare nuove comunità tra i pagani (At 13,1; 14,27; ...). Ogni cristiano è chiamato a partecipare alla comunità parrocchiale e diocesana, e anche a partecipare alla diffusione del Vangelo e del Regno di Dio nel mondo intero.

## 3. La pedagogia della Nuova Alleanza.

Gesù dà agli Apostoli e ai discepoli le coordinate della Nuova Alleanza, cioè i vari elementi che sostituiscono altri elementi dell'Antica Alleanza, dando un senso più profondo e più vero. Quali sono?

**3.1**Il nuovo Tempio è il Corpo di Gesù. "Distruggete questo tempio e in tre giorni lo riedificherò. Egli parlava del tempio del suo corpo" (Gv 2,19.21).

**3.2**Il nuovo sacerdote è lo stesso Gesù (Mc 14,22-24). Egli è il buon pastore (Gv 10,11), la Via, la Verità e la Vita (Gv 14,6). Lui è il nuovo Maestro: "Fu detto, ... ma io vi dico (Mt 5,21-22.27-28. ... ). È lui che dà la vita per la salvezza del mondo (Gv 10,17).

**3.3**La nuova Legge è l'Amore di Gesù, cioè lo Spirito Santo. "Amatevi gli uni gli altri come Io ho amato voi. Da questo vi riconosceranno che siete miei discepoli" (Gv 13,34-35). L'amore al prossimo manifesta l'amore di Dio (1Gv 3,16; 4.11-14). È l'amore divino (Rm 5,5), la carità (1Cor 13,4-8), con rispetto, giustizia, misericordia e fedeltà (Mt 23,23). È questa la maglia della squadra di Gesù.

**3.4**Il nuovo Sacrificio, il Sacrificio della Nuova Alleanza è Lui immolato sulla croce, è il suo Corpo sacrificato, il suo Sangue versato. Nella stessa ora in cui erano immolati gli agnelli della Pasqua ebraica, l'Agnello di Dio che toglie i peccati del mondo è immolato nella Pasqua nuova e definitiva. La cena pasquale antica è modificata da Gesù nella Santa Cena. Egli dà il suo Corpo e il suo Sangue per rimanere in noi e attuare in noi così che tutti abbiano vita e vita in abbondanza.

**3.5**Il nuovo giorno del Signore è la Domenica, il giorno della Risurrezione, il giorno in cui si manifesta vivo, il giorno dello Spezzare il pane nella Messa, nell'assemblea cristiana. È il primo giorno della creazione e il primo giorno della settimana. È il giorno della famiglia e della carità (cf. Dies Domini).

**3.6**La nuova Terra Promessa è la vita nella grazia divina, la vita eterna e la risurrezione finale. La vita eterna già comincia qui nella anima che ha la presenza di Dio, la grazia divina. La persona che ha una fede coerente, si alimenta della Parola e della Eucaristia, frequenta abitualmente la Chiesa, soccorre i propri fratelli e i simili, ha devozione a Maria e ai suoi futuri compagni,... segue Gesù, la sua Via, Verità e Vita. Ha la vita eterna "già qui e ora, ma non ancora completamente...". La Vita Eterna continua in maniera più perfetta dopo la morte, nella casa del Padre, nel posto che Gesù ha preparato, nella gloria del Paradiso, dove c'è la visione chiara (2Cor 5,7), pace e anore nello Spirito Santo, gioia e felicità per sempre. Nell'Ultimo Giorno si compirà la Gerusalemme Celeste, nostra madre, la risurrezione dei corpi, i nuovi cieli e la nuova terra, la pienezza della risurrezione, la vittoria della vita, del Regno eterno, le nozze eterne in Cielo, l'eternità felice con Dio.

**3.7**Il nuovo popolo è il Popolo dei cristiani, la Chiesa di Gesù Cristo,, il Regno di Dio in terra. È il nuovo Israele, è il popolo di quelli che credono nel Signore Gesù, che sono santificati dal suo Sangue (Eb 10,14), e animati dallo Spirito Santo seguono e annunciano il Maestro Divino. È una "razza scelta e un popolo sacerdotale" (1Pt 2,9), che "dall'oriente all'occidente offrono al Signore un sacrificio perfetto" (Ml 1,11). È un popolo di tutte le razze, di tutte le culture, di tutte le lingue e le nazioni. Nonostante le diversità è un popolo che si capisce a vicenda (At 2,11), è un popolo che ha la stessa fede, è un solo corpo e un solo spirito, ha un solo Battesimo, un solo Dio e Padre di tutti (Ef 4,4-5). È un popolo che cerca la giustizia e la pace, che cerca la condivisione e il bene comune. È un popolo aperto, accogliente, che valorizza gli altri, che dialoga, che costruisce il bene. È una Chiesa che affronta calunnie, persecuzioni, prove e difficoltà, ma va avanti perché "il potere dell'inferno non potrà sopraffarla" (Mt 16,18). È un popolo che segue il signore Gesù, risorto, vincitore, che sempre conforta gli afflitti, "innalza gli umili e rimanda i ricchi a mani vuote" (Lc 1,52-53). Il

Regno di Dio è sopravissuto a tanti regni umani che sembravano invincibili e ha evangelizzato molti popoli in varie parti del mondo e ha portato moltissime persone alla gloria eterna. Il cristiano cattolico parla tutte le lingue del mondo, comunica la vita, l'amore, la speranza, la pace del Signore nostro Gesù Cristo, e cerca di portare a tutti questa conoscenza, questa salvezza che si trova nella persona di Gesù Cristo.

**4. La pedagogia missionaria di Gesù.**

**4.1** Pian piano, con la sua pedagogia missionaria, Gesù mostra agli apostoli e a tutti che la Nuova Alleanza non è destinata solo agli Ebrei, ma a tutti i popoli. Gesù, durante la sua vita pubblica, si dedica principalmente alla terra d' Israele e invia i discepoli "alle pecore perdute della casa d'Israele", ma dice parole e compie gesti che aprono la mentalità degli ascoltatori e sfoceranno nell' "Andate a tutti i popoli, predicate il mio Vangelo a ogni creatura…".

**4.2** Già nella sinagoga di Nazaret mostra che l'Antico Testamento aveva alcuni accenni di apertura nei riguardi degli stranieri: Elia aveva soccorso la fame di una vedova di Sarepta (Lc 4,25-26) e Eliseo guarì la lebbra solo a Naaman, il Siro (Lc 4,27).

**4.3** I poveri, i piccoli e i bambini erano disprezzati in Israele, ma Gesù esclama: "Beati voi, i poveri, perché vostro è il Regno dei cieli" (Lc 6,20). Gesù chiamò un bambino, lo mise in mezzo a loro e disse: "Se non diventerete come bambini, non entrerete nel regno dei cieli. E chi riceve in mio nome un bambino come questo, riceve a me" (Mt 18,3-5). Gesù esultò di gioia nello Spirito Santo e disse: "Ti rendo lode, Padre, Signore del cielo e della terra, perché hai nascosto queste cose ai sapienti e ai dotti e le hai rivelate ai piccoli. Sì, o Padre, perché così hai deciso nella tua benevolenza… Venite a me, tutti voi che siete stanchi e oppressi…" (Mt 11,25-26.28; Lc 10,21). "Allora gli furono portati dei bambini perché imponesse loro le mani e pregasse; ma i discepoli li rimproverarono. Gesù però disse: Lasciateli, non impedite che i bambini vengano a me; a chi è come loro infatti appartiene il regno dei cieli. E dopo aver imposto loro le mani andò via di là" (Mt 18,13-15). Questo avvenne nella Giudea, "al di là del Giordano" (Mt 19,1).

**4.4** Dopo il Sermone della Montagna, Gesù andò a Cafarnao e lì incontrò un centurione romano, amico degli Ebrei, che andò a intercedere per il proprio servo e credeva in una cura a distanza: "Signore, io non sono degno che tu entri sotto il mio tetto… ma dì una parola e il mio servo sarà guarito". Gesù lo ammirò e volgendosi alla folla che lo seguiva disse: "Io vi dico che neanche in Israele ho trovato una fede così grande" e guarì il servo (Lc 7,1-10).

**4.5**Per il popolo di Israele i pubblicani, quelli che riscuotevano le tasse, erano sicuramente ladri, peccatori. Gesù scelse l'Apostolo Matteo (o Levi) tra di loro (Lc 5,27), mangiò con loro (Lc 5,29-32), riconobbe che alcuni di loro si erano fatti battezzare con il battesimo di Giovanni (Lc 7,29), lasciava che gli si avvicinassero per ascoltarlo (Lc 15,1), raccontò la parabola del fariseo superbo e del pubblicano pentito (Lc 18,9-14), e convertì Zaccheo, il capo dei pubblicani di Gerico (Lc 19,1-10). Per questo Gesù disse: "In verità io vi dico: i pubblicani e le prostitute vi passano avanti nel regno di Dio..., perché hanno creduto al cammino della giustizia..." (Mt 21,31-32).

**4.6**Oltre i pubblicani, un'altra categoria di persone non era molto considerata: le donne, soprattutto se peccatrici. Una peccatrice lavò i piedi di Gesù con le sue lacrime, li asciugò con i suoi capelli e vi sparse profumo. Essa fu perdonata e lodata da Gesù: "Sono perdonati i suoi molti peccati, perché molto ha amato" (Lc 7,41-43).

**4.7**Due donne con il fratello Lazzaro abitavano di qua dal Giordano, vicino a Gerusalemme, a Betania. Marta lavorava molto, Maria si sedeva ai piedi di Gesù e lo ascoltava. Marta era la azione, Maria la contemplazione (Lc 10,38-42). Vedendole piangere, Gesù pianse anche lui e risuscitò Lazzaro (Gv 11,1-44).

**4.8**Il Vangelo di Giovanni racconta della donna sorpresa in adulterio e trascinata davanti a Gesù nella spianata del Tempio di Gerusalemme... "Chi di voi è senza peccato, getti per primo la pietra contro di lei" disse Gesù... e poi disse alla donna: "Donna, dove sono? Nessuno ti ha condannata? Neanch'io ti condanno; va e d'ora in poi non peccare più" (Gv 8,1-11).

**4.9**Le donne che accompagnavano Gesù e gli Apostoli e li assistevano con i loro beni erano donne che "erano state guarite da spiriti cattivi e da infermità" (Lc 8,1-3).

**4.10** La donna impura per le perdite di sangue da dodici anni fu curata da Gesù all'istante e Gesù volle che la sua guarigione diventasse pubblica (Lc 8,45-47).

**4.11** C'è un fatto che non è narrato dal Vangelo di Luca, ma nel Vangelo di Matteo (8 versetti) e nel Vangelo di Marco (7 versetti). È il fatto della donna Cananea. "Gesù si ritirò verso la zona di Tiro e di Sidone. Ed ecco una donna Cananea, che veniva da quella regione, si mise a gridare: Pietà di me, Signore, figlio di Davide, mia figlia è molto tormentata da un demonio. Ma egli non le rivolse neppure una parola. E i discepoli ... Esaudiscila, perché ci viene dietro gridando! Egli rispose: Non sono stato mandato se non alle pecore perdute della casa d'Israele. Ma quella si prostrò... Signore, aiutami! Ed egli rispose: Non è bene prendere il pane dei figli e gettarlo ai cagnolini! (=Va via, cagna, non hai nessun diritto). È vero, disse la donna, eppure i cagnolini mangiano le briciole che cadono dalla mensa dei loro padroni. Allora Gesù le replicò: Donna, grande è la tua fede! Avvenga come desideri. E da quell'istante la figlia fu guarita" (Mt 15,21-28; Mc 7,24-30).

**4.12** I vincoli di razza e di sangue furono dichiarati da Gesù meno importanti dei vincoli che derivano dall'ascoltare la Parola di Dio e dal metterla in pratica (Lc 8,19-21; 11,27-28).

**4.13** A nord della Giudea c'è la Samaria e più a nord c'è la Galilea. Giudei e Samaritani non vanno d'accordo fra di loro: gli uni adoravano Dio in Gerusalemme e gli altri sul Monte Garizìm. Gesù parlò con la Samaritana vicino al pozzo di Giacobbe, essa credette in lui e anche altri Samaritani credettero (Gv 4,5-38.39-42).

**4.14** Nella parabola del Buon Samaritano colui che soccorse lo sventurato fu un Samaritano, cioè uno che non era del popolo legittimo, ma ebbe attenzione e generosità. Perciò divenne simbolo dell'amore che aiuta e dello stesso Gesù che salva l'umanità (Lc 10,29-37).

**4.15** Un altro Samaritano, questa volta vivo e curato da Gesù, diede modo a Gesù di sottolineare la sua gratitudine: "Non ne sono stati purificati dieci? E gli altri nove dove sono? Non si è trovato nessuno che tornasse indietro a rendere gloria a Dio, all'infuori di questo straniero?" (Lc 17,17).

**4.16** Gesù rimproverò le città della Galilea, affermando che le città pagane si sarebbero convertite più facilmente: "Guai a te, Corazìn, guai a te, Betsàida! Perché se a Tiro e a Sidone fossero avvenuti i prodigi che avvennero in mezzo a voi, già da tempo, vestite di sacco e cosparse di cenere, si sarebbero convertite. ... E tu Cafarnao... fino agli inferi precipiterai..." (Lc 10,13-15). "La regina del Sud... venne dagli estremi confini della terra per ascoltare la sapienza di Salomone. Ed ecco, qui vi è uno più grande di Salomone. ... Gli abitanti di Ninive alla predicazione di Giona si convertirono, e qui vi è uno più grande di Giona." (Lc 11,31-32).

**4.17** In territorio pagano, nella regione di Cesarea di Filippo, Gesù chiese agli Apostoli chi era lui e Pietro rispose con fede: "Tu sei il Cristo, il Figlio del Dio vivente" e Gesù rispose: "Tu sei Petro e su questa pietra edificherò la mia Chiesa e le potenze degli inferi non prevarranno su di essa" (Mt 16,13.16-18). Era la previsione del nuovo Popolo di Dio, che crede in Gesù.

**4.18** Quando Gesù stava andando a Gerusalemme, raccontò la parabola della porta stretta, annunciò l'arrivo di molti altri. "... molti cercheranno di entrare, ma non vi riusciranno.... Direte allora: Abbiamo mangiato e bevuto in tua presenza e tu hai insegnato nelle nostre piazze. Ma egli vi dichiarerà: non so di dove siete. Allontanatevi da me, voi tutti operatori di ingiustizia. Là ci sarà pianto e stridore di denti, quando vedrete Abramo, Isacco e Giacobbe e tutti i profeti nel regno di Dio, voi invece cacciati fuori. Verranno da oriente e da occidente, da settentrione e da mezzogiorno e siederanno a mensa nel regno di Dio. Ed ecco vi saranno ultimi che saranno primi, e vi sono primi che saranno ultimi" (Lc 13,24-30). Qui è chiaro: persone del popolo che ebbe Patriarchi e Profeti saranno cacciate fuori e molti pagani di varie parti della terra otterranno la salvezza nel Regno. Gesù lo afferma anche nella parabola dei vignaioli: "Il padrone della vigna verrà, farà morire quei vignaioli e darà la vigna ad altri. ...In quel momento gli scribi e i capi dei sacerdoti cercarono di mettergli le mani addosso, ma ebbero paura del popolo. Avevano capito infatti che quella parabola l'aveva detta per loro" (Lc 20,16.19). "Gerusalemme, Gerusalemme, tu che uccidi i profeti e lapidi quelli che sono stati mandati a te, quante volte ho voluto raccogliere i tuoi figli, come una chioccia raccoglie i pulcini sotto le ali, e voi non avete voluto!"(Mt 23,37; At 7,51-53). La parabola delle nozze del figlio del re e delle persone raccolte lungo le strade e le siepi che sostituiscono i primi invitati che avevano addotto scuse, indica la Nuova Alleanza con nuovi invitati per partecipare al Banchetto (Lc 14,16-24). Sono i nuovi popoli al posto degli Ebrei.

**4.19** Dopo l'ingresso messianico di Gesù in Gerusalemme, alcuni Greci "si avvicinarono a Filippo, che era di Betsaida di Galilea, e gli chiesero: Vogliamo vedere Gesù: Filippo andò a dirlo a Andrea, e poi Andrea e Filippo andarono a dirlo a Gesù. Gesù rispose loro: "È venuta l'ora che il Figlio dell'uomo sia glorificato. In verità, in verità vi dico, se il chicco di grano caduto in terra non muore, rimane solo; se invece muore, produce molto frutto." (Gv 12,20-24). Dall'avvicinarsi degli stranieri Gesù capisce che è arrivata l'ora dell'Alleanza con tutti i popoli.

**4.20** Durante la passione di Gesù, un uomo fu invitato ad aiutare Gesù portando la sua croce fino al Calvario dove Gesù fu crocifisso. Non era un Giudeo, ma era uno straniero, e i tre Evangelisti sinottici lo identificarono: era Simone di Cirene, padre di Alessandro e di Rufo (Mt 27,32; Mc 15,21; Lc 23,26). A città di Cirene è un porto dell'Africa nella Libia del Nord .

**4.21** Gesù muore con amore e con le braccia aperte. "Ha sete" della salvezza di tutti. L'aveva detto nella Cena: "Il mio sangue è sparso per molti, per la remissione dei peccati" (Mt 26,28). E anche prima: "Quando sarò innalzato da terra, attirerò tutti a me" (Gv 12,32).

**4.22** Tutto il Vangelo di Marco conduce a un momento speciale ed è quando il centurione romano (lo straniero che aveva comandato l'esecuzione), vedendo come Gesù era morto, proclamò la sua fede. Racconta il Vangelo: "Gesù, dando un forte grido, spirò. Il velo del tempio si squarciò in due, da cima a fondo. Il centurione, che si trovava di fronte a lui, avendolo visto spirare in quel modo, disse: 'Davvero quest'uomo era Figlio di Dio!'" (Mc 15,37-39).

**4.23** Gli invii di Gesù risuscitato agli Apostoli prima della sua Ascensione esplicitano il progetto di Dio cominciato da Gesù Cristo: portare la Buona Novella a tutte le nazioni, fare di tutte le nazioni una grande famiglia, un solo Popolo, il Popolo della Nuova Alleanza. Per questo il Signore Gesù invia gli Apostoli, perché, dopo aver ricevuto lo spirito Santo, possano compiere la sua missione cattolica, universale. È il punto di convergenza del Vangelo di Matteo: "A me è stato dato ogni potere in cielo e sulla terra. Andate dunque e fate discepoli tutti i popoli, battezzandoli nel nome del Padre e del Figlio e dello Spirito Santo, insegnando loro a osservare tutto ciò che vi ho comandato. Ed ecco, io sono con voi tutti i giorni, fino alla fine del mondo" (Mt 28,18-20). In Marco Gesù disse "Andate in tutto il mondo e proclamate il Vangelo a ogni creatura. Chi crederà e sarà battezzato sarà salvo, ma chi non crederà sarà condannato. Questi saranno i segni che accompagneranno quelli che credono..." (Mc 16,15-16). E in Luca Gesù spiega agli Apostoli: "Allora aprì loro la mente per comprendere le Scritture e disse loro: Così sta scritto. Il Cristo patirà e risorgerà dai morti il terzo giorno, e nel suo nome saranno predicati a tutti i popoli la conversione e il perdono dei peccati, cominciando da Gerusalemme. Di questo voi siete testimoni. Ed ecco, io mando su di voi colui che il Padre mio ha promesso; ma voi restate in città, finché non siate rivestiti di potenza dall'alto" (Lc 24,45-49). E lo stesso disse negli Atti degli Apostoli: "Riceverete la forza dello Spirito Santo, che scenderà su di voi, e di me sarete testimoni a Gerusalemme, in tutta la Giudea e la Samaria e fino ai confini della terra" (At 1,8).

## 5. Conclusione: la vita pubblica e la pedagogia missionaria di Gesù formò gli Apostoli.

**5.1** Il popolo della Nuova Alleanza è un popolo mondiale, un popolo di popoli, una famiglia di popoli, che fa di tutti i popoli un solo Popolo di Dio, una "unica umanità nuova, riconciliata con Dio e riunita in un solo corpo per mezzo della croce. Egli è venuto ad annunciare pace a voi che eravate lontani e pace a coloro che erano vicini, per presentarci gli uni e gli altri, al Padre in un solo Spirito" (Ef 2,14-18). Gesù ha insegnato fin dall'inizio che i suoi seguaci sono "sale della terra e luce del mondo" (Mt 5,16). Varie volte ha inviato i discepoli per annunciarlo "in ogni città e luogo dove stava per recarsi. Diceva loro: 'La messe è abbondante, ma sono pochi gli operai! Pregate dunque il signore della messe, perché mandi operai alla sua messe!'"(Lc 10.1-2) Ha insegnato loro di apprezzare la fede entusiasta, grande, dei pagani convertiti: "In verità vi dico: "In Israele non ho trovato nessuno con una fede così grande: Ora vi dico che molti verranno dall'oriente e dall'occidente e siederanno a mensa con Abramo, Isacco e Giacobbe nel regno dei cieli, mentre..." (Mt 8,10-11). Per questo è importante vedere il mondo con lo sguardo di Gesù e avere una **coscientizzazione missionaria**. Accorgersi dei problemi del mondo: fame, miserie, guerre, esplorazioni, malattie, disastri ecologici, e dall'altro gli elementi positivi della religione, cultura e esperienza dei popoli, il lavoro della Chiesa e dei Missionari.

**5.2** Così come Gesù si preoccupò con il popolo che era "come pecore senza pastore" (Mc 6,34), e si presentò come "il buon pastore che dà la vita per le pecore" (Gv 10,11) e manifestò il desiderio di avere le altre che mancavano: "E ho altre pecore che non provengono da questo recinto: anche quelle io devo guidare. Ascolteranno la mia voce e diventeranno un solo gregge con un solo pastore" (Gv 10,16). Così i cristiani devono avere una **spiritualità missionaria**. I cristiani pregano e desiderano che "venga il tuo regno" (Mt 6,10), offrono preghiere e azioni insieme al sangue di Gesù per costruire il Regno "per voi e per tutti" (Lc 22,20; Mt 26,28), si dedicano perché il Regno di Dio arrivi veramente a tutti: "Dio vuole che tutti gli uomini siano salvati e giungano alla conoscenza della verità" (1Tim 2,4).

**5.3** I cristiani sono chiamati a realizzare **gesti concreti** per portare avanti il cammino di evangelizzazione e di solidarietà: coscientizzazione della famiglia e della Parrocchia, Mese di Ottobre, Rosario Missionario, Inni missionari, spiegazione dell'intenzione missionaria del mese, divulgazione della Stampa missionaria, Progetti e Campagne e Feste missionarie, Collette, Corrispondenza con i missionari, ascolto di Testimonianze Missionarie, contribuire con le Vocazioni Missionarie, Adozioni a distanza,... Un organismo è vivo quando il sangue ha i due movimenti: diastole e sistole. Una Chiesa particolare è viva quando dà e riceve da altre

Chiese sparse nel mondo ed ha una visione universale; qui e ora, e oltre qui e oltre ora.

**5.4** L'azione missionaria diventa più efficace quando è realizzata da gruppi che hanno questo scopo specifico: il Centro Missionario Diocesano, il Gruppo Missionario, il **COMIPA o CMP o Missio** (Consiglio Missionario Parrocchiale), l'Infanzia Missionaria (per ragazzi o preadolescenti). Questo Gruppo missionario può far parte o collaborare con la Caritas e altre attività parrocchiali e dedicarsi soprattutto a iniziative missionarie dentro la Parrocchia o Diocesi ( come le Sante Missioni o spazi di evangelizzazione non raggiunti) e soprattutto fuori, nel mondo intero (giornali o riviste missionarie, progetti missionari, corrispondenza, incontri, invii).

**5.5** Mons. Guido M. Conforti, Vescovo di Parma e Fondatore dei Missionari Saveriani (Beato e dal 23/10/11 Santo) diceva che "**la fede che non è trasmessa ad altri si atrofizza, la fede si rafforza trasmettendola ad altri**" (vedi anche il discorso del Papa per la GMM del 2011). La Chiesa Missionaria è una Chiesa che spinta dalla carità dello Spirito Santo (2Cor 5,14) si rinnova e si adopera perché "Gesù Cristo sia tutto in tutti" (Col 3,11; 1Cor 15,28).

Piracicaba, 13/10/2002

Traduzione Perugia, 16/07/2011 e 08/06/2012

Autore: P. Dante Volpini SX

## I poveri nella Evangelii Gaudium (nn. 186-202)

Capitolo Quarto: La dimensione sociale dell'evangelizzazione.

II parte: L'inclusione sociale dei poveri.

186. Dalla nostra fede in Cristo fattosi povero, e sempre vicino ai poveri e agli esclusi, deriva la preoccupazione per lo sviluppo integrale dei più abbandonati della società.

***Uniti a Dio ascoltiamo un grido.***

187. Ogni cittadino e ogni comunità sono chiamati ad essere strumenti di Dio per la liberazione e la promozione dei poveri, in modo che essi possano integrarsi pienamente nella società; questo suppone che siamo docili e attenti ad ascoltare il grido del povero e soccorrerlo. Come il Padre buono ascolta il grido dei poveri…

188. La parola "solidarietà" si è un po' logorata e a volte la si interpreta male, ma indica molto di più di qualche gesto sporadico di generosità. Richiede di creare una nuova mentalità che pensi in termini di comunità, di priorità della vita di tutti rispetto all'appropriazione dei beni da parte di alcuni.

189. La solidarietà è una reazione spontanea di chi riconosce la funzione sociale della proprietà e la destinazione universale dei beni come realtà anteriori alla proprietà privata. Il possesso privato dei beni si giustifica per custodirli e accrescerli in modo che servano meglio al bene comune, per cui la solidarietà si deve vivere come la decisione di restituire al povero quello che gli corrisponde. … cambiamenti strutturali, nuove convinzioni e atteggiamenti altrimenti strutture corrotte, pesanti e inefficaci.

190. A volte si tratta di ascoltare il grido di interi popoli, dei popoli più poveri della terra, perché "la pace si fonda non solo sul rispetto dei diritti dell'uomo, ma anche su quello dei diritti dei popoli". Purtroppo persino i diritti umani possono essere utilizzati come giustificazione di una difesa esacerbata dei diritti individuali o dei diritti dei popoli più ricchi. Rispettando l'indipendenza e la cultura di ciascuna Nazione, bisogna ricordare che il pianeta è di tutta l'umanità e per tutta l'umanità, e che il solo fatto di essere nati in un luogo con minori risorse o minor sviluppo non giustifica che alcune persone vivano con minore dignità. Bisogna ripetere che "i più favoriti devono rinunciare ad alcuni dei loro diritti per mettere con maggiore liberalità i loro beni al servizio degli altri". … aprire gli occhi e le orecchie al grido di altri popoli o di altre regioni del nostro Paese. …

"permettere a tutti i popoli di giungere con loro forze ad essere artefici del loro destino".

191. Così i vescovi del Brasile: "Desideriamo assumere, ogni giorno, le gioie e le speranze, le angosce e le tristezze del popolo brasiliano, specialmente delle popolazioni delle periferie urbane e delle zone rurali – senza terra, senza tetto, senza pane, senza salute – violate nei loro diritti. Vedendo le loro miserie, ascoltando le loro grida e conoscendo la loro sofferenza, ci scandalizza il fatto di sapere che esiste cibo sufficiente per tutti e che la fame si deve alla cattiva distribuzione dei beni e del reddito. Il problema si aggrava con la pratica generalizzata dello spreco."

192. ... non solo cibo o un decoroso sostento, ma prosperità nei suoi molteplici aspetti: educazione, accesso all'assistenza sanitaria, lavoro... dignità, ... giusto salario, accesso a beni di uso comune.

193. ... sconta i tuoi peccati con la misericordia. Il giudizio sarà senza misericordia per chi non ha usato misericordia. L'elemosina salva dalla morte e purifica i peccati. La carità copre la moltitudine dei peccati (1Pt 4,8). È come acqua sull'incendio.

194. È un messaggio così chiaro, così diretto, così semplice ed eloquente che nessuna ermeneutica ecclesiale ha il diritto di relativizzarlo. La riflessione della Chiesa su questi testi non dovrebbe oscurare o indebolire il loro significato esortativo, ma piuttosto aiutare a farli propri con coraggio e fervore. Favorire il contatto con la realtà e non allontanarci da essa. Le citazioni bibliche invitano con determinazione all'amore fraterno, al servizio umile e generoso, alla misericordia verso il povero. Gesù ci ha indicato questo cammino di riconoscimento dell'altro con le sue parole e i suoi gesti ... Non preoccupiamoci solo di non cadere in errori dottrinali, ma anche di essere fedeli a questo cammino luminoso di vita e di sapienza. Perché ai difensori dell'ortodossia si rivolge a volte il rimprovero di passività, d'indulgenza o di colpevoli complicità rispetto a situazioni di ingiustizia intollerabili e verso i regimi politici che li mantengono.

195. San Paolo per non correre invano si recò dagli apostoli e gli dissero che il criterio di autenticità è che non si dimenticasse dei poveri (Gal 2,10). Il criterio delle comunità paoline è necessario oggi dove tende a svilupparsi un nuovo paganesimo individualista. Il segno che non deve mai mancare è l'pzione per gli ultimi, per quelli che la società scarta e getta via.

196. Siamo duri di cuore e di mente, attratti da consumo e distrazione. Membri di una società alienata che nell'organizzazione di produzione e consumo dimentica donazione e solidarietà interumana.

***Il posto privilegiato dei poveri nel Regno di Dio.***

197. Nel cuore di Dio c'è un posto preferenziale per i poveri, tanto che Egli stesso "si fece povero" (2Cor 8,9). Attraverso il "sì" di un'umile ragazza di un piccolo paese sperduto. Nacque in un presepe tra animali, come i figli dei poveri. Fu presentato al Tempio con due piccioni. Cresciuto in una casa di semplici lavoratori e ha lavorato con le sue mani per guadagnarsi il pane. Lo Spirito lo hs consacrato e mandato ad annunciare ai poveri (Lc 4,18). A quelli oppressi dal dolore e dalla povertà assicurò che Dio li portava al centro del suo cuore: "Beati voi, poveri, perché vostro è il Regno di Dio" (Lc 6,20). E con essi si identificò: "Ho avuto fame...", insegnando che la misericordia verso di loro è la chiave del cielo.

198. Per la Chiesa l'opzione per i poveri è una categoria teologica prima che culturale, sociologica, politica o filosofica. Dio concede loro la sua "prima misericordia" (Giov. Paolo II a Santo Domingo l'11 ottobre 1984). I cristiani sono chiamati ad avere "gli stessi sentimenti di Gesù" (Fil 2,5). L'opzione per i poveri è "primazia nell'esercizio della carità cristiana della quale dà testimonianza tutta la tradizione della Chiesa" (Giov. P. II, Enciclica Sollicitudo Rei Socialis 1987) "È implicita nella fede cristologica in quel Dio che si è fatto povero per arricchirci mediante la sua povertà" (Benedetto XVI, inaugurando il CELAM del 2007). Per questo desidero una Chiesa povera per i poveri. Essi hanno molto da insegnarci. Oltre a "partecipare del sensus fidei", con le proprie sofferenze conoscono il cristo sofferente. È necessario che tutti si lascino evangelizzare da loro. La nuova evangelizzazione è un invito a riconoscere la forza salvifica delle loro esistenze e a porle al centro del cammino della Chiesa. Siamo chiamati a scoprire Cristo in loro, a prestare ad essi la nostra voce nelle loro cause, ma anche ad essere loro amici, ad ascoltarli, a comprenderli e ad accogliere la misteriosa sapienza che Dio vuole comunicarci attraverso di loro.

199. Non solo programmi di promozione e assistenza. Quello che lo Spirito mette in moto è un'attenzione rivolta all'altro considerandolo come un'unica cosa con se stesso e cercare effettivamente il suo bene. Questo implica apprezzare il povero nella sua bontà propria, col suo modo di essere, con la sua cultura, con il suo modo di vivere la fede. L'amore autentico è sempre contemplativo, ci permette di servire l'altro non per necessità o vanità, ma perché è bello, al di là delle apparenze. Il povero quando è amato è considerato di grande valore. Questo

differenzia l'autentica opzione per i poveri da qualsiasi ideologia, o da usarli per interessi personali o politici. Solo a partire da questa vicinanza reale e cordiale possiamo accompagnarli adeguatamente nel loro cammino di liberazione. Soltanto questo renderà possibile che "i poveri si sentano, in ogni comunità cristiana, come a casa loro. Non sarebbe questo stile òa più grande ed efficace presentazione della buona novella del regno?" (Giov. P. II, Novo Millennio Ineunte, 6.1.2001). Senza questa opzione l'annuncio del Vangelo rischia di essere incompreso e affogato dal mare di parole dell'odierna società della comunicazione.

200. Dal momento che questa Esortazione è rivolta ai membri della Chiesa Cattolica, desidero affermare con dolore che la peggior discriminazione che soffrono i poveri è la mancanza di attenzione spirituale. L'immensa maggioranza dei poveri possiede una speciale apertura alla fede; hanno bisogno di Dio e non possiamo tralasciare di offrire loro la sua amicizia, la sua benedizione, la sua Parola, la celebrazione dei sacramenti e la proposta di un cammino di crescita e di maturazione nella fede. L'opzione preferenziale per i poveri deve tradursi principalmente in un'attenzione religiosa privilegiata e prioritaria.

201. Nessuno dovrebbe dire che si mantiene lontano dai poveri perché le sue scelte di vita comportano di prestare più attenzione ad altre incombenze. Questa è una scusa frequente negli ambienti accademici, imprenditoriali o professionali, e persino ecclesiali. Sebbene si possa dire in generale che la vocazione e la missione propria dei laici è la trasformazione delle varie realtà terrene, affinché ogni realtà sia trasformata dal Vangelo, nessuno può sentirsi esonerato dalla preoccupazione per i poveri e per la giustizia sociale. "La conversione spirituale, l'intensità dell'amore a Dio e al prossimo, lo zelo per la giustizia e per la pace, il significato evangelico dei poveri e della povertà sono richiesti a tutti. Confido nell'apertura e nelle buone disposizioni dei cristiani, e vi chiedo di cercare continuamente nuove strade per accogliere questa rinnovata proposta.

***Economia e distribuzione delle entrate.***

202. La necessità di risolvere le cause strutturali della povertà non può attendere... I piani assistenziali per alcune urgenze sono risposte provvisorie. Finché non si risolveranno radicalmente i problemi dei poveri, rinunciando all'autonomia assoluta dei mercati e della speculazione finanziaria e aggredendo le cause strutturali della inequità, non si risolveranno i problemi del mondo e in definitiva nessun problema. L'inequità è la radice dei mali sociali.

203. La dignità di ogni persona umana e il bene comune sono questioni che dovrebbero strutturare tutta la politica economica... Quante parole scomode per questo sistema! Dà fastidio che si parli di etica, di solidarietà mondiale, di distribuzione dei beni, di difendere i posti di lavoro, della dignità dei deboli, di un Dio che esige un impegno per la giustizia. L'indifferenza svuota queste parole del loro significato. La vocazione di un imprenditore è un nobile lavoro quando si lascia interrogare da un significato più ampio della vita, servendo veramente il bene comune, moltiplicando e rendendo accessibili per tutti i beni di questo mondo.

## I sette segni nel Vangelo di Giovanni

"Dalla pienezza di Gesù tutti abbiamo ricevuto e grazia su grazia" (Gv 1,16).

**Il primo segno**: Gesù cambia l'acqua in vino nelle nozze di Cana (Gv 2,1-11).

L'intercessione di Maria. Donna qui a Cana e donna sotto la croce L'obbedienza dei servi alla parola di Gesù. Il cambiamento di sostanza, anticipo dell'ultima cena..Primo miracolo in una famiglia che ritrova la festa. Simbolo della nuova ed eterna alleanza.

**Il secondo segno** è la guarigione del figlio di un funzionario del re (Gv 4,46-54).

La guarigione del figlio che stava per morire in parallelo con il rinascere attraverso l'acqua e lo spirito annunciato a Nicodemo. La fede dell'uomo alla parola di vita di Gesù in parallelo con l'annuncio del nuovo culto in spirito e vita fatto alla samaritana. È la fede di un pagano alla salvezza che Dio offre in Gesù.

**Il terzo segno** è la guarigione dello storpio vicino alla piscina di Betzatà (Gv 5, 1-18).

L'uomo era paralizzato da 38 anni e Gesù dialoga con lui. Gesù gli ordina di prendere il suo lettuccio e camminare. Il miracolo avviene all'istante. È giorno di sabato e Gesù infrange la legge, mostrando che iniziando una nuova alleanza. Gesù si dichiara Figlio del Padre, facendosi uguale a Dio. Gesù dà a quell'uomo la possibilità di rivivere e di affermare con coraggio la fede davanti ai Giudei.

**Il quarto segno** è la moltiplicazione dei pani (Gv 6, 1-15

È un miracolo raccontato da tutti e quattro i Vangeli. Gesù si preoccupa di dare alla folla il nutrimento del pane materiale e dei pesci, segno che Egli vuol nutrire attraverso la sua Parola e attraverso l'Eucaristia. Dialoga con Filippo e Andrea. Si serve dei cinque pani e due pesci di un ragazzo per sfamare cinquemila uomini che fa sedere nella erba. I gesti di Gesù sono gli stessi dell'ultima cena. C'è una condivisione nella distribuzione dei pani e nel raccogliere i pezzi avanzati. A questo miracolo segue il discorso nella sinagoga di Cafarnao sul Pane della vita, la sua carne e il suo sangue dati per la vita del mondo. È il nuovo esodo, il pane del cammino.

**Il quinto segno** è Gesù che cammina sulle acque (Gv 6,16-21).

Gesù si è ritirato sulla montagna tutto solo e i discepoli solo ritornati alla barca per andare a Cafarnao. Si era fatto buio e un forte vento agitava le acque del lago. Gesù va incontro ai discepoli camminando sulle acque e la barca, sale con loro sulla barca che arriva bene a destinazione. Questo miracolo indica il dominio di Gesù sulle creature e conferma la fiducia dei discepoli in Lui.

**Il sesto segno** è la guarigione del cieco dalla nascita (Gv 9,1-41).

Non ha peccato né lui né i suoi genitori, ma è così perché si manifesti in lui l'opera di Dio. Gesù fece del fango con la saliva, la spalmò negli occhi del cieco e gli disse: "Vai a lavarti nella piscina di Siloe (che vuol dire inviato)". E tornò che ci vedeva. La testimonianza crescente di colui che ha ricuperato la vista: è un profeta, ero cieco e ora ci vedo, è un timorato di Dio, io credo Signore!. Ha ricevuto la vista del corpo e la vista dell'anima. Gesù è l'inviato del Padre per portare la luce al mondo. Egli dà il dono della fede soprattutto a quelli che sono lavati dalle acque del Battesimo.

**Il settimo segno** è la risurrezione di Lazzaro (Gv 11,1-45).

Avvisarono Gesù che Lazzaro stava molto male e poi che Lazzaro era morto. Gesù si recò a Betania, conversò con Marta che affermò credere nella risurrezione. Vide Maria e coloro che stavano con lei e si commosse. Si avvicinò alla tomba che fece aprire, ringraziò il Padre che sempre lo esaudisce e gridò a gran voce: "Lazzaro, vieni fuori" e il morto uscì con le bende e il sudario. Gesù disse: "Liberatelo e lasciatelo andare". Molti cedettero in lui e altri andarono a riferire ai Giudei. Attraverso la risurrezione di Lazzaro Gesù accende la speranza che chiunque crede in Lui può essere liberato dal peccato e dalla morte eterna.

I sette segni indicano Chi è Gesù e il suo potere messo a servizio della sua bontà e della sua missione. Preparano il grande miracolo dell'Ultima Cena e del Mistero Pasquale della sua morte e risurrezione donandosi nell'amore dello Spirito Santo al Padre per la salvezza di tutti i popoli dell'umanità.

## I segni di Pentecoste

Ogni anno nel mese di maggio o di giugno, cinquanta giorni dopo Pasqua, si celebra in una domenica la festa di Pentecoste e molte parrocchie celebrano in questo giorno la Cresima degli adolescenti. La Pentecoste e la Cresima hanno dei segni che indicano consacrazione e invio a evangelizzare.

Per gli Ebrei la festa di Pentecoste si chiamava "Shavuot", Festa delle Settimane, e sette settimane dopo la Pasqua, ricordava la consegna dei dieci comandamenti fatta da Dio a Mosè sul monte Sinai. Era una delle tre feste del Pellegrinaggio a Gerusalemme che in questo giorno ospitava non solo gli abitanti ma anche molti pellegrini di varie nazioni.

Gesù aveva detto agli Apostoli di aspettare lo Spirito Santo a Gerusalemme e loro si radunavano a pregare con Maria e altre persone nel Cenacolo, cioè nella sala al piano superiore dove Gesù aveva fatto l'ultima Cena con loro. Probabilmente in quel giorno Maria aveva detto: "fate quello che vi ha detto" e loro avevano fatto l'Eucaristia in memoria di lui.

Ed ecco i due grandi segni nel giorno della Pentecoste cristiana: la discesa dello Spirito Santo è come fragore di un vento impetuoso e come lingue di fuoco che si posano sulla testa di ciascuno. Il segno del soffio, dell'alito, della brezza lieve, sono nell'AT segni di Dio che dà la vita nella creazione dell'uomo e nel confermare la fede di Elia. Il vento forte e rumoroso ricorda la presenza del Signore nel monte Sinai. Nella Pentecoste il Padre e il Figlio inviano lo Spirito Santo per purificare, illuminare, pregare e praticare il nuovo comandamento. I cuori di pietra divengono cuori di carne animati dallo Spirito santo. La legge dello Spirito dà vita in Cristo Gesù, ricorda e fa vivere quello che il Signore ha insegnato e libera dalla legge del peccato e della morte. È il vento che spazza il male e rinnova la faccia della terra. Attirata dal fragore del vento impetuoso molta gente di vari popoli si radunò attorno al cenacolo. È vita nuova con i doni e i frutti della Spirito Santo.

Il segno del fuoco nell'AT manifesta a Mosè la presenza di Dio che non si consuma, è l'Eterno e agisce nella storia per liberare dalle schiavitù, aiuta Elia a sconfiggere gli idoli, per farsi un popolo credente e zelante nelle opere buone. Qui le lingue di fuoco indicano una nuova luce per comprendere e assaporare la Parola di Dio e l'invio a evangelizzare nelle varie lingue dei popoli tutte le nazioni e culture della terra. Qui non è la preghiera emozionale in lingue, ma è rendere comprensibili le meraviglie di Dio nei vari linguaggi. Mentre a Babele l'orgoglio degli uomini aveva provocato la incomprensione delle lingue, a Pentecoste lo

Spirito di testimonianza e di carità rende possibile intendersi e fare comunione fraterna. Gli Apostoli escono dal Cenacolo con coraggio e entusiasmo e annunciano con "parresia", cioè con forza e convinzione, nelle varie lingue il Vangelo di Gesù. È il dono della missione.

P. Dante Volpini SX

## I segni della Cresima

Nel sacramento della Cresima o Confermazione ci sono due segni che sono la materia del Sacramento e ne mostrano il significato speciale. Questi due segni sono l'unzione con l'olio del Crisma sulla fronte e l'imposizione delle mani. L'olio nell'AT è il segno di una consacrazione per un servizio ed erano unti i sacerdoti, i re, i giudici e i profeti. Nel NT il Messia, in ebraico, e il Cristo, in greco o latino, significa colui che è stato unto e consacrato e inviato da Dio per liberare l'umanità e renderla Regno di Dio. Gesù è il Cristo, il Figlio di Dio, che con il suo Sangue ha lavato i peccati del mondo e ha istituito la Nuova Alleanza.

L'olio della Cresima riconferma l'essere cristiani, discepoli di Gesù, membri della Chiesa, come nel Battesimo, ma ottiene anche in maggior pienezza il dono dello Spirito che fa testimoni, e fa passare dall'essere cristiani passivi all'essere cristiani attivi, compiendo servizi nella Chiesa. Al momento della Cresima l'adolescente che si è presentato con il proprio nome viene unto sulla fronte dal Vescovo con le parole: "Ricevi il sigillo dello Spirito Santo che ti è dato in dono". Il sigillo è un segno permanente, una trasformazione. Lo Spirito santo porta con sé i sette doni: sapienza, intelletto, consiglio, fortezza, scienza, pietà e timore di Dio. E porta con sé i frutti: amore, gioia, pace, pazienza, benevolenza, bontà, fedeltà, mitezza e dominio di sé. Lo Spirito santo è la terza persona della Santissima Trinità, è l'amore di Dio effuso nei nostri cuori per amarci gli uni gli altri come Gesù ci ha amati.

I Samaritani avevano accolto la Parola di Dio ed erano stati battezzati nel nome del Signore Gesù. Pietro e Giovanni andarono da loro e pregarono per loro e imponevano loro le mani e quelli ricevevano lo Spirito santo. Nella Cresima c'è l' imposizione delle mani del Vescovo su tutti insieme mentre si prega per la venuta dello Spirito Santo. Io suggerirei una individuale mettendo la mano sulla testa del cresimando mentre si unge con olio. L'imposizione delle mani è segno di invio a evangelizzare come quando la comunità di Antiochia pregò, digiunò e impose le mani su Paolo e Barnaba che lo Spirito santo si era scelti per la missione. L'imposizione delle mani invia coloro che sono cresimati ad essere missionari, a lottare controcorrente, aiutando le persone e le comunità a rinnegare l'allontanamento da Dio e l'attrazione dei desideri mondani, per vivere in questo mondo con sobrietà riguardo alle cose, con giustizia nel rispetto e servizio delle persone, e con fede, speranza e amore nei riguardi del nostro grande Dio e signore nostro Gesù Cristo, per formare un popolo liberato dalle iniquità e pieno di zelo per le buone opere.

L'unzione con l'olio profumato del crisma e l'imposizione delle mani insieme alla preghiera del Vescovo e della comunità cristiana danno il dono dello Spirito santo per essere consacrati e inviati. Ogni Sacramento ha bisogno di una preparazione per riceverlo coscientemente, di una celebrazione per ottenere la sua grazia, e di una mistagogia per renderlo fruttuoso. La mistagogia significa rendere vissuto, operante il sacramento dopo che si è ricevuto: nella cresima significa vivere da consacrati nella grazia di Dio, partecipando come gruppo parrocchiale del post-cresima, progredendo nella conoscenza della Parola di Dio e nella partecipazione alle preghiere e ai Sacramenti. Significa anche collaborare con il parroco e gli altri laici nella pastorale, cioè nel catechismo, nelle celebrazioni liturgiche, nel canto, nelle raccolte della Caritas, nell'aiuto alle Missioni.

Gli adolescenti che esercitano il loro essere cresimati acquistano sempre più la gioia della fede. Che il prossimo Sinodo sui Giovani ad ottobre di questo anno 2018 sia per i giovani una nuova Pentecoste.

P. Dante Volpini SX

## Studio sul Purgatorio e il valore di Messe e intercessioni per le anime

**Introduzione.**

Questo studio sull'esistenza del Purgatorio e sul valore di Messe, preghiere, sacrifici ed elemosine a favore delle anime che si stanno purificando in vista di accedere degnamente nella Casa del Padre in Paradiso, intende rispondere ad alcuni dubbi che mi sono stati presentati o possono presentarsi ed aiutare a riaffermare la fede su questi argomenti orientata dalla Chiesa Cattolica. Partiremo da alcune citazioni bibliche sulle quali si sono basati i Padri della Chiesa e i Concili, vedremo il pensiero greco, ebreo e cristiano sulla purificazione delle anime, poi citeremo i pronunciamenti ufficiali della Chiesa attraverso alcuni Concili e il recente Catechismo della Chiesa Cattolica.

**P. Dante Volpini SX**

1. **Ci sono alcune citazioni bibliche che alludono al Purgatorio.**

**Mt 12,31-32:** *Perciò io vi dico: qualsiasi peccato e bestemmia verrà perdonato agli uomini, ma la bestemmia contro lo Spirito non verrà perdonata. A chi parlerà contro il Figlio dell'uomo, sarà perdonato; ma a chi parlerà contro lo Spirito Santo, non sarà perdonato né in questo secolo né in quello futuro".*

***Mt 5,25-26:*** *"Mettiti d'accordo con il tuo avversario mentre sei in cammino, perché l'avversario non ti consegni al giudice e il giudice alla guardia, e tu venga gettato in prigione. In verità ti dico: non uscirai di là finché non avrai pagato fino all'ultimo spicciolo".*

***2Mac 12,42-45:*** *"Si misero a pregare, supplicando che il peccato commesso fosse pienamente perdonato. Il nobile Giuda .. fatta una colletta, con tanto a testa, per circa duemila dracme d'argento, le inviò a Gerusalemme perché fosse offerto un sacrificio per il peccato, compiendo così un'azione molto buona e nobile, suggerita dal pensiero della risurrezione. Perché se non avesse avuto piena fiducia che i caduti sarebbero risuscitati, sarebbe stato superfluo e vano pregare per i morti. Ma se egli pensava alla magnifica ricompensa riservata a coloro che si addormentano nella morte con sentimenti di pietà, la sua considerazione era santa e devota. Perciò egli fece offrir il sacrificio espiatorio per i morti, perché fossero assolti dal peccato".*

**1Cor 3,11-17:** *"Ciascuno stia attento come costruisce. Infatti nessuno può porre un fondamento diverso da quello che già vi si trova, che è Gesù Cristo.E se sopra questo fondamento si costruisce con oro, argento, pietre preziose, o con legno,* *fieno e paglia, l'opera di ciascuno sarà ben visibile: infatti quel giorno la farà conoscere, perché con il fuoco si manifesterà, e il fuoco proverà l'opera di ciascuno. Se l'opera che uno costruì sul fondamento, resisterà, costui ne riceverà una ricompensa. Ma se l'opera di qualcuno finirà bruciata, quello sarà punito; tuttavia egli si salverà, però quasi passando attraverso il fuoco. Non sapete che siete tempio di Dio e che lo Spirito di Dio che siete voi".* E particolarmente **1Cor 3,15:** *"Ma se l'opera di qualcuno finirà bruciata, quello sarà punito; tuttavia egli si salverà, però quasi passando attraverso il fuoco".*

2. **Altre citazioni bibliche parlano del contesto in cui si inserisce il Purgatorio: la sopravvivenza dell'anima, il giudizio particolare, la santità necessaria per entrare in Paradiso e la vicinanza tra vivi e defunti.**

Ci sono citazioni bibliche che sono esplicite riguardo alla **sopravvivenza dell'anima** dopo la morte, come si può dedurre anche da **Lc 16,19-31** , *la parabola del povero Lazzaro e del ricco egoista*; o da **Mt 25,31-46**, la fine del racconto del giudizio finale, al v. 46:*"E se ne andranno: questi al supplizio eterno, i giusti invece alla vita eterna.";* o in **Lc 23,43**, la frase di Gesù al buon ladrone: *"In verità io ti dico: oggi sarai con me in Paradiso".* L'anima è immortale.

Dopo la morte c'è **un giudizio particolare**, come in **Mt 25,19** dove Gesù lo simbolizza nel *padrone che vuol fare i conti con i servi cui ha dato i talenti* e come in **2Cor 5, 8-10** dove San Paolo ne parla apertamente "*Siamo pieni di fiducia e preferiamo andare in esilio dal corpo e abitare presso il Signore. Perciò sia abitando nel corpo che andando in esilio, ci sforziamo di essere a lui graditi. Tutti infatti dobbiamo comparire davanti al tribunale di Cristo, per ricevere ciascuno la ricompensa delle opere compiute quando eravamo nel corpo, sia in bene che in male*"

In **Rom 2,3-11** Paolo esorta a non abusare della misericordia di Dio: "*Tu che giudichi quelli che commettono tali azioni (indegne) e intanto le fai tu stesso, pensi forse di sfuggire al giudizio di Dio? O disprezzi la ricchezza della sua bontà, della sua clemenza e della sua magnanimità, senza riconoscere che la bontà di Dio ti spinge alla conversione? Tu, però, con il tuo cuore duro e ostinato, accumuli collera su di te per il giorno dell'ira e della rivelazione del giusto giudizio di Dio, che renderà a ciascuno secondo le sue opere: la vita eterna a coloro che, perseverando nelle opere di bene, cercano gloria, onore, incorruttibilità; ira e sdegno contro coloro che , per ribellione, disobbediscono alla verità e obbediscono all'ingiustizia. Tribolazione e angoscia su ogni uomo* *che opera il male, sul Giudeo prima, come sul Greco, gloria invece, onore e pace, per chi opera il bene, per il Giudeo prima, come per il Greco. Dio infatti non fa preferenza di persone." (Rom 2,3-11).* Paolo ha affermato più volte che ciò che ci salva è la fede nel nostro Signore Gesù Cristo, ma qui dice che occorre anche conversione, opere buone. Tra i primi cristiani ad un alto concetto della santità e della giustizia di Dio corrispondeva **una idea sublime della purezza degli eletti**, per cui oltre i Profeti, gli Apostoli e i Martiri, la quasi totalità delle persone aveva bisogno di una purificazione dopo la morte.

Nella Nuova Alleanza non c'era la paura o il distacco dal trascendente, ma vicinanza e **comunione. dei fedeli vivi con la Chiesa celeste** La Lettera agli Ebrei in **Eb 12,22-24** già esprime bene questa dottrina: *"Lo spettacolo (dell'antica alleanza), in realtà, era così terrificante che Mosè disse Ho paura e tremò. Voi invece vi siete accostati al monte Sion, alla città del Dio vivente, alla Gerusalemme celeste e a migliaia di angeli, all'adunanza festosa e all'assemblea dei primogeniti i cui nomi sono scritti nei cieli, al Dio giudice di tutti e agli spiriti dei giusti resi perfetti (anche la Bibbia della Cei traduce esattamente il participio perfetto τετελειωμένων del v.23 con gli spiriti dei giusti "portati a perfezione") , a Gesù, mediatore dell'alleanza nuova, e al sangue purificatore, che è più eloquente di quello di Abele".* La mia impressione è che l'affermazione resi perfetti o portati a perfezione comporti una purificazione degli spiriti divenuti completamente giusti nell'aldilà.

Le iscrizioni funerarie dei primi tre secoli augurano che il defunto riposi "in Domino, in pace, in refrigerio, inter sanctos, in Christo".

### 3. Il pensiero di Platone sulla purificazione dopo la morte.

Già i Greci credevano a una purificazione dell'anima dopo la morte, come anche il filosofo Platone. **Platone** ( Atene 428-348 a.C.) è discepolo di Socrate e maestro di Aristotele, e con loro ha posto le basi del pensiero filosofico occidentale. Come i filosofi pitagorici, Platone è influenzato dalla religione Orfica che ha per base **la metempsicosi, cioè la trasmigrazione delle anime dopo la morte da un corpo ad un altro, fino al raggiungimento della purificazione**, con la fine di questo processo. L'anima sovrasensibile si distingue dal corpo sensibile, che è la causa dei mali umani, perché il soddisfacimento dei piaceri corporali fa perdere la memoria di ciò che l'anima è realmente. Nel mito della biga alata Platone spiega che l'anima, che lui ritiene immortale, è dotata di una triplice natura: una razionale, una malvagia e una benevola, **giunge dal mondo delle idee** e si rincarna in un nuovo essere umano, dimenticando l'esperienza precedente. Platone rifiuta le cerimonie iniziatrici dell'Orfismo e sostiene che la purificazione avviene **attraverso la conoscenza** che porta alla virtù. Secondo il minimo che ricorda o attinge dal mondo delle idee può ottenere virtù come la temperanza o coraggio o saggezza, appartenere alla classe dei produttori o dei guerrieri o dei governanti, e nel suo corpo può dominare l'addome o il torace o la testa. Finché l'anima risiede in quel corpo deve fuggire il più possibile il mondo sensibile e rendere migliore la sua esistenza terrena e il suo percorso futuro, per giungere poi a non dover più rincarnarsi e por fine alla purificazione.

### 4. Gli Ebrei , i Libri dei Maccabei e la purificazione dopo la morte.

Gli **Ebrei** hanno un documento prezioso sulla intercessione dei vivi per i defunti che è molto citato dai cristiani ed è **2Mac 12,41-46**, particolarmente il v.46: "*Perciò egli (= Giuda Maccabeo) fece offrir il sacrificio espiatorio per i morti, perché fossero assolti dal peccato*". I libri, il **primo e il secondo libro dei Maccabei**. sebbene non facciano parte della Canone biblico ebraico ufficiale, sono parte del complesso "deuterocanonico" e quindi, pur non essendo stato codificato per l'ebraismo come parte del testo sacro, lo divenne per la Chiesa cattolica e per la Chiesa ortodossa. Deuterocanonici significa "di seconda ispirazione"; sono libri scritti non in ebraico o aramaico, ma scritti **in greco** negli ultimi tre secoli prima di Cristo, epoca di dominazione greca, e in alcuni temi fanno da ponte tra l'Antico e il Nuovo Testamento. Gli Ebrei, pur non accettandoli nella loro Bibbia, li conoscono, li citano nel Talmud, celebrano le feste motivate da questi libri, come Purim dal Libro di Ester e Hannukah dai Libri dei Maccabei, e hanno usi che ne derivano. La Chiesa Cattolica e la Chiesa Ortodossa hanno accettato questi libri come ispirati, scritti in greco come tutto il Nuovo Testamento, e li hanno inclusi nel Canone uffuciale della Bibbia. Per questo sono presenti nelle Bibbie cattoliche , mentre mancano in qualche Bibbia protestante.

La Festa di **Hannukah è la Festa della Dedicazione del Tempio**, riconsacrato dopo la riconquista di Giuda Maccabeo il 25 del nono mese, il mese di Chisleu, dell'anno 165 a.C. con gioia ed esultanza (1 Mac 4,36.52- 59). Avendo trovato solo una ampolla di puro olio di oliva che, consacrato, sarebbe bastato solo per un giorno, in realtà per miracolo di Dio tenne accesa la menorah (= il candelabro con le varie torce) per tutti gli otto giorni della festa che è chiamata anche **Festa delle Luci.** Questa festa era celebrata anche al tempo di Gesù e Lui vi partecipò proclamando la sua vera identità (Gv 10,22-36). Si celebra in coincidenza con il Natale e da qualche tempo ne ha avuto giovamento accendendo più luci, e festeggiando con dolci e regali. . **Il 2Maccabei** annuncia alcune verità, in parte accettate dagli Ebrei che hanno la **commemorazione dei defunti** ("*Io prometto fare il bene in commemorazione di queste care anime e ti supplico che Tu le custodisca nella tua Onnipotenza, perché possano partecipare* *alla vita eterna")* e il **Qiddush delle persone in lutto** invocando la venuta del Regno di Dio sulla terra e professando la fede nella futura risurrezione dei morti. **La religione cattolica** accetta come **ispirati** i **Libri dei Maccabei** ed accetta tutte le **verità del 2Mac**: la risurrezione dei morti (7,9, 12,43), il giudizio dell'Onnipotente dopo la morte (6,26), il valore della intercessione dei santi (15,14), e soprattutto l'utilità della preghiera per i defunti ( 12,41-46) citato da S. Agostino in De cura pro mortuis,1 e da altri Padri e Concili.

### 5. Gli autori cristiani del 2° e 3° secolo dopo Cristo: il Pastore di Erma, Tertulliano e Ippolito sono nella linea giusta, Origene in questo si stacca dalla tradizione cattolica.

Nel secondo e terzo secolo troviamo il Pastore di Erma, gli scritti di Tertulliano, gli scritti di Origene e la Traditio Apostolica di Ippolito.
Il **Pastore di Erma** Ποιμὴν τοῦ Ἑρμᾶ è un testo della prima metà del 2° secolo (120-140 d.C) ed è il primo scritto fuori dalla Bibbia che parla di purificazione. Nella visione V l'Angelo della Penitenza appare a Erma in forma di Pastore. Dopo le cinque "Visioni", e i dodici "Comandamenti" ci sono dieci Similitudini". Nella sesta e settima similitudine *ci sono pecore lascive e dissolute che non saltellano*. Queste rappresentano anime che in vita avevano commesso peccati voluttuosi e ingiustizie ma si sono pentite. *Esse sono castigate per qualche tempo da un Angelo giusto in forma di pastore severo, con umiliazione e dolori, perché si lavino da ogni cupidigia di questo mondo, prima di entrare nella torre, che rappresenta la visione beatifica di Dio*. Nella ottava similitudine *è l'Angelo Michele a verificare la purificazione di alcuni rami staccati da un salice e ritornati verdi* per opera della Chiesa, *per poi entrare nella torre*.

C'era già il dovere di intercedere per tutti durante le preghiere e la Messa, commemorando anche i defunti. Chi si esprime chiaramente su questo punto ancor prima di Origene è **Tertulliano** (155-227) che attesta: "*La vedova prega per l'anima (del marito defunto) , in quell'istante essa invoca per l'anima di lui il refrigerio e la partecipazione alla prima risurrezione e offre un sacrificio nell'anniversario della morte di lui*" (De monogamia 10). Lo stesso Tertulliano interpreta il versetto di **Mt 5,26** come un accenno a una purificazione: "*Infine, quel carcere di cui parla il vangelo lo percepiamo nell'aldilà (apud inferos), tra i morti, e il piccolo delitto da pagare fino all'ultimo spicciolo lo interpretiamo come un ritardo della risurrezione (mora ressurrectionis), senza dubitare che l'anima è salva verso la pienezza della risurrezione, anche della carne*". (De anima 58).

Dobbiamo qui chiarire che la dottrina del Purgatorio non deriva da Origene e dal Platonismo.

**Origene** (185-254) ha conosciuto molto bene la **filosofia di Platone** e ne ha condiviso alcuni principi, anche se in otto libri apologetici ha contestato il filosofo neoplatonico Celso. Era anche un grande conoscitore e un grande maestro nella **ermeneutica delle Sacre Scritture,** e in questo alcuni Padri della Chiesa, tra cui anche S. Girolamo, hanno apprezzato il metodo della triplice interpretazione letterale, psichica (cioè morale, parenetica) e pneumatica (cioè allegorica, nella ricerca del significato più profondo e spirituale). Origene potrebbe essere considerato un filosofo e teologo che ha fatto da ponte tra la filosofia di Platone e il cristianesimo. Origene si appellava continuamente alla preghiera ecclesiastica, all'insegnamento ecclesiastico, e alla regola ecclesiastica della fede (*kanon*). Egli accettava solamente i quattro Vangeli Canonici perché la tradizione non ne ammetteva altri; sosteneva la necessità del Battesimo perché era concorde con la pratica della Chiesa fondata sulla tradizione Apostolica; avvertiva coloro che interpretavano le Sacre Scritture, di non fare affidamento sul proprio giudizio ma **"sulla regola della Chiesa istituita da Cristo".** Ammette che le anime **dopo la morte devono subire un giudizio.** Citando Lc 3,16 dice che tutte le anime, anche Pietro e Paolo, in questo momento ricevono il "battesimo di fuoco". Citando 1Cor 3,15 dice che le opere di tutti saranno provate con il fuoco, i buoni salgono al terzo cielo o paradiso, in attesa di entrare nella beatitudine eterna e gli altri anno bisogno di purificazione.

***Questa purificazione*** *secondo Origene non è però il Purgatorio cristiano, ma è* ***l'apocatastasi****, . L'apocatastasi è estranea sia al giudaismo che al cristianesimo e deriva dalla filosofia di Platone, il quale, negando la risurrezione dei corpi, riteneva che l'anima, di per sé impassibile, potesse purificarsi dalle sue colpe in* ***successive incarnazioni*** *fino alla completa purezza. . Secondo Origene, alla fine dei tempi avverrà la redenzione universale e tutte le creature saranno reintegrate nella pienezza del divino, compresi Satana e la morte. In questo senso le pene infernali, per quanto lunghe, avrebbero un carattere non definitivo ma purificatorio. I dannati esistono, ma non per sempre, poiché il disegno salvifico non si può compiere se vi manca una sola creatura. Origene affermò di essere guidato dal principio filosofico che la fine è sempre come l'inizio: "Noi pensiamo che la bontà di Dio, attraverso la mediazione di Cristo, porterà tutte le creature ad una stessa fine" (De principiis, I, IV, 1-3) che è la "salvezza universale" (apocatastasi), cioè l'universalità della Redenzione e della Salvezza Finale.* ***San Girolamo e San Giovanni Crisostomo hanno contestato e condannato questa teoria reincarnazionista di Origene e con essi i successivi***

***Padri e la Chiesa cattolica che, al contrario di Origene, ha creduto nel Purgatorio.***

*Intanto nella catechesi* ***e nella liturgia della Chiesa*** *veniva diffondendosi* ***la recita del Credo****. La più antica testimonianza la troviamo nella* Ἀποστολικὴ παράδοσις, ***Traditio Apostolica, di Ippolito*** *(215 o 217 d. C.) che descrive un Battesimo e riporta il Credo in forma interrogativa. Ecco il testo.*

*" Un diacono discenda nell'acqua insieme con colui che deve essere battezzato. Quando questi discende nell'acqua, colui che battezza gli imponga la mano sul capo chiedendo: «* Credi in Dio Padre onnipotente? *». Colui che viene battezzato risponda: «* Credo *». Lo battezzi allora una prima volta tenendogli la mano sul capo. Poi chieda: «* Credi in Cristo Gesù, figlio di Dio, che è nato per mezzo dello Spirito Santo dalla vergine Maria, è stato crocifisso sotto Ponzio Pilato, è morto ed è risorto il terzo giorno, vivo dai morti, è salito nei cieli, siede alla destra del Padre e verrà a giudicare i vivi e i morti? *». Quando colui che è battezzato avrà risposto: «* Credo *», lo battezzi una seconda volta, poi ancora chieda: «* Credi nello Spirito Santo e nella santa Chiesa e nella risurrezione della carne? *». Il battezzato risponda: «* Credo *». Così sia battezzato per la terza volta." Qui è chiara la professione di fede nella* ***risurrezione della carne****.*

## 6. I Padri della Chiesa del quarto e quinto secolo affermano l'esistenza del Purgatorio e il valore della preghiera per i defunti.

**Sant'Efrem Siro** (306-373) divide i morti in tre categorie: i perfetti (supra iudicium, già salvi e aatipremiati), gli imperfetti (sub iudicio, necessitano di purificazione) e gli empi (extra iudicium. già condannati).

**S. Cirillo di Gerusalemme** (313-386) afferma che la preghiera per i defunti è utile. *"Poi (nella preghiera eucaristica o anafora) preghiamo anche per i santi padri e vescovi e in generale per tutti quelli che si sono addormentati prima di noi, convinti che questo sia un grande vantaggio per le anime, per le quali viene offerta la supplica, mentre qui è presente la vittima santa e tremenda... Presentando a Dio le preghiere per i defunti, anche se peccatori,... presentiamo il Cristo immolato per i nostri peccati, cercando di rendere clemente per loro e per noi il Dio amico degli uomini"* (S. Cirillo di Gerusalemme, Catecheses Mistagogicae 5,9,10).

**S. Ambrogio** (337-397), ispirandosi a **1Cor 3,11-17**, afferma che i buoni attraversano senza dolore questo fuoco e salgono al terzo cielo o paradiso; coloro che sono completamente cattivi cadono nell'inferno; i cristiani imperfetti vanno in un luogo di purificazione, in attesa di essere perfetti. Ispirandosi al IV Libro di Esdra (7,32) che lui considera canonico, afferma che questo periodo tra il tempo terreno e l'eternità felice è un **"tempo intermedio"**, "*durante il quale ai defunti possono giovare le intercessioni e i sacrifici dei vivi per accelerare e ottenere la completa assoluzione che li fa santi*". Lui, come **S. Girolamo** (347-420), insegna la salvezza finale di tutti i fedeli.

**S. Agostino** (354-430) dice che dopo il giudizio particolare l'anima riceve una parte del premio o del castigo e il compimento sarà dopo il giudizio finale. Commentando **1Cor 3,15** afferma che i peccati dei morti imperfetti possono essere espiati: "*Si afferma che coloro i quali nella vita terrena ebbero costumi e amori tali che il loro legno, fieno e paglia siano bruciati,* ***sperimentino il fuoco di una transitoria sofferenza****, il quale brucia tali costruzioni che, sebbene non meritevoli della condanna, hanno bisogno di purificazione.*" (S. Agostino, De civitate Dei 21,26). Lo stesso Sant'Agostino cita la frase che sua madre **S. Monica** disse a lui e a suo fratello che si preoccupavano se seppellirla lì a Ostia o pittosto riportarla a Tagaste in Africa: ": "*Seppellite questo corpo dove che sia, senza darvene pena. Di una sola cosa vi prego:* ***ricordatevi di me, dovunque siate, innanzi all'altare del Signore.***" (Sant'Agostino, Confessiones 9,11,22).
Questa richiesta di Santa Monica, mamma di sant'Agostino, fa riferimento **a una prassi della Chiesa**, sempre più presente dopo Tertulliano (fine del 2° secolo D. C. ), sia in Oriente che in Occidente, **di introdurre nelle Messe** l'intercessione per i vivi prima del racconto dell'istituzione e **il Memento dei morti dopo il racconto dell'Istituzione**. Il Memento dei morti e la proclamazione dei loro nomi era tralasciato nella Chiesa di Roma nelle domeniche e nei giorni festivi, ma le Chiese della Gallia e dell'Egitto mantennero questo Memento dopo il racconto dell'istituzione come era stato introdotto nelle Chiese dell'Oriente. **San Cirillo di Gerusalemme e San Giovanni Crisostomo avevano giustificato questa collocazione sostenendo che "*la memoria dei defunti al cospetto della Vittima che suscita trepidazione ha per loro una particolare efficacia salvifica*".**

**Il Memento per i morti** divenne poi abituale nel Sacrificio della Messa e **il Papa S. Gregorio III** (731-741) nella Lettera "Magna nos habuit" dice che "***La Santa Chiesa ritiene che chiunque può fare offerte per i propri morti e il sacerdote è tenuto a farne memoria e intercedere***". Denz.296.a (583).

### 7. Pronunciamenti ufficiali della Chiesa sull'esistenza del Purgatorio e sul valore dei suffragi attraverso Concili o altri documenti pubblici.

Il **2° Concilio di Lione (1274)** dichiara: "***Quanto alle persone che sono decedute con pentimento e nella carità, prima di aver soddisfatto a ciò che***

***hanno commesso o omesso con degni frutti di penitenza: le loro anime vengono purificate dopo la morte con pene purificatrici o riparatrici (poenis purgatoriis seu catharteriis) …. Possono giovare a diminuire o togliere queste pene i suffragi dei fedeli vivi, cioè i sacrifici delle Messe, preghiere, elemosine o altre pratiche di pietà o di carità dei fedeli per altri fedeli conforme è stabilito dalla Chiesa.*** " Denz. 464 [1] ( 856) [2]

**Il Concilio di Firenze (1439-1445) ripete la stessa dichiarazione** con le stesse parole, Denz. 903 (1304).

Il **Papa Leone X (1513-1521)** condannò con la Bolla "Exsurge Domine" alcuni **errori di Martin Lutero** tra cui la frase "*Il Purgatorio non può essere provato dai libri canonici della Sacra Scrittura*", Denz. 777 (1487).

**La Professione di fede del Concilio di Trento (1545-1563)** afferma: "***Credo che esiste il Purgatorio, e che le anime che vi si trovano possano trarre giovamento dai suffragi dei fedeli vivi***" , Denz. 998 (1867).

**Il Concilio Ecumenico Vaticano II (1962-1965)** nella costituzione Lumen Gentium n. 51 afferma: "*Questa veneranda fede dei nostri maggiori circa* ***il vitale consorzio con i fratelli che sono nella gloria o ancora dopo la morte stanno purificandosi, questo Sacrosanto Concilio la riceve con grande pietà e nuovamente propone*** *i decreti dei Sacri Concili Niceno II (anno 787 sulla venerazione del crocifisso e delle immagini Denz.302(600), Fiorentino (anni 1439-1445 sull'esistenza del purgatorio e sul valore dei suffragi Denz. 693 (1304) e Tridentino (anni 1545-1563 sul purgatorio e la predicazione di questa verità Denz. 983(1820). E insieme, con paterna sollecitudine esorta tutti quelli a cui spetta, perché, se si fossero infiltrati qua e là abusi,eccessi o difetti, si adoperino per toglierli o correggerli e tutto ristabiliscano per una più piena lode di Cristo e di Dio.* **LG 51** .

### 8. Articoli del Catechismo della Chiesa Cattolica (1992).

Il **Papa Giovanni XXIII** quando iniziò il Concilio Ecumenico Vaticano II espresse il desiderio che le verità cattoliche fossero manifestate più chiaramente e in un linguaggio più semplice e non molto tempo dopo il Papa Giovanni Paolo II e alcuni Vescovi e Teologi misero in pratica questo desiderio e in sei anni di

1 Denzinger-Rahner , E*nchiridion Symbolorum Definitionum et Declarationum de rebus fidei et morum, Friburgo 1952. Abbreviazione Denz.*

2 Denzinger-Schönmetzer, E*nchiridion Symbolorum Definitionum et Declarationum de rebus fidei et morum editio XXXVI, Herder Friburgo 1976. È il numero tra parentesi.*

lavoro produssero il Catechismo della Chiesa Cattolica. Questo documento fu introdotto dalla **Costituzione Apostolica "Fidei Depositum" per la pubblicazione del CATECHISMO DELLA CHIESA CATTOLICA redatto dopo il Concilio Ecumenico Vaticano II, firmata da Giovanni Paolo II con data 11 ottobre 1992**, trentesimo anniversario della apertura del Concilio. Questo documento ufficiale, con valore dottrinale, edito dalla Libreria Editrice Vaticana, 1992, viene citato con l'abbreviazione **CCC** e i numeri originali. Ecco i numeri che parlano della vita dopo la morte e del Purgatorio.

Per sottolineare che questo documento è letto anche da persone semplici in riunioni di Azione Cattolica o simili, confesso che mentre stavo studiando questo tema, ho trovato un biglietto con la scrittura di mia mamma che diceva: "Catechismo della Chiesa Cattolica 1022" che tratta esplicitamente dell'argomento:

**CCC 1022** :"*Ogni uomo fin dal momento della sua morte riceve nella sua anima immortale la retribuzione eterna, in un giudizio particolare che mette la sua vita in rapporto con Cristo, per* ***cui o passerà attraverso una purificazione, o entrerà immediatamente nella beatitudine del cielo, oppure si dannerà immediatamente per sempre***". E subito aggiunge una frase di S. Giovanni della Croce: "*Alla sera della vita, saremo giudicati sull'amore*".(Parole di luce e di amore 1,57).

Poi i numeri **1031 e 1031** trattano esplicitamente del Purgatorio.

**CCC1030:** *"Coloro che muoiono nella grazia e nella amicizia di Dio, ma sono imperfettamente purificati, sebbene siano certi della loro salvezza eterna,* ***sono però sottoposti, dopo la loro morte, ad una purificazione, al fine di ottenere la santità necessaria per entrare nella gioia del cielo***. E **CCC 1031**: "***La Chiesa chiama Purgatorio*** *questa purificazione finale degli eletti, che è tutt'altra cosa dal castigo dei dannati. La Chiesa ha formulato la dottrina della fede relativa al Purgatorio soprattutto nei concili di Firenze e di Trento. La Tradizione della Chiesa, rifacendosi a certi passi della Scrittura, parla di un fuoco purificatore:* (qui in nota dice: Cf ad esempio 1Cor 3,15 e 1Pt 1,7) e continua: "*Per quanto riguarda alcune colpe leggere, si deve credere che c'è, prima del Giudizio (*NR finale*) un fuoco purificatore; infatti colui che è la Verità afferma che se qualcuno pronuncia una bestemmia contro lo Spirito Santo, non gli sarà perdonato né in questo secolo, né in quello futuro (Mt 12,31). Da questa affermazione si deduce che certe colpe possono essere rimesse in questo secolo, ma certe altre nel secolo futuro".* Mi soffermo ancora su 1Cor 3,15 in tutto il contesto di 1Cor 3,11-17 di cui abbiamo visto anche i commenti dei Padri della Chiesa. Ai cristiani di Corinto che si aggregavano a un predicatore o a un altro Paolo afferma che il fondamento della predicazione e della vita è uno solo: Gesù

Cristo, e che la risposta alla Parola nella vita può essere o con opere buone, un materiale non deperibile, o con opere non totalmente buone, un materiale infiammabile, o una distruzione del fondamento. Il v. 15 dice che chi costruisce con materiale infiammabile il giudizio particolare lo mostrerà, sarà salvo ma passerà per una purificazione morale, come passando per il fuoco (οὑτως δέ ὡς διά πυρός).

Il numero 1032 parla della possibilità di aiutare le anime del Purgatorio con suffragi e opere buone.

**CCC 1032 :** "*Questo insegnamento poggia anche sulla pratica della preghiera per i defunti di cui la Sacra Scrittura già parla: "Perciò (Giuda Maccabeo) fece offrire il sacrificio espiatorio per i morti, perché fossero assolti dal peccato* ***(2Mac 12,46)". Fin dai primi tempi la Chiesa ha onorato la memoria dei defunti e ha offerto per loro suffragi, in particolare il sacrificio eucaristico****, affinché, purificati, possano giungere alla visione beatifica di Dio. La Chiesa raccomanda* ***anche le elemosine, le indulgenze e le opere di penitenza a favore dei defunti****."* E aggiunge questa raccomandazione: "*Rechiamo loro soccorso e commemoriamoli. Se i figli di Giobbe sono stati purificati dal sacrificio del loro padre* ***(Gb 1,5)****, èerché dovremmo dubitare che le nostre offerte per i morti portino loro qualche consolazione? Non esitiamo a soccorrere coloro che sono morti e ad offrire per loro le nostre preghiere".*

Parlando della celebrazione liturgica dell'Eucaristia, il CCC ricorda che è azione di grazie, memoriale e presenza. È il memoriale del Sacrificio di cristo e del suo corpo che è la Chiesa .

**CCC 1369** dice: "*Tutta la Chiesa è unita all'offerta e all'intercessione di Cristo"* : la Chiesa universale e la Chiesa particolare (ogni Diocesi e parrocchia e comunità). **CCC 1370** : "*anche i membri che si trovano già nella gloria del cielo:* la Vergine Maria e i Santi e le Sante. Ed ecco

**CCC 1371: "*Il sacrificio eucaristico è offerto anche per i fedeli defunti "che sono morti in Cristo e non sono ancora pienamente purificati" affinché possano entrare nella luce e nella pace di Cristo".*** E qui cita la sopracitata richiesta di Santa Monica a S. Agostino e suo fratello e cita le **Catechesi di S. Cirillo di Gerusalemme (315-387 d.C**, *Catecheses mistagogicae 5,9,10)* che, come abbiamo visto quando abbiamo citato questo Padre della Chiesa del 4° secolo, riportano la preghiera nell'anafora con le intercessioni. Perché la partecipazione al sacrificio di Gesù è efficace:

**CCC 1372:** "*Sant'Agostino ha mirabilmente riassunto questa dottrina che ci sollecita ad una partecipazione sempre più piena al Sacrificio del nostro Redentore che celebriamo nell'Eucaristia:*

*"Tutta quanta la città redenta, cioè l'assemblea e la società dei santi (* NR *= cristiani), offre un sacrificio universale a Dio per opera di quel Sommo Sacerdote che nella passione ha offerto anche se stesso per noi, assumendo la forma di servo, e costituendoci come corpo di un Capo così importante ... Questo è il sacrificio dei cristiani: "pur essendo molti, siamo un solo corpo in Cristo" (Rom 12,5); e la Chiesa lo rinnova continuamente nel sacramento dell'altare, noto ai fedeli, dove si vede che in ciò che offre, offre anche se stessa"(Sant'Agostino, De civitate Dei 10,6).*

**Conclusione di questo studio sul Purgatorio e sul valore delle intercessioni per i Defunti:**

Abbiamo visto che ci sono alcune citazioni bibliche che alludono al Purgatorio. E ci sono altre citazioni bibliche che parlano del contesto in cui si inserisce il Purgatorio: la sopravvivenza dell'anima, il giudizio particolare, la santità necessaria per entrare in Paradiso e la vicinanza tra vivi e defunti. Abbiamo visto il pensiero di Platone sulla purificazione dopo la morte, seguito da Origene su rincarnazione. Gli autori cristiani del 2° e 3° secolo dopo Cristo: il Pastore di Erma, Tertulliano e Ippolito sono nella linea giusta, Origene con rincarnazione si stacca dalla tradizione cattolica. I Padri della Chiesa del quarto e quinto secolo affermano l'esistenza del Purgatorio e il valore della preghiera per i defunti. Pronunciamenti ufficiali della Chiesa sull'esistenza del Purgatorio e sul valore dei suffragi attraverso Concili o documenti e gli. Articoli del Catechismo della Chiesa Cattolica (1992).

## Risposte per difendere la fede cattolica

**1. La Chiesa. Che cosa è. Le sue caratteristiche. Che cosa non è.**

1.1 Che cosa è la Chiesa? La Chiesa è il popolo della nuova ed eterna alleanza, è il nuovo popolo di Dio, il nuovo Israele. Attraverso lo Spirito Santo e la Chiesa, e per mezzo della fede e della carità, diventa possibile il nostro incontro con il Signore Gesù, vivo, presente e operante in mezzo a noi. La Chiesa è uno strumento universale di evangelizzazione e di salvezza. E di divulgazione del Regno di Dio. È il gregge, il corpo, la vigna e la costruzione di Nostro Signore Gesù Cristo. È vero che occorre la disponibilità di ogni persona, con la propria risposta personale e positiva alla proposta dell'amore di Dio, ma è anche vero che Dio manifesta il suo amore attraverso la Chiesa. È la Chiesa che interpreta autenticamente la Bibbia, evangelizza, battezza, celebra, rinnova la memoria viva di Gesù, promuove i criteri di vita individuale e comunitaria, e la carità cristiana.

1.2 Quando Gesù ha promesso la Chiesa? Quando ha promesso di edificarla su Pietro e ha detto che le potenze degli inferi non prevarranno su di essa, in Mt 16,18.

1.3 In che occasione Gesù paragonò la Chiesa a un gregge? Quando Gesù affermò che lui è il Buon Pastore che dà la vita per le pecore, che le pasce, che deve guidare anche quelle che si sono disperse, in Gv 10,11-16. E anche quando disse a Pietro di pascere i suoi agnelli e le sue pecore, in Gv 21,15-19.

1.4 Quando Gesù ha paragonato la Chiesa a una vigna? Nell'ultima Cena, quando parla della vite e dei rami, in Gv 15,1-8. Aveva parlato di nuovi vignaioli in Mc 12,9; Mt 21,41; Lc 20,16.

1.5 Dove si dice nella Bibbia che Gesù è il capo della Chiesa e che la Chiesa è il Corpo Mistico di Gesù Cristo? Egli è anche il capo del corpo, della Chiesa, in Cl 1,18. Ora voi siete il corpo di Cristo e, ognuno secondo la propria parte, sue membra. Alcuni perciò Dio li ha posti nella Chiesa in primo luogo come apostoli, altri come profeti, in terzo luogo come maestri… in 1Cor 12,27-28. A ciascuno è data una manifestazione dello Spirito, a uno la sapienza, a un altro… e noi tutti siamo stati battezzati mediante un solo Spirito in un solo corpo, Giudei o Greci, schiavi o liberi, e tutti siamo stati dissetati in un solo Spirito, in 1Cor 12,7-14. Ora io sono lieto nelle sofferenze che sopporto per voi e do compimento nella mia carne a ciò che manca ai patimenti di Cristo, a favore del suo corpo che è la Chiesa. in Cl 1,24. Questo appare chiaro anche quando se si dice che noi che mangiamo un unico corpo di Cristo nell'Eucaristia, benché molti, siamo un unico corpo, in 1Cor 10.16-17; 11,22-27.

1.6 Dove si dice che la Chiesa è testimone di Cristo in ogni parte e fino ai confini della terra? Riceverete la forza dello Spirito Santo che scenderà su di voi, e di me sarete testimoni in Gerusalemme, in tutta la Giudea e la Samaria e fino ai confini della terra, in At 1,8, e anche negli altri passi del mandato missionario, in Mt 24,14; 28,18-20; Mc 16,15-16; Lc 24,47-48.

1.7 Dove la Bibbia dice che la Chiesa è la sposa di Gesù Cristo? La Bibbia lo afferma quando dice che i mariti devono amare le mogli come Gesù Cristo ha amato la Chiesa e ha dato se stesso per lei per renderla santa, purificata con l'acqua e la parola, e presentarla a se stesso gloriosa, santa e immacolata, e la nutre e la cura, in Ef 5,22-32. E anche dove si parla della Sposa dell'Agnello, la nuova città fondata sul fondamento degli Apostoli, in Ap 21,9-14 e 22,17.

1.8 Come è cominciata la Chiesa? Gesù ha riunito gli Apostoli e i discepoli, dando loro esempi e insegnamenti come leggi della Nuova Alleanza, è morto e è risorto per noi, secondo le Scritture. Jo 19,34 racconta che dal cuore aperto di Gesù sono usciti acqua e sangue, segno del popolo dei battezzati e di quelli che ricevono l'Eucaristia, cioè segno della Chiesa (i Santi Padri paragonano a Gn 2,22: dalla costola di Adamo fu formata Eva, dal costato aperto di Gesù è uscita la Chiesa). Gesù risuscitato ha dato nuove orientazioni e poteri agli Apostoli e li ha inviati. A Pentecoste la chiesa ha cominciato ufficialmente la propria missione, in At 1,13-14 e 2,1-11.40-41.

1.9 Quali sono le caratteristiche della Chiesa? La Chiesa è una,santa, cattolica e apostolica.

1.10 Dove si dice che la Chiesa è una? La chiesa è una, cioè unica, unita, perché uno solo è il corpo di Cristo. Lo dice Ef 1,22-23: Tutto infatti ha messo sotto i suoi piedi e ha dato Cristo alla Chiesa come capo di tutte le cose: essa è il corpo di Lui, la pienezza di colui che è il perfetto compimento di tutte le cose… e Ef 4,2-6: Sopportandovi a vicenda nell'amore, avendo a cuore di conservare l'unità dello spirito per mezzo del vincolo della pace. Un dolo corpo e un solo spirito, come una sola è la speranza alla quale siete stati chiamati, quella della vostra vocazione; un solo Signore, una sola fede, un solo battesimo. Un solo Dio e Padre di tutti, che è al di sopra di tutti, opera per mezzo di tutti ed è presente in tutti. Gv 17,20-21 racconta che Gesù stesso pregò nell'ultima Cena perché tutti quelli che avrebbero creduto in Lui fossero una cosa sola, perché il mondo creda che il Padre lo ha mandato. Perché allora troviamo nella Bibbia frasi su Chiese al plurale come le 7 Chiese che sono in Asia, in Ap 1,4 o le Chiese della Galazia, in Gl 1,2? Perché lì si parla di comunità cristiane di luoghi diversi, di Diocesi diverse, come la Chiesa che è in Antiochia, in At 13,1 o la Chiesa di Dio che è in Corinto, in 2 Cor 1,1, ma appartengono all'unica Chiesa di Gesù Cristo.

1.11 Dove si dice che la Chiesa è santa? Paolo agli Efesini dice: Cristo ha amato la Chiesa e ha dato se stesso per lei per renderla santa,purificandola con l'acqua mediante la parola... per presentare a se stesso una Chiesa gloriosa, senza macchia, santa e immacolata, in Ef 5,25-27. Per questo Pietro afferma: Voi invece siete stirpe eletta, sacerdozio regale, nazione santa, popolo che Dio si è acquistato perché proclami le opere ammirevoli di lui, che vi ha chiamayo dalle tenebre alla sua luce meravigliosa, in 1 Pt 2,9 . E Paolo a Tito esclama: Il nostro grande Dio e Salvatore Gesù Cristo ha dato se stesso per noi, per riscattarci da ogni iniquità e formare per sé un popolo puro che gli appartenga,pieno di zelo per le opere buone, in Tt 2,14 Perciò la Chiesa è santa perché santo è Gesù, suo capo. È santa perché purifica e santifica per mezzo della Parola e dei Sacramenti. La chiesa è santa perché ha santificato moltissime persone lungo i secoli e continua esortando alla santità, come in 1Ts 4,3-9. La Chiesa è anche peccatrice, perché i suoi membri sono umani e in mezzo al grano c'è la zizzania, per questo occorre che tutti cerchino continuamente il cammino della conversione e purificazione.

1.12 Dove si dice che la Chiesa è cattolica? Cattolica significa universale, destinata a tutti coloro che in ogni luogo della terra aderiscono alla fede in Gesù, al nome di Gesù Figlio di Dio. L'Antica Alleanza era destinata al popolo ebreo, ma la nuova Alleanza è destinata a tutti i popoli, lingue e nazioni, come in Ap 7,9. Gesù ha inviato gli Apostoli a a tutti i popoli, in Mc 16,15 e Mt 28,19 e Lc 24,47 e 1At 1,8. il vangelo del regno sarà annunciato a tutto il mondo, perché ne sia fata testimonianza a tutti i popoli, aveva previsto, in Mt 24,14. Innalzato da terra, ha attratto tutti a sé, in Gv 12,32 e 1Gv 2,2 e sia da oriente che da occidente, in Mt 8,11, per formare un popolo solo, annunciando la pace a coloro che erano lontani e a coloro che erano vicini, in Ef 2,14.17-18; Ef 3,6. Quando si parla di Chiesa particolare si parla della Chiesa che è presente in una città con il suo territorio, di una Diocesi che ha il suo Vescovo, ma appartiene a tutta la Chiesa cattolica, universale, alla sua vita e alla sua azione.

1.13 Dove si dice che la Chiesa è apostolica? Quando si afferma che la Chiesa ha come base gli Apostoli, come in Ef 2,19-20: Voi siete concittadini dei santi e familiari di Dio, edificati sopra il fondamento degli Apostoli, avendo come pietra d'angolo lo stesso Gesù Cristo. O quando si dice che la comunità cristiana segue la dottrina degli Apostoli: in At 2,42: Erano perseveranti nell'insegnamento degli Apostoli e nella comunione, nello spezzare il pane e nelle preghiere. Oggi il Papa Francesco è il successore di Pietro n° 266 e i vescovi sono i successori degli Apostoli e cerceno di mantenere la stessa dottrina presente nella Bibbia e nella Tradizione della Chiesa e che è riassunta nel Credo.

1.14 Perché alcuni dicono che la Chiesa è la nuova Babilonia? Alcuni fanno erroneamente questa affermazione, applicando alla Chiesa Cattolica quello che è scritto in Ap 17,1-14 e si riferisce all'impero Romano nel tempo delle persecuzioni. È vero che la Chiesa Cattolica ha la sua sede centrale in Roma, ma il persecutore fu l'imperatore romano, mentre la Chiesa fu la perseguitata ed ebbe molti Martiri, quelli che in Ap 7,14 sono quelli che vengono dalla grande tribolazione e hanno lavato le loro vesti nel sangue dell'Agnello, Lui che è il vincitore, il Signore dei signori, il re dei re, e quelli che stanno con lui sono i chiamati, gli eletti e i fedeli, in Ap 17,14. La Chiesa Cattolica è il popolo che uscito dall'influenza del paganesimo di babilonia, per non associarsi ai suoi peccati e non ricevere parte dei suoi flagelli., come è detto in Ap 18,4.

1.15 Lungo la storia ci sono state persone della Chiesa che hanno commesso errori, ma ci sono state anche false interpretazioni della storia stessa che hanno calunniato ingiustamente la Chiesa Cattolica. L'atteggiamento più giusto è quello di imitare Gesù Cristo che ha dato la sua vita per rendere la sua Chiesa gloriosa, santa e immacolata, come dice Ef 5,27, aiutando la santificazione in essa e partendo da lei, e non combattendola da fuori. Le altre Chiese Cristiane hanno ricevuto dalla Chiesa Cattolica il Nuovo Testamento e la fede in Gesù Cristo, dato che sono sorte molti secoli dopo che queste cose cominciarono.

## 2 Il Papa. Il successore di Pietro. Conferma i fratelli nella fede. Non è il 666. Finora 266.

2.1 Il Papa è il successore di Pietro nel servizio di confermare i fratelli nella fede e mantenere unita la Chiesa Cattolica. È la pietra fondamentale della Chiesa visibile. Lui coordina i Vescovi e le Chiese locali che evangelizzano e celebrano nel mondo intero. Lui non è la seconda bestia dell'Apocalisse, perché il numero 666 non rappresenta il Papa, ma chi perseguita i cristiani.

2.2 Gesù ha cambiato il nome di Simone in Pietro, che significa pietra, in Gv 1,42.

2.3 Pietro su suggerimento del Padre professò la fede in Gesù riconoscendo in lui il Figlio di Dio, il Salvatore consacrato e inviato da Dio, in ebraico Messia, in greco Cristo, in Mt 16,16-17.

2.4 Gesù ha promesso a Pietro che su di lui come pietra avrebbe edificato la sua Chiesa e le potenze degli inferi non avrebbero mai prevalso su di essa. Pietro ricevette le chiavi del Regno dei cieli, con il compito di legare e sciogliere ratificato in cielo, in Mt 16,18-19.

2.5 Gesù ha dato a Pietro la capacità di essere il pastore delle sue pecore. Le pecore sono di Gesù, è Lui il pastore principale, in Gv 10,11.14-16. Ma Gesù ha affidato le sue pecore a Pietro per seguirlo, in Gv 21,19, perché le pecore non si perdano e abbiano amore a Lui, in Gv 21,15-17.

2.6 Gesù ha predetto che Pietro l'avrebbe rinnegato tre volte, ma ha pregato per lui, perché la sua fede non venisse meno e una volta convertito confermasse nella fede i suoi fratelli, in Lc 22,31-32. Ecco il compito del Papa: confermare nella fede i fratelli, i cristiani di tutto il mondo.

2.7 Pietro è l'Apostolo più citato nel Nuovo Testamento: è il primo con 171 volte, secondo è Giovanni con 46 volte. Nella lista dei dodici Apostoli Pietro è sempre citato al primo posto, come in Mt 10,2-4 (lì Matteo dice: primo Pietro), e in Mc 3,16-19; Lc 6,13-16 e At 1,13-14.

2.8 Pietro ha ricevuto da Gesù attenzioni particolari: camminare sulle acque, in Mt 14,27-31, pagare per loro due il tributo, in Mt 17,23-26, gli ha predetto la morte e il modo, in Gv 21,18.

2.9 Pietro si è comportato come il primo responsabile nei primi passi della Chiesa. Infatti è Pietro che presiede la scelta di Mattia al posto di Giuda Iscariote, in At 1,15-26. È Pietro che fa il primo discorso nel giorno di Pentecoste, in At 2,14-36, come pure in At 3,12-26. È Pietro che dà testimonianza di Gesù davanti al sinedrio dopo la cura del paralitico, in At 4,8-12. È Pietro che ha ricevuto nella Chiesa il centurione Cornelio e i primi pagani, in At 10,44-48. È Pietro che parla per primo nel Concilio di Gerusalemme per accogliere i pagani senza imporre la circoncisione e i precetti della legge giudaica e tutta l'assemblea tacque e poi ascoltarono Barnaba e Paolo e poi Giacomo,in At 15,7-13.

2.10 Il numero 666. Il libro dell'Apocalisse è stato scritto dall'apostolo Giovanni, autore del quarto vangelo e di tre Lettere. Ha scritto l'Apocalisse per i cristiani dell'Asia Minore perseguitati dall'imperatore Nerone, profetizzando la vittoria finale di Gesù Cristo. Questi cristiani capivano il greco e l'ebraico, ma non capivano il latino. E se avessero capito nella traduzione latina una accusa contro il Papa, l'avrebbero ripudiata come una calunnia diabolica, perché S. Pietro e i primi 30 Papi morirono Martiri per la sua fede e la fedeltà a Gesù Cristo. Potevano però calcolare facilmente il nome greco di Cesare Nerone con il valore numerico delle corrispondenti lettere ebraiche scritte da destra a sinistra come gli Ebrei. Qaisar Neron risulta così:

N O R N e R S Q
Nun Hòlem Resh Nun Resh Samek Qof

50 + 6 + 200 + 50 + 200 + 60 + 100 = 666.

Questo numero indica qualcuno del tempo in cui il libro fu scritto o che anche in tempo successivo abbia perseguitato i cristiani. Le lettere dell'alfabeto greco e soprattutto le lettere dell'alfabeto ebraico avevano un valore numerico, ed anche alcune lettere dei numeri romani. Secondo la gematria, cioè l0interpretazione del valore numerico delle lettere, è possibile arrivare al numero 666 scrivendo in queste lettere Nerone Cesare (come era chiamato l'imperatore, o Domiziano Cesare anno 16 o Cesare dio, ottenendo il numero 616 che il numero che appare in altri manoscritti originali al posto di 666. Totalmente sbagliata è l'interpretazione delle parole in latino come vorrebbero quelli che propongono di leggervi la figura del Papa, dato che il libro fu scritto in greco e il latino non era ancora molto usato. Le parole che loro propongono Vicarius Filii Dei, è un titolo da loro inventato per ottenere questa falsità, perché il Papa mai fu chiamato così, ma quando fu chiamato in latino fu chiamato Vicarius Christi, Servus servorum Dei, in italiano Papa, o come S. Caterina: Il dolce Cristo in terra.

2.11 Certamente la seconda bestia dell'Apocalisse, in Ap 13,18 (ultimo versetto del cap. 13) rappresenta un imperatore, che perseguitava i cristiani e diffondeva errori. L'imperatore Nerone, il Cesare Nerone, voleva per sé gli onori di un dio, si doveva adorare la sua statua, e comandò il martirio di Pietro e di Paolo e di migliaia di cristiani. Certamente la seconda bestia non rappresenta il Papa incaricato di pascere il gregge di Cristo, in Gv 21,15-17, e di confermare nella fede i propri fratelli,in Lc 22,31-32. I cristiani seguono la fede di Pietro, in Mt 16,16 e l'amore di Pietro, in Gv 21,15-17 e di ogni Papa successore di Pietro.

2.12 Pietro era molto stimato nella comunità, dato che perfino la sua ombra curava gli ammalati, in At 5,15-16. Dopo che Erode fece uccidere Giacomo, fratello di Giovanni, e fece imprigionare Pietro con doppie catene e doppia guardia, la Chiesa pregava per lui incessantemente a Dio, in At 12, e ottenne una liberazione miracolosa. Lo stesso Paolo, dopo la sua conversione rimase 3 anni in Damasco, ma dopo salì a Gerusalemme per conoscere Cefa (che significa pietra, Pietro) e rimase con lui quindici giorni, in Gl 1,18.

2.13 Pietro spostò la sua sede da Gerusalemme a Antiochia e da Antiochia a Roma. A Roma morirono Pietro e Paolo. Pietro fu crocifisso con il capo all'ingiù nel colle del Vaticano, e Paolo fu decapitato nella Via Ostiens, esattamente dove sorgono ora la Basilica di san Pietro e la basilica di san Paolo fuori le mura. Pietro ebbe come successore Lino negli anni 67-76 dell'era cristiana), e poi Anacleto (76-88), Clemente (88-97), e così di seguito. I primi 30 Papi morirono tutti martiri. A un Papa sempre è succeduto un altro Papa fino ad oggi.

2.14 S. Ignazio di Antiochia scrisse nell'inizio del 2° secolo (anno 107) : La Chiesa di Roma presiede tutta la Chiesa nella carità. Tertulliano e S. Cipriano un secolo dopo scrissero: La Chiesa fu costruita su Pietro. Nel 4° secolo S. Ambrogio scrisse: Dove c'è Pietro, lì c'è la Chiesa di Gesù Cristo. In questa frase Pietro significa il suo successore: il Papa.

2.15 Il Papa Giovanni Paolo 2° (ora Santo), si chiamava Karol Wojtyla, fu il Papa di numero 264 nella storia della Chiesa Cattolica. Fu un Papa molto carismatico e diresse la Chiesa nella difesa della fede, della pace, del dialogo con le altre religioni e della azione missionaria, in un autentico servizio al regno di Dio e al bene di tutti i popoli del mondo. Il Papa Benedetto 16, è Josef Ratzinger, è stato il Papa numero 265 della Chiesa Cattolica, cercando di portare avanti la stessa missione e ha firmato un documento con Bartolomeo 1° Patriarca de Istanbul per una maggiore vicinanza tra la chiesa Ortodossa dell'Oriente con la Chiesa Cattolica universale. E ha pregato con il grande Muffir dei Mussulmani nella Moschea azzurra all'unico Dio. Il Papa Francesco si chiama Jorge Mario Bergoglio, è il Papa di numero 266 e sta compiendo una missione meravigliosa sia in campo religioso che in campo sociale, come manifestano i suoi incontri, i suoi viaggi, i suoi discorsi, l'Esortazione Evangelii Gaudium e l'Enciclica Laudato Sì.

## 3 Cristiani Cattolici. Nome di chi appartiene alla Chiesa Cattolica.

3.1I nomi con cui sono chiamati nella Bibbia i seguaci di Gesù Cristo os seguidores de Jesus Cristo na Bìblia sono: fedeli, discepoli, cristiani, fratelli, chiamati alla santità, santi e eletti, quelli che appartengono alla comunità, alla Chiesa, quelli che seguono il Cammino.

3.2Noi siamo "Cristiani Cattolici". Cattolici è l'affettivo del sostantivo Cristiani. Siamo Cristiani, cioè discepoli di Gesù Cristo, e apparteniamo alla Chiesa di Gesù Cristo, che è una, santa, cattolica e apostolica. La nostra Chiesa è romana, perché ha la sua sede principale a Roma e perché usiamo nella liturgia il rito romano. La nostra Chiesa è Cattolica, perché è aperta a tutti i popoli e a tutte le culture, come abbiamo visto nel n° 1.12 e cerca di preparare la moltitudine celeste descritta in Ap 7,9.

3.3La parola che si affermò più di tutte fino dai primi secoli è stata "Cristiani", perché gli altri nomi erano usati dai cristiani tra di loro, mentre cristiani era usato anche dagli altri, era il nome con cui i pagani identificavano i seguaci di Gesù Cristo. Paolo e Barnaba durante un anno intero rimasero in quella Chiesa e istruirono molta gente. Ad Antiochia per la prima volta i discepoli furono chiamati cristiani, in At 11,26.. Anche il re Agrippa dice a Paolo: Ancora un poco e mi convinci a farmi cristiano, in At 26,28. E Pietro afferma nella sua Prima Lettera: Se uno soffre come cristiano, non ne arrossisca; per questo nome , anzi, dia gloria a Dio, in 1Pt 4,16.

3.4Nella Bibbia "fedeli" indica fede e unione, come in At 2,42-47; 4,4.32; 9,41. "Discepoli" indica coloro che appartengono al gruppo, come in At 9,10.26.36. "Fratelli" indica una buona relazione dentro la Comunità o con altre Comunità, come in At 11,1.29, o anche in un discorso agli Ebrei, come in At 2,29; 3,17, 22,1. "Comunità" indica il gruppo di appartenenza, come in At 11,26. "Chiesa" indica la struttura spirituale, il gregge di Cristo, la famiglia dei figli di Dio, come in At 12,1; 13,1; 16,5 e 20,28! "Cammino", "dottrina", "religione", si riferisce all'insegnamento della verità, come in At 18,25-26, e anche in Mt 22,16; At 9,2; 19,9.23; 22,4; 24,14.22, o siriferisce alla condotta morale, come in 1Cor 4,17; 2Pd 2,2; al carisma, in 1Cor 12,31, o al cammino di salvezza per mezzo di Gesù Cristo, come in Gv 14,6 e Eb 10,20.

3.5Plinio, storico pagano, segnala all'epoca degli imperatori Nerone e Domiziano un gruppo speciale che chiama "cristiani, perché seguono la dottrina di un certo Cristo".

3.6Anticamente il Catechismo aveva questa domanda: " Sei cristiano?" E la risposta era: "Sì, sono cristiano per grazia di Dio". Essere cristiano cattolico è una grande grazia, perché è essere un discepolo di Cristo, nella sua Chiesa. Che cerca la salvezza di tutti i popoli. Dio ci ha creati e Gesù ci ha salvati per conoscerlo, amarlo e servirlo in questa vita, per goderlo nella felicità del paradiso. O, come il Beato Papa Paolo VI ha corretto, per conoscerlo e farlo conoscerlo, per amarlo e farlo amare, per servirlo e farlo servire, per poi goderlo tutti insieme nella felicità eterna del paradiso.

## 4 Immagini. Differenza tra immagine e idolo. Venerazione lecita delle immagini.

4.1Il popolo Ebreo rimase un tempo como schiavo in Egitto e come popolo in esilio in Babilonia e per questo Dio ha proibito di adorare le immagini degli idoli, cioè di falsi dei, come in Es 20,3-5, dato che di farsi idoli come il vitello d'oro che era un idolo dell'Egitto, in Es 4-6.

4.2Ma Dio stesso ha ordinato di fare un serpente di metallo: Fatti un serpente e mettilo sopra un'asta; chiunque sarà stato morso e lo guarderà resterà in vita. Mosè allora fece un serpente di bronzo e lo mise sopra l'asta, in Nm 21,8-9.

Notiamo che il serpente di bronzo non era un idolo, un falso dio, che doveva essere adorato, ma era appena una figura che doveva essere guardata, contemplata.

4.3 Altre immagini buone non sono proibite, anzi Dio stesso comanda di fare immagini di cherubini da mettere sul coperchio dell'arca, come in Es 25,18ss. Anche nel Tempio di Gerusalemme c'erano ornamenti di cherubini e palme come descritto in 1Rs 6,23.29; 7,29; Ez 41,18-20.25.

4.4 L'immagine del serpente di bronzo prefigurava Gesù inchiodato in croce: Come Mosè innalzò il serpente nel deserto, così bisogna che sia innalzato il Figlio dell'uomo, perché chiunque crede in lui abbia la vita eterna, in Gv 3,14-15.

4.5 Una cosa è è l'immagine di un idolo, che si adora pensando che sia l'idolo stesso, altra cosa è un'altra immagine che è come una foto. Dio che ha proibito di fare immagini di idoli, ma ha perfino chiesto di fare immagini che non erano di idoli come il serpente di bronzo e i cherubini.

4.6 Le immagini del culto cattolico non sono di idoli, non sono fatte per essere adorate. Sono solo venerate con affetto perché ricordano Gesù Cristo o sua madre o qualcuno che ha imitato il Signore in maniera straordinaria, e noi chiamiamo santo o santa.

4.7 I fedeli hanno per queste immagini venerazione, cioè rispetto, ammirazione, stima, amicizia, lo stesso rispetto che si ha per una persona cara, con il desiderio di imitarne le virtù.

4.8 La bibbia dà alla parola immagine anche un significato positivo. L'uomo fu fatto a immagine e somiglianza di Dio: Gn 1,26-27; 5,1; 9,6; Sap 2,23; Sir 17,1; Sal 2,23.

4.9 Gesù Cristo è l'immagine perfetta di Dio Padre, in 2Cor 4,4; Col 1,15.

4.10 Vi siete rivestiti dell'uomo nuovo, che si rinnova per una piena conoscenza, ad immagine di Colui che lo ha creato, in Col 3,10

4.11 I cristiani sono predestinati a essere conformi all'immagine del Figlio suo, perché sia il primogenito di molti fratelli, in Rm 8,29.

## 5 Santo e Santi.

5.1 La parola "santo" è la traduzione della parola ebraica " kódesh" che significa tagliato, separato, cioè tagliato dal mondo profano e separato per essere di Dio. La parola "santo" non è mai usata per indicare le immagini. La parola "santo" indica qualcuno o qualcosa che è puro, sacro, che è di Dio. La santità viene da Dio.

5.2Dice il libro del Levitico: Il Signore parlò a Mosè: Parla a tutta la comunità degli Israeliti dicendo loro: “Siate santi, perché io, il Signore vostro Dio, sono santo”, in Lv 19,1-2. E ripete nel capitolo successivo: “sarete santi per me, poiché io il Signore sono santo e vi ho separato dagli altri popoli, perché siate miei”, in Lv 20,26. Questo invito è ripetuto da Pietro nella Prima Lettera: “Ad immagine del Santo che vi ha chiamati, diventate santi anche voi in tutta la vostra condotta; poiché sta scritto: Voi sarete santi, perché io sono santo”, in 1Pt 1,15-16.

5.3Dove la Bibbia chiama Dio “Santo, santo, santo”, cioè santissimo, perfettamente santo? In Is 6,3 e in Ap 4,8. Dove dice che Lui è santo e nessuno è santo come Lui? In 1Sm 2,2, Sal 98/99,3-5.9.

5.4Dove si dice che quello che gli appartiene è santo? Santo è il nome di Dio, in Sal 144/145,21. Santa è la sua dimora, in Dt 26,15. Santo è il suo tempio, in Sal 11/10,4; Ab 2,20, che chiama anche santuario, in Sal 102/101,20; Lv 19,30. Sono santi i sacerdoti, servitori del santuario, in Lv 21,7-8.15 e le cose consacrate, in Lv 22,3, le vittime dei sacrifici, in Lv 22,29-33, il sabato, giorno della santa assemblea, in Lv 19,30; Ex 20,8, le sacre convocazioni, cioè le Feste sacre, in Lv 23,2.7-8.16-17.24.34; 25,10-13. Dio vuole che a Lui si innalzi l’anima di ogni individuo, in Sal 86/85,4 e tutte le nazioni, in Sal 86/85,9-10. Tra i suoi sacerdoti ci furono Mosè e Aronne e Samuele, in Sal 99/98,6.

5.5Dove si dice che Gesù è nato completamente santo? In Lc 1,35. Dove Pietro chiama Gesù il Santo di Dio? In Gv 6,67-69. E dove proclama Gesù il santo e il giusto? In At 3,14.

5.6Dove Gesù è chiamato Sacerdote santo? In Eb 7,26. Dove si dice che con l’oblazione del suo corpo santificò i fedeli? In Eb 10,10.14.

5.7Come chiama Paolo quelli che appartengono alla Chiesa di Dio che è a Corinto? Li chiama “coloro che sono stati santificati in Cristo Gesù, santi per chiamata, insieme a tutti quelli che in ogni luogo invocano il nome del Signore nostro Gesù Cristo, Signore nostro e loro”, in 1Cor 1,2. E ai tessalonicesi dice: questa è la volontà di Dio, la vostra santificazione, in 1Ts 4,3.7. Dove si dice che Gesù Cristo ha dato se stesso per rendere la Chiesa santa e immacolata? In Ef 5,25-27. Dove si afferma che i cristiani sono scelti da Dio, santi e amati, e devono rivestirsi di sentimenti e virtù nella pace di Cristo? Nel capitolo 3 della Lettera ai Colossesi, specialmente nei vv. 12-17. E ugualmente in Ef 6,13-20 (armatura del cristiano); in Ef 4,11-13; Col 1,18.24.26; 1Pt 2,9; 1Gv 2,20.

5.8Dove si dice che esiste una vita santa dopo la morte? Lazzaro fu portato dagli Angeli accanto a Abramo, in Lc 16,22-25; In verità io ti dico. Oggi sarai con me in Paradiso, in Lc 23,43; le vergini che erano pronte entrarono con lo sposo, in Mt 25,10; bene, servo buono e fedele, prendi parte alla gioia del tuo padrone, in Mt 25,23; Venite, benedetti del Padre mio, perché avevo fame e mi avete dato da mangiare… e i giusti andranno alla vita eterna, in Mt 25,.34-40.46; Ho il desiderio di lasciare questa vita per essere con Cristo, il che sarebbe molto meglio, in Fil 1,23; quando sarà distrutta la nostra dimora terrena,riceveremo da Dio un'abitazione, una dimora non costruita da mani d'uomo, eterna, nei cieli, in 2Cor 5,1.6-10; Vi siete accostati alla Gerusalemme celeste, a migliaia di Angeli, agli spiriti dei giusti resi perfetti, in Eb 12,22-23; E udii il numero di coloro che furono segnati con il sigillo: centoquarantaquattromila provenienti da ogni tribù dei figli d'Israele. Dopo queste xose vidi, ecco una moltitudine immensa, che nessuno poteva contare, di ogni nazione, tribù, popolo e lingua. Tutti stavano in piedi davanti al trono e davanti all'Agnello, avvolti in vesti candide, in Ap 7,4-12. La santità del cristiano sulla terra è appena una risposta, un merito, un inizio, un pegno di speranza di quello che il Signore ci ha guadagnato e che ci aspetta nei cieli. È quanto è scritto in Fil 3,10-14; Tt 3,5b-7; 1Gv 3.2-3.

5.9In che cosa i Santi del cielo possono aiutarci? Dice il Prefazio dei Santi nella Messa: "Ti rendiamo grazie , Signore, Padre santo, Dio onnipotente ed eterno per Cristo nostro Signore. .Nella festosa assemblea dei Santi risplende la tua gloria e il loro trionfo celebra i doni della tua misericordia. Nella loro vita ci offri un esempio, nella intercessione un aiuto, nella comunione di grazia un vincolo di amore fraterno. Confortati dalla testimonianza dei Santi, noi affrontiamo il buon combattimento della fede, per condividere al di là della morte la stessa corona di gloria" (Liturgia, Messale romano). Per mezzo dei Santi Dio ci mostra che è possibile seguire il Signore Gesù, corrispondere alla sua grazia, ai doni dello Spirito Santo, e mantenere una unione fraterna e un impegno di carità cristiana.

5.10 La Bibbia descrive la morte di un Santo in modo simile alla morte di Gesù? Sì, descrive la morte del diacono Stefano che noi chiamiamo Santo Stefano, primo martire: è portato fuori dalla città, si parla di vesti, chiede al Signore che perdoni i suoi uccisori e consegna al Signore Gesù il suo spirito, in At 7,58-60.

5.11 La Bibbia mostra l'esempio di persone che hanno praticato la fede? La Lettera agli Ebrei mostra la fede esemplare degli antenati, citandoli per nome, in Eb 11,2-40; alcuni versetti del Sal 99/98,6-8; il libro del Siracide dice: Questi furono uomini di fede e le loro opere giuste non sono dimenticate come preziosa eredità, e dedica loro alcuni capitoli, in Sir 44,10-11; cap. 44-50

5.12 Dove la Bibbia dice che i cristiani formano il Corpo di Cristo? In 1Cor 12,12-14.26-27.

5.13 Dove dice che la carità non cerca il proprio interesse e non avrà mai fine? In 1Cor 13,5.8.

5.14 Il culto ai Santi è un culto solo di venerazione e rispetto, mentre il culto a Dio è un culto di adorazione e dedicazione totale. Il culto a Dio è un culto assoluto, cioè rivolto a Dio per se stesso, per le sue meraviglie. Il culto ai Santi è invece un culto relativo, limitato, e non per se stessi, ma in relazione a Dio che ha compiuto grandi cose in loro, fortificando i loro cuori nella speranza e nella carità per mezzo dello Spirito Santo, come in Rm 5,5, con la grazia che li ha fatti sobri, giusti e pii, veri discepoli del Signore Gesù, popolo zelante nella pratica del bene, come in Tt 2,11-14.

5.15 Dato che "Questa è la volontà di Dio: la vostra santificazione!", in 1Ts 4,3, S. Ignazio di Loyola dopo aver letto la vita di alcuni Santi esclamò: "Se questi e queste sono diventati Santi, perché anch'io non posso diventare santo?".

5.16 La vita cristiana comporta un percorso di ascetica e di mistica? La vita cristiana consiste nel vivere il proprio Battesimo, la propria appartenenza a Dio, nella morte e risurrezione con Gesù Cristo. È morire al peccato e risorgere alla vita nuova di figlio e figlia di Dio, come è sottolineato in Col 3,1-17. La vita cristiana comporta perciò un processo di purificazione e liberazione dal male personale e sociale attraverso l'ascetica, la mortificazione, l'allontanamento dagli idoli dell'egoismo, della ricchezza e delle passioni mondane. Segue un processo di contemplazione e crescita nella vita divina, nelle virtù cristiane attraverso la mistica. Questo processo comincia con la conversione e il perfezionamento individuale di ognuno, ma deve arrivare al "popolo zelante nella pratica del bene" di Tt 2,14, cioè la preoccupazione per il bene comune e per la salvezza di tutti gli uomini del mondo, che è spirito missionario.

5.17 I Santi riconosciuti dalla Chiesa Cattolica si trovano in Cielo, nella Gerusalemme celeste, come in Eb 12,22-24, e non sono le immagini. Le immagini e le statue sono solo rappresentazioni, dipinti, ricordi dei Santi presenti in Cielo, con il Signore, dove Gesù ha preparato un posto per stare con Lui nella casa del Padre, in Gv 14,1-6.

## 6 I fratelli di Gesù. Sono fratelli o cugini, parenti stretti?

6.1 La chiesa Cattolica insegna che Maria fu sempre vergine, consacrata a Dio. Come spiegare allora alcune frasi bibliche che parlano di fratelli di Gesù? La risposta è che questi "fratelli sono parenti stretti, ma figli di altri genitori: non sono figli di Maria madre di Gesù, né di Giuseppe considerato padre di Gesù.

6.2I versetti di Gv 19,25-27 possono confermare questa affermazione insieme con altri che citeremo. Dicono così: "25: Stavano presso la croce di Gesù sua madre, la sorella di sua madre Maria di Cleofa, e Maria Maddalena. 26: Gesù allora vedendo la madre e lì accanto a lei il discepolo che egli amava, disse alla madre: "Donna, ecco tuo figlio!". 27: Poi disse al discepolo: "Ecco la tua madre!". E da quel momento ilo discepolo la prese nella sua casa

6.3Questi versetti dimostrano che Gesù non aveva fratelli, nel senso che noi diamo di figli degli stessi genitori, perché sarebbe stato sbagliato e impossibile affidare la madre a un discepolo invece che a un fratello.

6.4Il v. 25 ci dice che insieme a Maria madre di Gesù e con Maria Maddalena, c'era presso la croce di Gesù una sorella o parente stretta di Maria che si chiamava Maria anche lei ed era moglie di Cleofa. Questa Maria e questo Cleofa sono i genitori di quelli che sono chiamati fratelli di Gesù.

6.5I nomi dei "fratelli di Gesù" sono citati in Mc 6,3: "Non è costui il carpentiere, il figlio di Maria,, il fratello di Giacomo, di Giuseppe, di Giuda e di Simone? .. e in Mt 13,55: "Non è egli forse il figlio del carpentiere? Sua madre non si chiama Maria e i suoi fratelli Giacomo, Giuseppe. Simone Giuda? E le sue sorelle non sono tutte qui tra noi?"

6.6Questi evangelisti Matteo e Marco mostrano che questa Maria moglie di Cleofa è madre di Giacomo e di Giuseppe. Dice Matteo: "C'erano là anche molte donne che stavano osservando... tra costoro Maria di Magdala, Maria madre di Giuseppe e di Giacomo, e la madre dei figli di Zebedeo" (Mt 27,55-56). Dice Marco:"C'erano anche alcune donne ... tra le quali Maria di Magdala, Maria madre di Giacomo il minore e di Giuseppe, e Salome…" (Mc 15,40-41). Giacomo il minore era un apostolo chiamato il minore per distinguerlo dall'altro Giacomo, il maggiore, fratello di Giovanni e figlio di Zebedeo.

6.7Questa Maria, Madre di Giacomo e di Giuseppe, che con Maria Maddalena si avvicinò alla croce e a Maria madre di Gesù, è citata anche come "l'altra Maria" andando con Maria Maddalena al sepolcro di Gesù che trovano vuoto, con angeli che lo dicono risorto, in Mt 27,61 e 28,1 e em Mc 15,47 e 16,1.

6.8Nella Lettera ai Galati troviamo una conferma che Giacomo il minore, uno degli Apostoli di Gesù, è "fratello di Gesù". Ecco cosa scrive Paolo, ispirato dallo Spirito Santo: "Tre anni dopo andai a Gerusalemme per consultare Cefa e rimasi presso di lui quindici giorni; v.19: degli Apostoli non vidi nessun altro, se non Giacomo, il fratello del Signore". È chiaro che Giacomo fratello del Signore significa Giacomo fratello di Gesù, in Gal 1.18-19.

6.9Giacomo il minore è chiamato figlio di Alfeo, in Mt 10.3; Mc 3,18; Lc 6,15; At 1,13. In realtà 'Alfeo e Cleofa sono la stessa persona. In ebraico e greco prima di 'Alfeo esiste una consonante aspirata, come un H, o un K o un Q aspirato, e il nome Cleofa in ebraico comincia con un Qof, un Q aspirato. Così le consonanti dei due nomi sono le stesse: CLF o QLF. Dato che gli Ebrei all'epoca scrivevano le consonanti senza le vocali, lo stesso nome poteva essere letto C'Alfeo o Cleofa. Il grande biblista San Girolamo, che all'inizio del 5° secolo ha tradotto tutta la Bibbia dagli originali ebraico e greco in latino (la chiamata Vulgata, la traduzione ufficiale usata nella liturgia in latino), nella sua lettera a Erminio fa questo ragionamento e arriva a questa conclusione: Alfeo e Cleofa sono la stessa persona.

6.10 Giacomo il minore fu Vescovo di Gerusalemme, dopo che Pietro fu ad Antiochia e poi a Roma. Paolo lo cita tra i testimoni della risurrezione del Signore, in 1Cor 15,7. Pietro si preoccupa di avvisarlo dopo la sua liberazione dalla prigione, in At 12,17. Come citato sopra, Paolo incontra questo Giacomo, oltre Cefa, dopo la sua conversione, in Gal 1,18-19. Giacomo ebbe parte importante nel Concilio di Gerusalemme, in At 15,13-21. Egli ricevette anche la colletta delle Chiese per aiutare la Chiesa di Gerusalemme, in At 21,18.

6.11 È interessante notare che questa Maria, madre di Giacomo, è chiamata anche madre di Giuseppe o Joses, in Mt 27,55-57 e Mc 15,40-41 e Maria madre di Giuseppe in Mc 15,47 è la Maria madre di Giacomo in Mc 16,1. La più chiara è "Maria madre di Giacomo il minore e di Giuseppe, in Mc 15,40-41.

6.12 Giuda, chiamato anche Taddeo, è citato come Giuda di Giacomo, che può significare figlio di giacomo o fratello di Giacomo. L'inizio della Lettera di Giuda (uno dei libri del Nuovo Testamento) dice così,: "Giuda, servo di Gesù Cristo, fratello di Giacomo, agli eletti che vivono nell'amore di Dio Padre e sono preservati per Gesù Cristo, misericordia a voi e pace e carità in abbondanza", in Gd 1-2.

6.13 È opportuno notare che negli elenchi degli Apostoli di Lc 6,14-16 e At 1,13-14 sono citati "Giacomo figlio di Alfeo, Simone soprannominato lo Zelota e Giuda fratello di Giacomo". Questa posizione tra due fratelli sembra indicare una parentela stretta tra i tre

6.14 Risulta perciò che questi quattro: Giacomo, Giuseppe, Simone e Giuda, che sono chiamati "fratelli di Gesù, in realtà sono parenti stretti di Gesù, ma non sono figli di Maria madre di Gesù, né sono figli di Giuseppe, ma di Alfeo o Cleofa e di un'altra Maria, parente prossima, "sorella" della madre di Gesù. Tre di loro sono Apostoli: Giacomo il minore, Giuda (Taddeo) e Simone.

6.15 Come spiegare la citazione di At 1,14? Nei versetti 13 e 14 del primo capitolo degli Atti degli Apostoli sono citati Giacomo, Simone e Giuda tra gli apostoli e si dice che erano concordi nella preghiera insieme con Maria e i fratelli di lui di cui non è citato il nome. In questo caso significa che Gesù aveva altri cugini oltre quelli di cui fu citato il nome. A causa di questa citazione non si può cadere nella ridicola interpretazione che solo questa citazione è valida e non le anteriori qui menzionate e moltiplicare per quattro Giacomo, così che uno darebbe il fratello di Gesù, un altro sarebbe l'Apostolo, un altro il Vescovo di Gerusalemme e un altro l'autore della Lettera. E allora come interpretare che Paolo oltre Cefa ha conosciuto Giacomo il fratello del Signore, in Gal 1,19? E perché portare le offerte a Giacomo, se non è a capo della Chiesa di Gerusalemme e dei presbiteri di là, in At 21,18?

6.16 Maria, madre di Gesù, non ebbe altri figli oltre Gesù. Altre citazioni bibliche evidenziano che Maria fu consacrata a Dio e visse un matrimonio verginale, non avendo altri figli oltre Gesù. Il proposito di verginità di Maria è evidente nella domanda che rivolge all'Angelo: "Come è possibile, se non ho rapporto coniugale con un uomo?", in Lc 1,34 e per la risposta dell'Angelo: "Lo Spirito Santo scenderà su di te, su te stenderà la sua ombra la potenza dell'Altissimo. Colui che nascerà sarà dunque santo e sarà chiamato Figlio di Dio", in Lc 1,35. E così fu rivelato a Giuseppe: "Non temere di prendere con te Maria, tua sposa, perché quello che è generato in lei viene dallo Spirito Santo", in Mt 1,20.

6.17 Il racconto che parla di Gesù adolescente, che a 12 anni rimase tra i dottori nel tempio di Gerusalemme e poi ritornò a Nazareth con Maria e Giuseppe non parla di altri figli, in Lc 2,41-52. E come si è già detto, Gesù in croce lasciò la madre al discepolo Giovanni, in Gv 19,25-27, cosa impossibile per la legge giudaica se egli avesse avuto altri fratelli.

6.18 Come spiegare il versetto Lc 2,7 che parla di figlio "primogenito"? Si spiega semplicemente con la traduzione letterale, cioè il figlio che ha i doveri e i diritti di "primo figlio", di chi "non ha fratelli più grandi", ma non necessariamente comporta che abbia altri fratelli dopo di lui. Ogni primo nato doveva essere offerto e riscattato nel tempio, in Lc 2, 22-24.

6.19 Perché fu usata nella Bibbia la parola "fratello" o "fratelli" se non erano figli degli stessi genitori? Perché la lingua usata nella Bibbia è una lingua semplice, diretta, ma la lingua ebraica o anche greca usata in quell'epoca non era così differenziata come oggi. Anche ai nostri giorni la parola "cugino" o anche "nipote" può indicare vari livelli di parentela. A quell'epoca anche la parola "cugino" era compresa nella parola "fratello". Parlare di fratello significava parlare di parente stretto.

6.20 Nel libro della Genesi c'è un caso in cui si parla di "fratello" tra zio e nipote. Abramo disse a Lot: "Non vi sia discordia tra me e te, tra i miei mandriani e i tuoi, perché siamo fratelli", in Gn 13,8. Alcune Bibbie traducono "parenti stretti", ma da parola nell'originale ebraico è "akhim", cioè "fratelli", la stessa parola usata nella traduzione ebraica di Mc 6,3 e Mt 13,55. Per cui anche in questi casi dovrebbero tradurre "parenti stretti". Nella Genesi fu usato "fratelli" anche se Abramo era zio di Lot, dato che Lot era "figlio di suo fratello", come si legge in Gn 12,5. Altre citazioni dell'Antico Testamento con parenti chiamati fratelli si trovano in Lv 10,4, in 1 Cr 23,22-23.

6.21 Gesù risorto usa la parola "fratelli" per indicare i suoi Apostoli o discepoli quando dice a Maria di Magdala e a Maria madre di Giacomo e di Giuseppe: " Non temete, andate ad annunziare ai miei fratelli che vadano in Galilea e là mi vedranno", in Mt 28,9-10. Lo stesso senso ha "Si diffuse tra i fratelli la notizia ...", in Gv 21,23.

6.22 La Bibbia, e lo stesso Gesù, usano la parola "fratelli di Gesù" in senso morale o spirituale. Quando avvisarono gesù che sua madre e i suoi fratelli volevano parlare con lui, Gesù rispose: "Chi è mia madre e chi sono i miei fratelli?". Poi stendendo la mano verso i suoi discepoli, disse: "Ecco mia madre ed ecco i miei fratelli; perché chiunque fa la Volontà del Padre mio che è nei cieli, questi è per me fratello, sorella e madre, in Mt 12,46-50. Qui le parole "fratello, sorella e madre" non possono essere intese come dirette solo agli Apostoli e ai discepoli di allora, ma anche a "tutti quelli che fanno la Volontà del Padre", nel senso letterale della parola, in ogni luogo e in tutte le generazioni.

6.23 Lo stesso senso spirituale è presente quando Gesù dice: Ma voi non fatevi chiamare "rabbì", perché uno solo è il vostro maestro e voi siete tutti fratelli", in Mt 23,8. Così anche quando Paolo dice che Gesù è il primogenito di molti fratelli, in Rm 8,29; 1Cor 8,11; 2Cor 1,1; 2,13; Gal 6,10; … e altri.

6.24 Maria è diventata madre di tutti coloro che appartengono a Gesù, quando Gesù l'ha lasciata come madre a Giovanni, in Gv 19,26-27. L'unico discepolo ai piedi della croce rappresenta tutti i discepoli, tutta la Chiesa. La madre del capo è anche la madre del corpo. La madre di Gesù è madre di tutti i fratelli da Lui redenti.

**7 Il nome di Dio. Eloím, Jahvè, Adonai. Abbà, Padre e Padre nosro.**

7.1Nell'Antico Testamento la prima parola che indica Dio è "Eloím", come in Gn 1,1.3.6.9.11.14.20.24.26. "Il nostro Dio" si dice "Eloènu", come in Gs 24,17.

7.2Il nome proprio di Dio è "Jahvè" scritto con il tetragramma delle consonanti YHVH. Jahvè significa "Colui che è", "il sempre Presente", "l' Eterno", "il Vivente", "il Signore (o Padrone) della vita", "Io sono Colui che sono", come in Es 3,14.

7.3Gli Ebrei, per non nominare il nome di Dio invano, non usavano il "Jahvè", ma usavano e usano la parola "Adonai", cioè "Signore". Solamente il Sommo Sacerdote una volta all'anno diceva con sommo rispetto il nome di Dio "Jahvè" nella parte più sacra del Tempio, nella parte chiamata Santo dei Santi, in Lv 16,10; Eb 9,7.11-12.

7.4Il nome "Geova" è un nome sbagliato, perché deriva dalla lettura letterale delle consonanti di Jahvè JHVH con le vocali di Adonai, che erano inserite dagli Ebrei per pronunciare non Jahvè ma Adonai. Risultava "Geovai" o "Geovà", ma gli Ebrei non pronunciano mai né Jahvè, né Geovai, né Geova. Loro pronunciano Adonai, l' Eterno, il Santo, e quasi sempre aggiungono "benedetto Egli sia".

7.5Nel Nuovo Testamento Gesù ci ha insegnato a chiamare Dio con il nome di "Padre", o"Papà", che in ebraico si dice "Abbà", o "Padre nostro", in Mt 6,9 che in ebraico si dice "Avinù". "Lo Spirito Santo grida nei vostri cuori "Abbà, Padre", in Gal 4,6 e Rm 8,15.

7.6Gesù chiama Dio suo "Padre" in varie occasioni, in Mt 11,25-27; Mc 14,36; Lc 22,42; 23,34.46; Gv 11,41-42; 17,1.5.11.21; 20,17.21. Non lo chiama Padre ma Dio mio in Mc 15,34, perché cita il Sal 21/22,1. Gesù ci insegna a chiamare Dio "Padre nostro" o ci dice "il Padre vostro" in Mt 6,9.14.18.26.32; 7,11.

7.7Il Nuovo Testamento presenta la nostra fede nella Santissima trinità: Padre, Figlio e Spirito Santo. Il Padre, Abbà, è Dio; il Figlio, Gesù Cristo, è Dio; lo Spirito Santo, il Paraclito, il Consolatore, è Dio. Un solo Dio in tre Persone. "Andate e battezzate nel nome del Padre e del Figlio e dello Spirito Santo, in Mt 28,19. E in Marco aggiunge: "Chi crederà e sarà battezzato sarà salvo, ma chi non crederà sarà condannato", in Mc 16,16.

**8. Madre di Dio. Maria madre di Gesù può essere chiamata madre di Dio? Dove si trova nella Bibbia questa affermazione?**

8.1 Maria è madre di Gesù per la natura umana, dato che generò il figlio secondo la carne, "nella pienezza del tempo Dio mandò il suo Figlio nato da donna", in Gal 4,4. Gesù è vero uomo, con una natura umana uguale alla nostra meno nel peccato, in Fil 2,7. Ma non è un uomo qualsiasi e non fu concepito come gli altri uomini. Dio ebbe un progetto speciale che si realizzò in Maria e in Gesù. Deus Il figlio di Maria ha anche una natura divina e una Persona divina. Egli è il Verbo, il Figlio di Dio che si è fatto uomo. Ora una madre non è madre solo del corpo, ma è madre della persona, e se la Persona è divina, la madre è madre di Dio. C'è questo nella Bibbia?

8.2 Maria e Gesù sono presenti nel piano di Dio fin dal libro della Genesi quando, dopo il peccato originale, Dioi disse al serpente "Io porrò inimicizia fra te e la donna, fra la tua stirpe e la sua stirpe, questa ti schiaccerà la testa e tu le insidierai il calcagno", in Gn 3,15. Questa donna è Maria e la sua stirpe è Gesù, venuto a impiantare il Regno di Dio, in Lc 1,31-32; Ap 12,1-5.

8.3 La profezia di Isaia: "Il Signore stesso vi darà un segno. Ecco: la vergine concepirà e partorirà un figlio, che chiamerà Emanuele", Dio con noi. (Is 7,14). E poco avanti: "Il popolo che camminava nelle tenebre vide una grande luce: ... perché un bambino è nato per noi, ci è stato dato un figlio, sulle sue spalle è il segno della sovranità ed è chiamato. Consigliere ammirabile, Dio potente, Padre per sempre, Principe della pace..." (Is 9,1.5). Chi è questa madre che è "vergine" e è la madre del "Dio con noi" , del bambino che è "Dio forte"? La Parola di Dio ci risponde nella missione di Maria, in Lc 1.35 e mostra il compimento della profezia in Matteo: "Giuseppe, figlio di Davide, non temere di prendere con te Maria, tua sposa, perché quel che è generato in lei viene dallo Spirito Santo. Essa partorirà un figlio e tu lo chiamerai Gesù: egli infatti salverà il suo popolo dai suoi peccati. Tutto questo avvenne perché si adempisse ciò che era stato detto dal Signore per mezzo del profeta: Ecco la vergine concepirà e partorirà un figlio che sarà chiamato Emanuele, che significa Dio con noi", in Mt 1,18-24. La vergine madre del Dio con noi, del Dio forte, è Maria.

8.4 L'annunciazione dell'angelo Gabriele a Maria indica che colui che nascerà da lei è Dio. Dice l'Angelo: "Ecco, concepirai un figlio, lo darai alla luce e lo chiamerai Gesù. Sarà grande e chiamato Figlio dell'Altissimo", in Lc 1,31-32. E dopo la domanda di Maria. "Come è possibile? Non conosco uomo", l'Angelo risponde: "Lo Spirito Santo scenderà su di te, su te stenderà la sua ombra la potenza dell'Altissimo. Colui che nascerà sarà dunque santo e chiamato Figlio di Dio", in Lc 1,35. Nel linguaggio biblico "figlio dell'uomo" significa "uomo", e "figlio di Dio" significa Dio. Per questo se Maria è madre del "figlio dell'Altissimo" e madre del "figlio di Dio", Maria è madre di Dio.

8.5 Nella visita di Maria a Elisabetta, Elisabetta ripiena di Spirito Santo, esclamò ad alta voce: "Benedetta tu fra le donne e benedetto il frutto del tuo grembo! A che debbo che la madre del mio Signore venga a me?", in Lc 1,42-43. Che significa la madre del mio Signore? Certo non significa la madre di Zaccaria, suo marito. Significa la madre di Colui che gli ebrei chiamano signore, Adonai, lo stesso Dio. Madre del signore significa Madre di Dio. Per bocca di Elisabetta lo Spirito santo stesso chiama Maria madre di Dio.

8.6 La Chiesa Cattolica ha sempre cercato di mantenere il deposito della fede, essere fedele alla dottrina degli Apostoli, e praticare la vera fede in Gesù Cristo. Illuminata dalla Spirito Santo, si è difesa dalle eresie di Ario e di Nestorio, e ha professato le verità definite nel Credo. Gesù è il Verbo di Dio, che è Dio uguale al Padre e con il Padre creò tutte le cose, in Gv 1,1-2. il verbo si è fatto carne, uomo, e abitò fra noi, in Gv 1,14, e i suoi non l'hanno accolto. A quanti però l'hanno accolto, ha dato il potere di diventare figli di Dio: a quelli che credono nel suo nome, i quali non da sangue, né da volere di carne, né da volere di uomo, ma da Dio sono stati generati, in Gv 1,13, dalla sua pienezza noi tutti abbiamo ricevuto e grazia su grazia, in Gv 1,16, perché la legge fu data per mezzo di Mosè, la grazia e la verità vennero per mezzo di Gesù Cristo, e Lui, il Figlio unigenito, ci ha rivelato il Padre, in Gv 1,17-18.

I Concili di Nicea (329 d. C.) e di Costantinopoli (381 d. C.) hanno definito quello che già è affermato nella bibbia. Gesù è una Persona divina, il Figlio, che ha una natura divina uguale al Padre, come anche in Fil 2,6, e allo Spirito Santo. Ha assunto una vera natura umana, in Fil 2,7, negli ultimi tempi, in Eb 1,1, nella pienezza dei tempi è nato da una donna, in Gal 4,4, divenendo simile a noi in tutto, nella sofferenza e nella stanchezza, meno nel peccato, in 2Cor 5,21; Eb 4,15; 1Pt 2,22. Il Concilio di Efeso (431 d. C.) affermò che Maria è veramente "Madre di Dio", in greco "theotòkos", perché è madre secondo la natura umana di quel figlio che è Persona Divina e che già aveva fin dall'eternità la natura divina. Affermando che Maria è madre di Dio si professa la vera fede in Gesù Cristo, vero Dio e vero uomo.

**Bibliografia**

Estévão Tavares Bittencourt, *Católicos perguntam,* Ed. O mensageiro de S. Antônio, 6ª ed. 2001 Brasil, Tel. (11)4024.1511

Ir. Pilar, Pe. Pedro, Pe. Miguel Jordá Sureda, *Saiba defender sua fé católica,* Ed. Grafmark, Londrina, 3ª ed. 2003 (editado também em Chile, Bolívia, Peru e Argentina) 200.000 exemplares Brasil, Tel. (43)3348.6487 E-mail: www.pejorda@onda.com.br

Frei Battistini, *A Igreja do Deus vivo, (coluna e fundamento da verdade 1Tm 3,15), Curso bíblico sobre a verdadeira Igreja,* Vozes, 31ª. 1999, Tel (24)237.5112 E-mail: vendas@vozes.com.br

Pe. Vicente Wrosz, *Respostas da Bíblia às várias distorções de seu verdadeiro sentido original,* Livraria Editora Pe. Reus, Porto Alegre, 54ª ed. 2002, 765.000 exemplares, Tel. (51)3224.0250

## PARABOLE IN POESIA

*Io credo che già il genere letterario della parabola sia attraente, perché esprime il concetto con una immagine, con un paragone. Per facilitare la trasmissione orale, ho immaginato che Gesù si sia servito anche di poesie. Mi è così nata l'idea di riprodurre qualche parabola di Gesù in poesia. Eccone alcune.*

## Il buon Samaritano (Lc 10,25-37)

1. Domandò al Maestro uno scriba:
"Che farò per aver vita eterna?"
Ma Gesù gli rispose: "E la Bibbia:
Cosa dice la Parola paterna?"

Ref. " Amerai il Signore Dio tuo
Con tutto il cuore e tutta la mente
Con tutta l'anima e tutte le forze,
E al tuo prossimo come a te stesso".

2. "È questa la risposta più vera,
fa questo e vivrai eternamente".
"Ma chi è il prossimo" quello insistette
E Gesù gli spiegò serenamente:

3. "Un uomo che stava scendendo
da Gerusalemme verso Gerico
incontrò ladri che derubando
lo lasciarono ferito, mezzo morto.

4. Per caso lì passò un sacerdote
Che vedendo presto lo evitò
E così fece anche un levita
Che deviando non si contaminò.

5. Ma un samaritano che viaggiava
Vide l'uomo ed ebbe compassione,
si avvicinò e gli curò le ferite
versando olio e vino a profusione.

6. Lo caricò sulla sua cavalcatura
lo portò in un albergo e lo curò.
Il giorno dopo consegnò due denari
e all'albergatore raccomandò:

7. Io ti lascio due denari, albergatore,
perché tu lo curi in mia assenza,

se la tua spesa risulterà maggiore
al mio ritorno darò la differenza.

8. Quale dei tre fu prossimo al ferito?"
"Fu il terzo che dette tempo e cure
Per veder quell'uomo più curato".
"Fa lo stesso e servi tutti con amore".

9. Anche quando nemico e traditore,
di ogni uomo Gesù s'è preoccupato,
con il suo sangue e il suo divino amore
il Buon Samaritano lo ha curato.

10. Noi siam l'albergatore, siam la Chiesa,
per portare a tutti i popoli salvezza;
al suo ritorno Gesù vedrà la spesa
e darà nella sua Casa ricompensa.

11. Non serve a molto dirsi credente
Se dal peccato alla vita non passar,
chi dice amare a Dio è un bugiardo,
se al prossimo non servir e non amar.

12. Nella storia dei popoli e persone
Ancor oggi molti son che van rubando;
"Il tuo è mio" è normale che risuoni,
diritti altrui e ben comune violando.

13. Se con molte domande vuoi sapere
Prima del tuo prossimo aiutare,
Probabilmente meglio puoi conoscere,
ma il tuo aiuto andrai a rifiutare.

14. Esser prossimo all'altro, cosa fare,
è la logica del buon samaritano,
"il mio è nostro", al ben comun pensar,
donandosi con Gesù per un mondo umano.

P. Dante Volpini, missionario saveriano.

## Il fariseo e il pubblicano (Lc 18,0-14)

1. Gesù raccontò questa parabola,
   perché c'erano alcuni
   che si credevano giusti
   e disprezzavano gli altri.

2. Due uomini salirono al tempio
   E volevano pregare.
   Il primo era fariseo
   E l'altro era pubblicano.

3. Mettendosi in piedi il fariseo
   Così orava nel suo cuore:
   "io ti ringrazio, o Dio,
   perché io sono il migliore;

4. Gli altri sono ingiusti e adulteri,
   o ladri come questo pubblicano,
   io faccio due digiuni a settimana
   e pago la decima senza inganno".

5. Il pubblicano con gli occhi bassi
   rimase là, il petto si battendo,
   "Abbi pietà di me peccatore,
   o Dio" solo andava ripetendo.

6. Questi se ne andò giustificato,
   a differenza dell'altro, perché
   Rit . Chi si esalta sarà umiliato,
   e chi si umilia sarà esaltato.

7. Vedi come è l'orgoglio umano,
   che pretende mentir davanti a Dio,
   ingrandisce il suo poco bene
   e non riconosce il male del suo io.

8. Solo gli altri commettono errori,
   e si giudica con molta malizia,

ma in realtà sei tu che hai la trave
E il fratello ha solo la pagliuzza. Rit.

9. Occorre ritrovare le misure
Per amare agli altri come se stessi,
valorizzando il bene che fanno
e togliendo ai giudizi gli eccessi.

10. Non nascondere il proprio peccato,
manifestando falsa innocenza,
l'assoluzione richiedi pentito
e otterrai perdono in Penitenza. Rit.

11. Maria ringraziò il suo Signore,
perché Lui le fece meraviglia,
La scelse a Madre del Salvatore,
guardando l'umiltà di questa figlia.

12. Ha rovesciato i potenti dai troni,
ha innalzato con forza gli umili,
ha rimandato i ricchi a mani vuote,
**e Se stesso ha rivelato ai piccoli. Rit.**

## Il grano e la zizzania (Mt 13,24-30.36-43)

1. Il Regno di Dio assomiglia
   Ad un proprietario di un campo
   Che sollecito il seme vi spaglia,
   Seminando il grano per tempo.

2. Mentre lui con i suoi era a letto,
   un altro seminò la zizzania,
   era notte, venne a fare un dispetto
   e nessuno notò quella infamia..

3. Il frumento  spuntò, fece spiga,
   E così la zizzania che è intruso:
   È ingiusto, c'è lì un'altra pianta,
   Occupando uno spazio, è abuso . Ref.

4. I servi di quel proprietario
   Domandarono al loro signore:
   Non hai seminato il buon grano,
   Come mai la zizzania è invasore?"

5. Egli disse: "È stato un nemico
   Che ha voluto farmi un dispetto."
   Gli proposero "C'è un modo antico:
   Di zizzania facciamo il raccolto ?"

6. "Oh, no!", lui rispose, "sradicando,
   Con zizzania anche il grano uscirà,
   Su, lasciateli insieme crescendo,
   E a suo tempo a chi miete si dirà:

7. (Ref.) "Sradicate per prima la zizzania
   E i suoi fasci subito bruciate!
   Raccogliete il grano e in sacchi
   Nei granai con gioia guardate!"

8. Congedata la folla circostante
   Con i Dodici entrò nell'abitato,
   E Gli chiesero allora all'istante,
   Della parabola il suo significato.

9. Con pazienza Gesù gliela spiegò:
   " Il Figlio dell'uomo è venuto

E nel campo del mondo seminò
Il buon seme dei figli del Regno.

10.Ma il nemico, il demonio, ha seminato
La zizzania, i figli del maligno.
Gli Angeli che invierò a fine mondo,
Mieteranno davvero in modo giusto. Ref.

11.Così come si riunisce la zizzania
E quel fascio nel fuoco è buttato,
Nell'ultimo giorno avrà il castigo
Chi scandali e male ha praticato.

12.I giusti meriteranno il premio,
Dettero frutti buoni senza inganno,
Allora insieme al Padre nel Regno
Come il sole in ciel risplenderanno ." Ref.

13.I figli di Dio sono quei saggi
Che usano bene i doni del Padre,
Con altri i beni condividono
E al Signore sanno ringraziare.

14.Del maligno sono figli coloro
Che si giudicano padroni del mondo,
Con astuzia ottengono allori,
La loro elite è un pozzo senza fondo. Ref.

15.La pazienza di Dio è infinita,
E ci vuole insegnar la tolleranza,
E chi vuole la pace nella vita,
Costruisce una giusta uguaglianza.

16.La Misericordia di Dio è eterna,
E nella terra dà opportunità;
Dalla morte umana governa
La sua Giustizia per l'eternità. .

Pe. Dante Volpini SX

## Il seminatore (Mt 13,1-23)

1. Il seminatore uscì a seminare
   E parte del suo seme cadde in strada,
   vennero gli uccelli e lo beccarono,
   non vi rimase nulla là gettata.

2. Un'altra parte cadde in mezzo ai sassi,
   subito crebbe ma il sole la seccò.
   Un'altra parte cadde nel roveto,
   ma nel crescere il buon seme soffocò.

3. Un'altra parte cadde in terra buona,
   questa sì che ottenne il suo frutto,
   trenta per uno e sessanta e cento,
   ogni seme dà raccolto, proprio tutto.

4. Rit. Seminatore, spiega la Parola,
   questa parabola facci capire,
   con cuori disposti, alla tua scuola
   possiamo terra buona divenire.

5. La persona è terreno di strada
   Se la Parola non vuole accettare,
   non riceve con un po' d'attenzione,
   dal maligno se la lascia rubare.

6. Il terreno con sassi è l'incostante,
   che ascolta, accetta con gioia, ma quando
   persecuzione o privazione lo tenta,
   viene meno e lascia dubitando.

7. Il terreno con le spine simbolizza
   Chi accoglie la Parola umilmente,
   ma i piaceri del mondo e la ricchezza
   hanno attrazione e cambiano la mente.

8. La Parola incontra terra buona
   quando è compresa come vera,
   messa in pratica e ognora divulgata,
   da trenta a cento per un moltiplicata.

P. Dante Volpini SX

## Le dieci vergini (Mt 25,1-13)

1. Il Regno è simile a dieci vergini
   Che le nozze dovevano  illuminar,
   E usciron con le sue lampade a olio
   Per lo sposo che veniva aspettar.

2. Cinque di loro erano un po' stolte,
   la lampada credevan sufficiente;
   le altre cinque erano prudenti,
   portando d'olio un altro recipiente.

3. Già eran nella piazza prefissata
   Ma lo sposo un po' stava ritardando,
   data l'ora più che mai avanzata
   le vergini furon se addormentando.

4. Nel mezzo della notte ci fu un grido:
   "Ecco lo sposo, andate a incontrarlo!
   Tutte loro subito si alzarono,
   preparando le lampade con zelo.

5. Le stolte con lampade tremolanti
   Chiesero un po' d'olio alle prudenti,
   ma quelle dovettero rifiutarsi
   e consigliare averlo dai mercanti.

6. Mentre furono comprar nuova scorta,
   ecco lo sposo con tutta la sua gente,
   illuminaron le prudenti il corteo
   ed ebbero un luogo conveniente.

7. Lo sposo fece chiudere la posrta,
   ci furono le nozze e cibo a iosa,
   molta gente felice ognora accorta,
   festeggiando lo sposo e la sposa.

8. Ancor più tardi arrivaron le altre,
“Signore, apri la porta che è chiusa!”
Rispose lo sposo; “Non c’è più posto
Per questa gente tarda e confusa”.

9. “Vigilate, vigilate, io vi dico,
né il giorno né l’ora voi sapete”,
dice il Signore, “è un pericolo
se vuoti e imprudenti voi sarete”.

P. Dante Volpini SX

## La pecora smarrita (Lc 15,1-7)

1. Lo scriba e il fariseo mormoravano:
   "Lui parla e mangia con i peccatori!"
   "Anche i pubblicani lo ascoltavano!"
   "Spesso tratta con questi malfattori!"

2. "Chi di voi che ha cento pecore",
   disse Gesù, "se una se ne andò,
   non lascia le novantanove sole,
   per cercare quella persa che mancò?

3. E la cerca, e la chiama attentamente,
   fino a che in mezzo ai rovi la ritrova,
   la libera e la mette sulle spalle
   e con gioia all'ovile la riporta.

4. Arrivato poi a casa, egli chiama
   Gli amici e i vicini, dice: "Ascoltate,
   ho ritrovato la pecora smarrita,
   rallegratevi con me ed esultate".

5. Rit. C'è più festa in cielo, io vi dico,
   per un sol peccatore che si pente
   che per tutti i novantanove giusti
   che non han bisogno di conversione

6. In parabola è Gesù che insegna
   l'Amor di Dio per gente smarrita,
   la cerca con divina misericordia,
   con gioioso perdon dà nuova vita.

7. Al Buon Pastore, che è umile e mite,
   non nasconder le pene del tuo cuore,
   ascolta la voce e segui il suo passo,
   Lui si dona per salvarti dall'errore.

8. La Volontà del Padre è manifesta,
   che il Figlio venga a salvi i cattivi
   non desvii e non si perda poi mai
   nemmeno uno dei suoi piccolini.

9. Non puoi disperarti, o umanità,
   corrotta da illusioni e ingiustizia,
   prendi la mano di Dio, la sua bontà,
   sii felice con Lui, ti dà speranza.

P. Dante Volpini SX

## MEDITAZIONI SU EVENTI BIBLICI

*Alcuni eventi del Nuovo Testamento possono essere visti nel contesto della liturgia ebraica o accompagnando il contesto storico.*

## A dodici anni (contemplazione di Lc 2,41-52)

1. Poco prima della era cristiana
   Un rito iniziava adolescenti,
   a dodici o tredici anni il Bar-mitzvà
   rendeva i ragazzi più coscienti.

2. L'educazione data in famiglia
   riceveva un aiuto dai rabbini,
   per leggere o cantare la Bibbia,
   dar tallid e chipà e regalini.

3. Fatto responsabile all'osservanza
   Il ragazzo lasciava altri bambini,
   proclamava lettura e vocazione
   e prendeva tra gli uomini posizione.

4. Quando Gesù arrivò a dodici anni
   divenne "figlio del comandamento".
   nel Tempio rimase con i coetanei
   per adulto in Israele era il momento.

5. Mentre i genitori lo cercavano
   con i Dottori stava conversando
   e quando i genitori lo trovarono
   le sue risposte stavano ammirando.

6. Il chipà e il tallid indossando,
   breve brano della Bibbia lui cantò,
   con un commento preciso finendo
   ammirati molti e stupiti incantò.

7. Maria e Giuseppe domandarono:
   "Figlio, perché questa preoccupazione?
   Tuo padre e io afflitti ti cercavamo!"
   Disse allora Gesù sua vocazione:

8. “E perché mi stavate cercando?
Non sapete che io sono venuto
Per fare la volontà del Padre mio?
Io so da dove vengo e dove vado”.

9. Con Maria e con Giuseppe ritornò
e a Nazaret era loro obbediente.
ma sempre la sua Madre ricordò:
d’esser Figlio di Dio era cosciente.

10. Quando i ragazzi stanno crescendo,
e aumenta statura e comprensione,
è il momento di una fede più viva,
da Cresima nutrita e Comunione.

11. Dalle droghe, da malizie e dipendenze,
fuggiranno, agendo bene e non male,
vale la pena fare alcune astinenze,
ed aver fede, più virtù e un ideale.

P. Dante Volpini SX

## L' Avvento

1. Un Avvento significa venuta
   È la venuta in terra del Signore,
   scende là dal Cielo, cosa arguta,
   per esser Dio con noi, nell'amore.

2. Già venne una volta in Betlemme,
   per insegnarci a obbedire al Padre,
   verrà di nuovo, a giudicare il bene,
   a premiare i buoni con l'eterna gloria.

3. I Profeti cantarono il Messia,
   Giovanni Battista fu il precursore,
   previdero luogo e tempo, e Maria
   la Vergine Madre del Salvatore.

4. Più famiglie si uniscono in novene,
   cantano, pregano, leggon la Parola,
   le confessioni curano le pene
   di chi in Chiesa apre il suo cuore.

5. Chi accoglie l'Ostia santa e il fratello,
   chi giustizia e pace vuol divulgare,
   dà gloria a Dio e ha la pace di Gesù,
   che a tutti i popoli in terra suol portare.

P. Dante Volpini SX

# FILASTROCCA DEL GIUBILEO

**1.** Con l'editto di Cesare Augusto
Lc 2,1-2 di schedare le genti di Roma
ogni uomo e famiglia sul posto
dei suoi propri antenati ritorna.

**2.** A cavallo, coll'asino o in calzari,
Lc 2,3 commerciante, artigiano o pescatore,
paga dracma o mina o denari
ogni notte a un nuovo albergatore.

**3.** Ha lasciato il nord di Galilea
con l'asinello per la lunga via,
Lc 2,4 Giuseppe falegname va in Giudea,
con sé reca la sposa Maria.

**4.** È la Donna ch'è semplice e schietta,
destinata a schiacciare il serpente, Gn 3,15
è la Vergine che un Figlio aspetta, Is 7,14
"Dio con noi" per salvar ogni gente.

**5.** Già passarono a Gerusalemme,
stan giungendo al sud di Giudea,
ecco arrivano dentro Betlemme, Mi 5,1
che è importante secondo Michea.

**6.** Ogni casa già è occupata,
non c'è posto in foresteria,
solo c'è quella grotta isolata Lc 2,7
per ricever Giuseppe e Maria.

Lc 1,35 **7.** Per effetto di Spirito Santo
incarnato in seno verginale,
ecco il Figlio di Dio, l'Eterno,
nascerà in povertà ben totale.

Lc 2,6-7 **8.** Già non manca al tempo più nulla
in Betlemme nasce il Salvatore
e Maria usa il fieno per culla,
lì ripone e adora il Signore.

Is 9,1.5 **9.** Sulle genti già avvolte da morte,
or risplende una luce quaggiù,
perché è nato un Bambino, Dio forte,
consigliere, re eterno, è Gesù.

Lc 2,8-9 **10.**Ai pastori che fanno la veglia
alle pecore lungo la via,
grida l'Angelo: "Oh, meraviglia,
io vi porto una grande allegria!

**11.** A Betlemme è il Messia che nasce, Lc 2,10-12
Lui vi porta salvezza e più gioia,
troverete un Bimbo in fasce,
e deposto nella vil mangiatoia.

**12.** Cantan cori di Angeli in veli Lc 2,13-14
e i portenti di Dio son lodati:
"Gloria a Dio nell'alto dei cieli,
Pace in terra agli uomini amati"

**13.** Si ricorda Giuseppe Elisabetta Mt 1,20-21
che già disse a Maria credente: Lc 1,41-45
"Fra le donne tu sei benedetta,
benedetto-è il frutto del tuo ventre!"

Lc 2,15 **14.** I pastori già stanno vicino
al Messia del loro desio,
portan latte e lana e agnellino
e proclaman la gloria di Dio.

**15.**Una stella li guida da Oriente,
Mt 2,1-11 i re Magi arrivano a destino,
oro, incenso e mirra è il presente,
Re e Dio, Sacerdote è il Bambino.

**16.**Tutti questi sí grandi eventi
Lc 2,19.33 meditava la Madre nell'alma
e Giuseppe a quei stretti parenti
proteggeva con fede e con calma.

Gv 1,1.3 **17.**Venne il Verbo creatore quaggiù
Gv 1,10.14 a abitare il suo mondo creato:
Gv 3,16-21 a ogni uomo che ha fede, Gesù
Gv 1,16-17 grazia e vita di figlio ha donato.

**18.** A Natale la famiglia è unita
va in Chiesa con fervore e con fede, Gv 1,11-13.16
per i poveri è aiuto di vita,
ogni bene Gesù le concede.

**19.** Sia di gioia più vera il Natale,
con Gesù nel profondo del cuore,
ingiustizia sia vinta e il male Is 11,1-9
e trionfi la pace e l'Amore. Is 45,1-5

**20.** Già duemila son gli anni passati, Lv 25,10-38
ma presente è l'Avvento di Cristo, Is 61 in Lc 4
"debiti-èsteri" sian perdonati: IM 12;TMA 51
Giubileo davvero mai visto! PP54; EIA56.59

P. Dante Volpini SX

## Il Cammino

1. È una avventura meravigliosa
Seguire ciò che Gesù fece e insegnò,
Voler essere Teofilo, discepolo,
Ciò che Luca nel Vangelo ci narrò.

2. Dopo i Vangeli dell'infanzia,
È la Galilea che Gesù percorre, Lc 3 - 9
Fa miracoli a chi sta in sofferenza,
insegna l'altruismo che soccorre.

3. Dirigendosi poi a Gerusalemme,
Ai discepoli dà i suoi insegnamenti,
sulle virtù che il Regno ci richiede, Lc 9 - 19.
il Maestro detta i comportamenti.

4. Nella città santa Gesù si offre
per aver dei peccati remissione, Lc 19 - 24
mette Amore in tutto ciò che soffre,
ottiene vita e Risurrezione.

5. Negli Atti degli Apostoli rifulge
Luce e forza dello Spirito Santo, At 1 - 12
Nella fede e testimonianza della Chiesa
c'è orazione, spezzar, union e canto.

6. Lo Spirito invia i missionari
para chiamar alla fede anche i pagani, At 13 - 28
nuove lingue e culture e territori,
sono invitati ad essere cristiani.

7. Il cammino del cristiano è altruista,
è portare la sua croce e aver virtù,
risorgere con Cristo e con lo Spirito
portare a tutti il Vangelo di Gesù.

Pe. Dante Volpini SX

## La Grazia di Dio (Tt 2,11-14)

1. Gli uomini erano schiavi di passioni,
   dell'empietà che da Dio allontana ,
   ma arrivò la grazia con soluzioni
   e portò quella salvezza che risana.

2. Fu ottenuta dal sangue di Gesù,
   per portare a sé i popoli tutti:
   con amor divino soffrì in croce
   formando un Regno di uomini giusti.

3. La grazia insegna ad allontanarci
   Dal maligno e da ogni malvagità,
   per vivere nella vita più sobri,
   con piena giustizia e vera pietà.

4. La sobrietà controlla le cose,
   nel loro uso misura quantità,
   perché se eccede gola o avarizia
   sono le cose ad aver sovranità.

5. La giustizia vuol che il somigliante
   Sia trattato come a sé o come a Cristo
   Non fare all'altro ciò che è sconveniente
   Fare sì con amore il bene onesto.

6. La pietà porta ad esser religiosi,
   ad amar Dio con la mente e il cuore,
   ascoltar la Parola, pregare in chiesa,
   compier la sua Volontà con amore.

7. Dio vuol per sé un popolo puro,
   che pratica la sua fede con zelo,
   quando Gesù tornerà trionfante,
   chi bene  ha fatto otterrà il Cielo.

P. Dante Volpini SX

## Le sette Parole

**Prima Parola; Lc 23,33.**

**L 1.** Quando giunsero al luogo chiamato Cranio, là crocifissero lui e i due malfattori, uno a destra e l'altro a sinistra. Gesù diceva:

"Padre, perdona loro, perché non sanno quello che fanno".

**L 2.** Lo misero tra due malfattori, i sacerdoti e i soldati lo ingiuriavano e lo deridevano. I chiodi attraversarono i suoi polsi e i suoi piedi. I dolori e le umiliazioni erano profondi, il sangue scorreva e il respiro ansimava.

**L 3.** Gesù supera il dolore con l'amore. Non si arrabbia con loro. Li scusa: Non sanno quello che fanno. Non sanno che Lui è innocente, che Lui è il Figlio di Dio che muore per salvare l'umanità. Padre, perdona loro.

**Padre:** Ripetiamo insieme: Padre, perdona loro, perché non sanno quello che fanno!

**Tutti:** Padre, perdona loro, perché non sanno quello che fanno!

**Seconda Parola: Lc 23,43.**

**L 1.** Uno dei malfattori appesi alla croce lo insultava: "Non sei tu il Cristo? Salva te stesso e anche noi!". Ma l'altro lo rimproverava: "Neanche tu hai timore di Dio benché condannato alla stessa pena? Noi giustamente, perché riceviamo quello che abbiamo meritato per le nostre azioni; egli invece non ha fatto nulla di male",

**L 2.** E aggiunse: "Gesù, ricordati di me quando entrerai nel tuo regno". Gesù gli rispose: "In verità ti dico: Oggi sarai con me nel Paradiso!" Il buon ladrone, che la tradizione chiamò Dimas, ebbe fede e ottenne la felicità eterna con Gesù.

**L 3.** La nostra possibilità di salvezza va fino all'ultima ora. Comunque Gesù ci ha avvertito: "Tenetevi pronti, perché nell'ora che non immaginate il Figlio dell'uomo verrà . Gesù possa incontrarci pieni di fede e di opere di misericordia.

**Padre:** Ripetiamo insieme: "Oggi sarai con me nel Paradiso!"

**Tutti:** "Oggi sarai con me nel Paradiso!"

**Terza Parola: Gv 19,25-27.**

**L 1.** Stavano presso la croce di Gesù sua madre, la sorella di sua madre Maria di Cleofa e Maria Maddalena. Gesù allora, vedendo la madre e lì accanto a lei il discepolo che egli amava, disse alla madre: "Donna, ecco il tuo figlio!" Poi disse al discepolo: "Ecco la tua madre!" E da quel momento il discepolo la prese nella sua casa.

**L 2.** Maria stava presso la croce di Gesù e la spada del dolore trafisse la sua anima. Nell'ora della croce Lei innocente ha sofferto con Gesù innocente. Gesù l'ha data come madre a Giovanni, a Giovanni, l'unico dei discepoli che stava vicino alla croce.

**L 3.** In Giovanni erano rappresentati tutti i discepoli di Gesù, tutti quelli che crederanno in Lui e avranno da Lui la salvezza. Maria è la madre del capo che è Gesù e la madre del corpo che è la Chiesa. Noi siamo la Chiesa e Maria è nostra madre.

**Padre:** Ripetiamo insieme: "Donna, ecco il tuo figlio!" .

**Tutti:** "Donna, ecco il tuo figlio!".

**Padre:** "Ecco la tua madre!"

**Tutti:** "Ecco la tua madre!"

**Quarta Parola: Mt 27,46; Mc 15,34.**

**L 1.** Da mezzogiorno fino alle tre del pomeriggio si fece buio su tutta la terra. Verso le tre, Gesù gridò a gran voce: "Elì, Elì, lemà sabactàni?" che significa: "Dio mio, Dio mio, perché mi hai abbandonato?"

**L 2.** È l'inizio del Salmo 21, la visione profetica del Servo sofferente. Poco dopo dice: "Hanno forato le mie mani e i miei piedi, posso contare tutte le mie ossa. Si dividono le mie vesti, sul mio vestito gettano la sorte.

**L 3.** Ricorderanno e torneranno al Signore tutti i confini della terra, si prostreranno davanti a Lui tutte le famiglie dei popoli". Gesù sta compiendo la sua missione: pagando per i nostri peccati, sembra abbandonato da Dio, ma in realtà sta avvicinando a Dio tutti i popoli della terra.

**Padre:** Ripetiamo insieme: "Dio mio, Dio mio, perché mi hai abbandonato?"

**Tutti:** "Dio mio, Dio mio, perché mi hai abbandonato?"

**Quinta Parola: Gv 19,28.**

**L 1.** Dopo questo, Gesù, sapendo che ogni cosa era stata ormai compiuta, disse per adempiere la Scrittura: "Ho sete". Vi era lì un vaso pieno di aceto; posero perciò una spugna imbevuta di aceto in cima a una canna e gliela accostarono alla bocca.

**L 2.** Quasi non c'era più sangue nel corpo di Gesù. Aveva sudato sangue, aveva le ferite provocate dalla flagellazione, la testa insanguinata dalla corona di spine, la spalla lesionata dal portare la croce, le piaghe dei chiodi che attraversavano mani e piedi...

**L 3.** Chi perde sangue ha necessità di acqua e ha molta sete. Ma la sete di Gesù è più spirituale che fisica. Egli ha sete di anime, di persone salvate, vuole che il regno di Dio arrivi a tutti i popoli, a tutte le nazioni, a tutte le persone e a tutte le situazioni. Le sue braccia sulla croce sono aperte a molti, a tutti. Anche noi siamo chiamati ad essere missionari, a desiderare che tutti si salvino.

**Padre:** Ripetiamo insieme: Ho sete!

**Tutti:** Ho sete!

**Sesta Parola: Gv 19,30**

**L 1.** E dopo aver ricevuto l'aceto, Gesù disse: "Tutto è compiuto!" Tutte le Sacre Scritture si stavano realizzando in Gesù. Anche quella che diceva che nessun osso gli avrebbero spezzato. E anche l'altra che diceva: Volgeranno lo sguardo a colui che hanno trafitto.

**L 2.** Gesù fu obbediente fino alla morte e alla morte di croce. Pur essendo di natura divina, non considerò un tesoro geloso la sua uguaglianza con Dio, ma spogliò se stesso, assumendo la condizione di servo e divenendo simile agli uomini. Umiliò se stesso, imparò l'obbedienza fino alla morte, e divenne fonte di salvezza per tutti coloro che gli obbediscono.

**L 3.** In questo si è manifestato l'Amore di Dio per noi: ha dato al mondo il suo Figlio unigenito, perché chiunque crede in Lui non muoia, ma abbia la vita eterna. In questo consiste l'amore: Non siamo stati noi ad amare Dio, ma è lui che ha amato noi e ha mandato il suo Figlio come vittima di espiazione per i nostri peccati.

**Padre:** Ripetiamo insieme: "Tutto è compiuto!"

**Tutti:** "Tutto è compiuto!".

**Settima Parola: Lc 23,44-46; Mc 15,39.**

**L 1.** Il sole si eclissò e si fece buio su tutta la terra fino alle tre del pomeriggio. Il velo del tempio si squarciò nel mezzo. Gesù, gridando a gran voce, disse: "Padre, nelle tue mani consegno il mio spirito". Detto questo spirò.

**L 2.** Allora il centurione che gli stava di fronte, vistolo spirare in quel modo, disse: "Veramente quest'uomo era il Figlio di Dio!". Gesù accettò con amore la Volontà del Padre. Gesù si è offerto al Padre come Sacerdote e Vittima della Nuova Alleanza per la redenzione di tutta l'umanità.

**L 3.** Gesù si è offerto al Padre con l'Amore divino dello Spirito Santo. L'amore ha vinto il dolore. La vita vince la morte. La morte serena del cristiano è segno che la morte è una porta per entrare nella Casa del Padre. La morte di Gesù ha vinto la morte definitiva e ha meritato la Risurrezione avvenuta nel terzo giorno. Gesù è risorto e ci fa risorgere.

**Padre:** Ripetiamo insieme: "Padre, nelle tue mani consegno il mio spirito!"

**Tutti:** "Padre, nelle tue mani consegno il mio spirito!"

# Introduzione e conclusione 7 Parole

## Introduzione

Gesù in croce aveva sofferenze atroci: la corona di spine causava fitte e perdita di sangue nel suo capo. I grossi chiodi che lo configgevano alla croce avevano forato i polsi delle mani e i piedi, lesionando i nervi mediani e provocando crampi e dolori e ferite da cui grondava molto sangue. Aveva una ferita nella spalla che aveva portato il braccio orizzontale della croce, Le ferite della flagellazione si erano riaperte quando lo avevano spogliato delle vesti. Il peso del corpo tirava in giù la cassa toracica e respirava affannosamente. Il sangue perso gli provocava una forte sete. Le ingiurie e le provocazioni dei capi dei sacerdoti, dei farisei e dei soldati lo offendevano e umiliavano. Ma Gesù riceve la sua glorificazione mostrando tutto l'amore di Dio per la salvezza dell'umanità e con grande sforzo pronuncia alcune parole che rivelano la sua misericordia. È morto al nostro posto, per liberare l'umanità dai peccati e riconciliare tutti gli uomini con Dio Padre. Per poter parlare Gesù doveva cambiare posizione puntellando i piedi trafitti e aiutandosi con le mani trafitte per rialzare il petto e i polmoni dal soffocamento in cui si trovava e dare fiato alle sue parole perché fossero udite dai circostanti. Con suppliche e lacrime si offre al Padre nell'amore divino dello Spirito Santo. Aveva detto nell'ultima cena: Non c'è maggior amore che dare la vita per le persone che si ama. E prima ancora: E io, una volta innalzato da terra, attrarrò tutti a me. Ascoltiamo ora le sette Parole di Gesù in croce.

## Conclusione

Il centurione romano che aveva comandato la crocifissione, vedendo la maniera come Gesù era morto esclamò: Veramente quest'uomo era il Figlio di Dio. Invece di arrabbiarsi e maledire i suoi crocifissori Gesù aveva pregato per loro. Invece di infuriarsi e bestemmiare Dio, aveva accettato la volontà del Padre fino alla morte in croce e si era consegnato a Lui con amore. L'amore ha vinto il dolore, la vita ha sconfitto la morte. Non è venuto per essere servito, ma per servire e dare la sua vita per la redenzione di molti, di tutti i popoli della terra. Il mio sangue è sparso per noi e per tutti per la remissione dei peccati. Andate in tutto il mondo e insegnate a tutti i popoli il mio Vangelo: chi crederà e vivrà il suo Battesimo sarà salvo. Io sarò con voi tutti i giorni fino alla fine dei secoli.

Gesù meritò di risorgere e vivo dà la vita nuova della grazia e dell'amore a tutti coloro che credono in lui e cercano in qualche modo di seguire i suoi insegnamenti e i suoi esempi. La realizzazione delle persone non sta nel voler soddisfare se stessi con gli idoli del mondo: l'orgoglio e l'egoismo, il piacere e le passioni del corpo, il possedere molto denaro e potere e essere potenti e prepotenti. La vera realizzazione che fornisce pace e serenità è ringraziare e lodare Dio per tutti i doni che ci dà continuamente e fare le opere di misericordia verso il prossimo, essere utili per il bene degli altri e di tutta l'umanità. Se il chicco di grano caduto per terra non muore resta solo, ma se muore produce molto frutto. Fare veramente quello che è bene per gli altri costa sacrificio e lo spirito di sacrificio, l'altruismo e la donazione per il bene comune è imitazione di Cristo e costruisce il Regno di Dio.

## PENTECOSTE

(Testo P. Dante Volpini SX, musica A. Kaczmarek – Pentecoste 2010)

sim
Nella Festa chiamata Settimane
re
molta gente salì a Gerusalemme,
sol
per celebrare la legge mosaica,
mim fa#7
i suoi comandamenti, vere gemme.

sim
Non potendo di là allontanarsi,
re
fedeli alla promessa del Signore,
sol re
gli Apostoli e Maria con i discepoli
mim la
sbarrarono le porte per timore.

**re la**
**Venne dal cielo un vento impetuoso**
**sol re la**
**con lo Spirito Santo nuova Legge,**
**sim fa#m sol si7**
**li rende saggi un fuoco luminoso:**
**mim mi9 la4 la**
**nell'annunciar Gesù alle genti li sorregge.**

**re la**
**Venne dal cielo un vento impetuoso**
**sol sol#7dim. fa#m**
**con lo Spirito Santo nuova Legge,**
**sol mi9 re**
**li rende saggi un fuoco luminoso:**
**mim7 sol re**
**nell'annunciar Gesù alle genti li sorregge.**

Da un cuore di pietra e da egoismo
nasce avarizia, lussuria ed oppressione,
ma dal cuore di carne con lo Spirito
nasce fede, pace e amore, e missione.

Non rattristate lo Spirito Santo
con asprezza, mormorio e malignità,
come fa Dio perdoniamoci tanto,
portiamo ai popoli fede e carità.

## LE GINCANE BIBLICHE

*Nel mese di settembre in Brasile si celebra il mese della Bibbia, dato che il giorno 30 è la memoria di San Girolamo che nel 4° secolo tradusse tutta la Bibbia dall'ebraico, aramaico e greco in latino. Ogni anno si studia un libro o una parte della Bibbia. Io, seguendo l'esempio di P. Gerson, preparavo 100 domande per le Comunità Ecclesiali di Base, e alla fine del mese si faceva un Pomeriggio Biblico con le risposte e piccoli premi .*

**ATTI DEGLI APOSTOLI (gincana biblica)**

1. Nell'inizio del suo Vangelo e nell'inizio degli Atti e degli Apostoli, Luca si dirige a una persona che rappresenta tutti coloro che amano Dio e vogliono essere discepoli di Gesù. Come si chiama questa persona? In Lc 1,3 e At 1,1.
2. Durante quanti giorni Gesù risorto si è manifestato agli Apostoli prima di ascendere al Cielo e di che cosa parlava con loro? In At 1,3.
3. Il progetto di Gesù sulla evangelizzazione condotta dallo Spirito Santo e dalla Chiesa si trova in At 1,8. Sai citare questo versetto?
4. Quale il versetto degli Atti in cui due uomini vestiti di bianco dicono agli Apostoli che Gesù ritornerà nello stesso modo in cui l'hanno visto salire al cielo? In At 1, .... .
5. Chi stava nella stanza del piano superiore, cioè nel Cenacolo, quando nel giorno di Pentecoste discese lo Spirito Santo? In At 1, 13-14; 2,1.
6. Gli Apostoli erano rimasti in undici dopo il suicidio di Giuda Iscariote il traditore di Gesù. Pietro propose che fosse scelto uno che avesse seguito Gesù dal battesimo di Giovanni fino all'Ascensione. Quali due nomi furono proposti e chi dei due venne eletto? In At 1,23-26.
7. Lo Spirito Santo si manifestò agli Apostoli nel giorno di Pentecoste in due maniere: una sull'ambiente e una su ciascuno. Quali furono queste due maniere? In At 2, 2-3.
8. Che avvenne agli Apostoli nel giorno di Pentecoste e come riuscivano a parlare? At 2,4.5-11 .
9. Quale fu l'annuncio su Gesù nel primo discorso di Pietro il giorno di Pentecoste? In At 2,23-24.36.
10. Quali due cose dovevano fare le persone commosse dalle parole di Pietro e degli Apostoli? E quale Dono avrebbero ricevuto? In At 2,38.
11. Quali erano le quattro attività in cui erano perseveranti le prime comunità formate dagli Apostoli dopo la Pentecoste? In At 2,42.
12. Oltre le quattro di At 2,42 c'era una quinta virtù vhe praticavano. Quale era? In At 2,44-45.
13. Nella porta Bella del Tempio Pietro e Giovanni encontrarono un uomo ammalato che chiedeva elemosina.. Che tipo di malattia aveva e con quali parole Pietro gli ottenne la guarigione In At 3,2-6.
14. Nel Tempio Pietro disse che la guarigione era avvenuta nel nome di Gesù erimproverò una ingiustizia. Quale grave ingiustizia avevano commesso davanti a Pilato? In At 3,14-15.

15.Quante persone avevano creduto in Pietro e negli Apostoli e accettato la conversione quando Pietro e Giovanni furono arrestati e messi in prigione? In At 4,4.
16.Cosa hanno affermato Pietro e Giovanni davanti al Sinedrio riguardo alla salvezza? In At 4,12.
17.Dopo che Pietro e Giovanni furono liberati e pregarono, che cosa avvenne e quale frutto meraviglioso ne derivò? In At 4,31.
18.“La moltitudine dei credenti aveva un cuor solo e un’anima sola e chi possedeva terre o case le vendeva e portava il ricavato agli Apostoli”. Chi vendette il suo campo? Che nome gli dettero gli Apostoli? In At 4,36-37.
19.Un uomo e sua moglie avevano trattenuto buona parte del ricavato dalla vendita del terreno. Come si chiamavano? In At 5,1-10.
20. Pietro e alcuni Apostoli furono arrestati di nuovo e il Sommo Sacerdote li rimproverò perché avevano ancora parlato di Gesù. Quale fu la risposta di Pietro e degli Apostoli? In At 5,29-32.
21.Un membro del Sinedrio affermò davanti agli altri che volevano uccidere gli Apostoli: “Se è un piano umano, verrà distrutto, ma se viene da Dio, non riuscirete a distruggerli”. Così gli Apostoli furono flagellati e rilasciati. Chi li difese e perché se ne andarono lieti? In At 5,34.40-41.
22.Per assisstere le vedove dei Greci, gli Apostoli scelsero i primi Diaconi pregarono e imposero le mani su di loro.. Quanti erano? Cita almeno tre dei loro nomi. In At 6,1-6.
23.Stefano fu perseguitato, preso prigioniero e poi lapidato. La sua passione fu simile a quella di Gesù. Quale fu la sua preghiera a favore dei suoi persecutori? Quale invocazione fece a Gesù? In . At 7,58-60.
24.In quale regione Filippo annunciava Gesù Cristo e compieva miracoli in suo nome? In At 8,5-8.
25.Gli Apostoli seppero che la Samaria aveva accolto la Parola di Dio e mandarono là Pietro e Giovanni. Quale Sacramento avevano ricevuto e quale Sacramento mancava ai Samaritani? Chi si riceve in questo Sacramento? Cosa hanno fatto gli Apostoli per dare questo Sacramento? In At 8,14-17.
26.Filippo incontrò l’eunuco, ministro di una regina del Nordest dell’Africa. Filippo salì nella carrozza, spiegò che il brano di Isaia si riferiva a Gesù e battezzò quell’uomo. Quale era il nome della regina e della nazione? In At 8,26-28.

27. Chi era quell'uomo che seminava minacce e stragi contro i discepoli di Gesù e cosa gli disse la voce mentre stava caduto a terra? In At 9,1-9.
28. C'era a Damasco un discepolo che fu incaricato dal signore di andare nella strada Diritta, in casa di Giuda a incontrare Saulo. Come si chiamava questo discepolo e cosa fece a Saulo? In At 9,10-19.
29. Saulo cominciò a predicare in Damasco che Gesù è il Messia, il figlio di Dio. I giudei lo volevano uccidere. In che maniera i suoi discepoli lo aiutarono a fuggire? In At 9,20-25.
30. Chi ha presentato Saulo agli Apostoli, raccontando la sua conversione e la predicazione a Damasco? Dica due miglioramenti della Chiesa dopo la conversione di Saulo. In At 9,26-27.31.
31. Pietro andava afar visita a tutti e incontrò a Lidda un uomo paralitico. E gli disse: "Gesù Cristo ti guarisce!". Chi era quell'uomo? Da quanto tempo era ammalato? In At 9,32-35.
32. A Giaffa Pietro risuscitò una discepola che che abbondava in opere buone. Come si chiamava? Che significa il suo nome? Cosa produceva per soccorrere le vedove? In At 9,36-43.
33. Il centurione Cornelio, religioso e timorato di Dio faceva elemosine e pregava. In quale città Pietro lo ha incontrato? E in casa di chi ? In At 9,43; 10,5-6.
34. Dopo la visione della grande tovaglia con animali impuri che Dio dichiarò puri, a quale nazione devono appartenere coloro che temono Dio e praticano la giustizia? Su chi è sceso lo spirito santo in casa di Cornelio? In At 10,34-35.43-45.
35. Dopo che Pietro parlò del battesimo di Cornelio, i giudei si calmarono.. Quale fu la grazia che anche i pagani ottennero? In At 11,18.
36. Di dove erano i convertiti che evangelizzarono i Greci di Antiochia? Barnaba chi andò a chiamare a Tarso? Quale nome i discepoli ricevettero per la prima volta a Antiochia? In At 11,19-26.
37. Come si chiamava il profeta che annunciò un periodo di fame così che i discepoli di Antiochia mandarono un aiuto alla Giudea attraverso Barnaba e Saulo In At 11,27-30.
38. Erode fece prigionieri alcuni cristiani e fece uccidere un Apostolo. Chi era questo Apostolo e di chi era fratello? In At 12,1-2.
39. Erode fece mettere in prigione un altro Apostolo più ? O que a importante. Cosa faceva la Chiesa continuamente? Perché Erode non riuscì a presentarlo ai giudei dopo la Pasqua? In At 12,3-11.
40. Pietro bussò alla porta in casa di Maria, mamma di Giovanni detto Marco. La serva riconobbe la voce e invece di aprire andò a dire a tutti

che Pietro era libero. Come si chiamava questa serva? A chi Pietro fece avvisare che era libero? In At 12,12-17.

41. Come morì Erode impedendogli di continuare a perseguitare Pietro e la Chiesa? Dopo la morte di Erode cosa avvenne con la Parola di Dio? In At 12, 21-24.
42. La Chiesa di Antiochia aveva maestri e annunciatori della Parola. Chi separò lo Spirito Santo per la missione? Cosa fece la Comunità prima di congedare i missionari? In At 13, 2-4.
43. Un mago di Pafo voleva allontanare il proconsole Sergio Paolo dalla fede. Come si chiamava il mago? Cosa gli profetizzò Paolo? Che fece il proconsole vedendo l' accaduto? In At 13,8-12.
44. Dopo Pafo e Perge, Paolo e Barnaba andarono a Antiochia di Pisidia, dove convertirono molti. A chi i Giudei istigarono per mandarli via? A quale altra città si diressero? In At 13,48-52.
45. Dato che era difficile annunciare il Vanogelo ai Giudei, Paolo e Barnaba decisero di dedicarsi ad altri. A chi decisero di dedicarsi e quale fu la loro reazione? In At 13,46-48.
46. In una città Paolo e Barnaba furono inizialmente ben accolti nella sinagoga e una grande moltitudine di Giudei e di Greci abbracciò la fede. Quale fu questa città? (At 14,1-3).
47. In Listra Barnaba e Paolo curarono un uomo paralizzato e il popolo esclamò: "Gli dei sono scesi tra noi in forma umana!" e volevano offrire loro un sacrificio. Ma gli Apostoli annunciarono il Dio vivo. Come il popolo stava chiamando Barnaba e come chiamavano Paolo? In At 14,11-15.
48. Alcuni Giudei contrari a Paolo e a Barnaba arrivarono a Listra e convinsero le folle a uccidere Paolo. Con quale martirio cercarono di ucciderlo e come Paolo riuscì a salvarsi? In At 14,19-20).
49. Paolo e Barnaba ripassando per le città evangelizzate, confermarono i discepoli, esortandoli a perseverare nella fede. Perché è necessario affrontare tribolazioni? Come erano chiamati i preti? In At 14,22-23.
50. Terminato il primo viaggio missionario, Paolo e Barnaba ritornarono a Antiochia, da dove erano partiti. Lì raccontarono tutto quello che Dio aveva realizzato per mezzo loro e come Dio aveva aperto la porta della fede ai pagani. A chi hanno raccontato queste cose? In At 14,27-28.
51. Filippo incontrò l'eunuco, ministro di una regina del Nordest dell'Africa. Filippo salì nella carrozza, spiegò che il brano di Isaia si riferiva a Gesù e battezzò quell'uomo. Quale era il nome della regina e della nazione? In At 8,26-28.

52.Chi era quell'uomo che seminava minacce e stragi contro i discepoli di Gesù e cosa gli disse la voce mentre stava caduto a terra? In At 9,1-9.
53.C'era a Damasco un discepolo che fu incaricato dal signore di andare nella strada Diritta, in casa di Giuda a incontrare Saulo. Come si chiamava questo discepolo e cosa fece a Saulo? In At 9,10-19.
54.Saulo cominciò a predicare in Damasco che Gesù è il Messia, il figlio di Dio. I giudei lo volevano uccidere. In che maniera i suoi discepoli lo aiutarono a fuggire? In At 9,20-25.
55.Chi ha presentato Saulo agli Apostoli, raccontando la sua conversione e la predicazione a Damasco? Dica due miglioramenti della Chiesa dopo la conversione di Saulo. In At 9,26-27.31.
56.Pietro andava afar visita a tutti e incontrò a Lidda un uomo paralitico. E gli disse: "Gesù Cristo ti guarisce!". Chi era quell'uomo? Da quanto tempo era ammalato? In At 9,32-35.
57.A Giaffa Pietro risuscitò una discepola che che abbondava in opere buone. Come si chiamava? Che significa il suo nome? Cosa produceva per soccorrere le vedove? In At 9,36-43.
58.Il centurione Cornelio, religioso e timorato di Dio faceva elemosine e pregava. In quale città Pietro lo ha incontrato? E in casa di chi ? In At 9,43; 10,5-6.
59.Dopo la visione della grande tovaglia con animali impuri che Dio dichiarò puri, a quale nazione devono appartenere coloro che temono Dio e praticano la giustizia? Su chi è sceso lo spirito santo in casa di Cornelio? In At 10,34-35.43-45.
60.Dopo che Pietro parlò del battesimo di Cornelio, i giudei si calmarono.. Quale fu la grazia che anche i pagani ottennero? In At 11,18.
61.Di dove erano i convertiti che evangelizzarono i Greci di Antiochia? Barnaba chi andò a chiamare a Tarso? Quale nome i discepoli ricevettero per la prima volta a Antiochia? In At 11,19-26.
62.Come si chiamava il profeta che annunciò un periodo di fame così che i discepoli di Antiochia mandarono un aiuto alla Giudea attraverso Barnaba e Saulo In At 11,27-30.
63.Erode fece prigionieri alcuni cristiani e fece uccidere un Apostolo. Chi era questo Apostolo e di chi era fratello? In At 12,1-2.
64.Erode fece mettere in prigione un altro Apostolo più ? O que a importante. Cosa faceva la Chiesa continuamente? Perché Erode non riuscì a presentarlo ai giudei dopo la Pasqua? In At 12,3-11.
65.Pietro bussò alla porta in casa di Maria, mamma di Giovanni detto Marco. La serva riconobbe la voce e invece di aprire andò a dire a tutti

che Pietro era libero. Come si chiamava questa serva? A chi Pietro fece avvisare che era libero? In At 12,12-17.

66. Come morì Erode impedendogli di continuare a perseguitare Pietro e la Chiesa? Dopo la morte di Erode cosa avvenne con la Parola di Dio? In At 12, 21-24.
67. La Chiesa di Antiochia aveva maestri e annunciatori della Parola. Chi separò lo Spirito Santo per la missione? Cosa fece la Comunità prima di congedare i missionari? In At 13, 2-4.
68. Un mago di Pafo voleva allontanare il proconsole Sergio Paolo dalla fede. Come si chiamava il mago? Cosa gli profetizzò Paolo? Che fece il proconsole vedendo l' accaduto? In At 13,8-12.
69. Dopo Pafo e Perge, Paolo e Barnaba andarono a Antiochia di Pisidia, dove convertirono molti. A chi i Giudei istigarono per mandarli via? A quale altra città si diressero? In At 13,48-52.
70. Dato che era difficile annunciare il Vanogelo ai Giudei, Paolo e Barnaba decisero di dedicarsi ad altri. A chi decisero di dedicarsi e quale fu la loro reazione? In At 13,46-48.
71. In una città Paolo e Barnaba furono inizialmente ben accolti nella sinagoga e una grande moltitudine di Giudei e di Greci abbracciò la fede. Quale fu questa città? (At 14,1-3).
72. In Listra Barnaba e Paolo curarono un uomo paralizzato e il popolo esclamò: "Gli dei sono scesi tra noi in forma umana!" e volevano offrire loro un sacrificio. Ma gli Apostoli annunciarono il Dio vivo. Come il popolo stava chiamando Barnaba e come chiamavano Paolo? In At 14,11-15.
73. Alcuni Giudei contrari a Paolo e a Barnaba arrivarono a Listra e convinsero le folle a uccidere Paolo. Con quale martirio cercarono di ucciderlo e come Paolo riuscì a salvarsi? In At 14,19-20).
74. Paolo e Barnaba ripassando per le città evangelizzate, confermarono i discepoli, esortandoli a perseverare nella fede. Perché è necessario affrontare tribolazioni? Come erano chiamati i preti? In At 14,22-23.
75. Terminato il primo viaggio missionario, Paolo e Barnaba ritornarono a Antiochia, da dove erano partiti. Lì raccontarono tutto quello che Dio aveva realizzato per mezzo loro e come Dio aveva aperto la porta della fede ai pagani. A chi hanno raccontato queste cose? In At 14,27-28.
76. Gli orefici di Efeso, vedendo diminuire la vendita di immagini d'argento di Artemide, trascinarono con loro Gaio e Aristarco, amici di Paolo, ma il cancelliere placò il tumulto. Chi iniziò la sommossa? In At 19,23-41.

77. Con i suoi sette compagni, Paolo doveva andare dalla Grecia alla Siria, ma cambiò itinerario e prima ritornò in Macedonia. Qual e fu il motivo di questocambiamento? In At 20,1-3).
78. Erano riuniti a Troade a "spezzare il pane", Paolo prolungò il discorso fino a mezza notte e, un giovane si addormantò e cadde dalla finestra del terzo piano. Paolo ottenne la sua risurrezione e continuò la celebrazione. In quale giorno della settimana erano riuniti? Come si chiama oggi lo "spezzare il Pane"? Come si chiamava il giovane risuscitato da Paolo? In At 20,7-12.
79. In Mileto Paolo decise di non passare da Efeso perché voleva raggiungere Gerusalemme per una festa. Di che festa si trattava? In At 20,16
80. Congedandosi dalle comunità della Macedonia, Paolo pregò e raccomandò di aiutare i più deboli. Quale frase di Gesù ha citato? Cosa faceva il popolo nel congedarsi? In At 20, 35-38.
81. Dopo essere ripassato per vari luoghi e confermato i cristiani nella fede. Paolo incontrò Filippo e Agabo in Cesarea. Quale fu il gesto profetico e la profezia che Agabo fece? In At 21,11-12).
82. In Gerusalemme Paolo e i suoi compagni furono accolti con gioia e raccontarono l'adesione dei pagani alla fede. In casa di chi furono accolti e chi Paolo andà a visitare? In At 21,16-17.
83. Per liberarlo dalla morte i soldati condussero Paolo nella fortezza., Paulo foi recolhido pelos soldados na fortaleza. In quale lingua parlò con il comandante? In quale lingua , contandparlò al popolo raccontando la propria conversione? In At 21,35-22,21.
84. Nella fortezza di Gerusalemme Paolo fu legato e cominciarono a flagellarlo. Cosa disse Paolo al centurione che fece interrompere la flagellazione? In At 22,25-29.
85. Il sommo sacerdote Anania ordinò di percuotere paolo sulla bocca. Paolo disse che credeva nella risurrezione e questo scatenò una discussione tra le due sette presenti. Quali erano queste sette? In At 23,6-10.
86. Quaranta uomini giurarono in Gerusalemme che non avrebbero mangiato nulla fino all'uccisione di Paolo. Mz un ragazzo riferì al comandante del complotto e ottenne che Paolo fosse condotto a Cesarea dove c'era il governatore Felice. Chi era questo ragazzo? In At 23,12-35.

87.In Cesarea il governatore Felice e sua moglie Drusilla ascoltarono Paoloc he parlava sulla fede in Cristo Gesù. Quali le altre tre verità che Paolo annunciò e spavenatrono Felice? In At 24,24-25.

88.Quanto tempo Paolo rimase prigioniero a Cesarea? A chi si appellò Paolo davanti al nuovo governatore Porcio Festo, per non essere giudicato a Gerusalemme? In At 24,27; 25.1-12.

89.Prima di inviarlo a Roma, Festo presentò Paolo al re Agrppa che era arrivato a Cesarea con sua moglie. Come si chiamava la sposa del re Agrippa? In At 25,23-27.

90.Parlando con il re Agrippa e la sua sposa, Paolo raccontò la sua conversione a Gesù e la sua missione di evangelizzare. Quali sono le due grazie che ottengono quelli che passano dalle tenebre alla luce di Dio? In At 26,18.

91.Il governatore Festo e il re Agrippa arrivarono a una conclusione dopo aver ascoltato Paolo. Quale fu questa conclusione?. In At 26,32.

92. Nel viaggio in mare verso Roma Paolo e gli altri prigionieri furono consegnati a un centurione della coorte Augusta che li trattò bene. Come si chiamava il centurione? In At 27,1-3.

93.Paolo suggerì di passare l'inverno in una isola e poi suggerì di salpare e continuare. Quale era questa isola? In At 27,9-22.

94.Pur con le molte tempeste, Paolo confermò a marinai e compagni che sarebbero arrivati a Roma davanti a Cesare. Dovevano mangiare ora. Che cosa poi avrebbero dovuto buttare in mare? In At 27,23-26. 38.

95.Paolo consigliò di rimanere nella nave e si sarebbero salvati. Poi prese il pane, rese grazie a Dio, lo spezzò e mangiò e anche gli altri. Quante persone c'erano sulla nave e presro cibo? Ii n At 27,27-38).

96.Nell'isola di Malta gli abitanti trattarono bene Paolo e compagni e fecero un fuoco per risckdarli. Quale sventura accadde a Paolo ma senza conseguenze? In At 28,1-10.

97.Dopo 3 mesi a Malta, Paolo, e i suoi compagni e i soldati continuarono il viaggio in una nave alessandrina passando a Siracusa, Reggio e Pozzuoli e arrivarono a Roma. Quanti giorni si fermarono a Pazzuoli con alcuni fratelli che credevano in Gesù? In At 28,11-14.

98.Arrivando a Roma, Paolo incontrò persone già cristiane e fu accolto nel Foro Appio e alle Tre Taverne. Poi gli fu concesso di abitare in una casa particolare con vigilanza di soldati. Quanti soldati dovevano vigilare Paolo? In At 28,15-16.

99.In Roma parlò con alcuni Giudei, che accettarono la fede in Gesù. Visse del suo lavoro e predicò il.Regno di Dio e la fede ai pagani.. Quanto tempo Paolo rimase a Roma? In At 28,23-31.

100. Luca, ispirato dallo Spirito San,to, ha scritto due libri della bibbia: il terzo Vangelo e gli Atti degli Apostoli.. Nel Vangelo il protagonista è Gesù, ciò che fece e insegnò. Negli Atti degli Apostoli il protagonista è lo Spirito Santo che conduce gli apostoli nella loro missione. Quanti capitoli ha il Vangelo di Luca e quanti capitoli hanno gli Atti degli apostoli?

Questa gincana biblica è stata elaborata da P. Dante Volpini SX

## Gincana Biblica sul Vangelo di Luca

1. Qual è il nome dell'autore del terzo vangelo e quale era la sua professione? (Col 4,14)
2. Luca ha scritto il Vangelo in cui la figura principale è Gesù. Quale altro libro della Bibbia ha scritto oltre il Vangelo? Chi è la figura principale di questo altro libro? (At 1,8)
3. Come si chiama il destinatario del Vangelo di Luca? (Lc 1,3). Dato che il suo nome significa "amico di Dio" a chi rappresenta?
4. Come si chiama il sacerdote che ha ricevuto l'annuncio dell'angelo Gabriele e quale il nome di sua moglie che avrebbe concepito un figlio anche se era sterile e era avanti negli anni? (Lc 1,5-7)
5. Come doveva chiamarsi il figlio e cosa successe a Zaccaria per non aver creduto subito all'annuncio dell'angelo Gabriele? (Lc 1,13.20)
6. Dopo sei mesi l'angelo Gabriele fu inviato a Maria. Come si chiamava la sua piccola città e di chi era fidanzata? (Lc 1,26-27)
7. Quale fu il saluto che l'angelo fece a Maria? (Lc 1,28)
8. Quale nome fu dato al figlio di Maria e chi l'aveva fecondata per essere madre? (Lc 1,31.35)
9. Quale fu la risposta di Maria alla vocazione datale da Dio? (Lc 1,38)
10. Come si chiamava la coppia che Maria andò a visitare dopo la sua Annunciazione? (Lc 1,40)
11. Con quali parole Elisabetta salutò Maria e in quale preghiera le pronunciamo? (Lc 1,42)
12. Devi completare la frase di Elisabetta:"Beata sei tu che hai creduto, perché… " (Lc 1,45)
13. Come volevano chiamare il figlio di Elisabetta? E quale nome ricevette? (Lc 1,59-60)
14. Il decreto di Cesare Augusto obbligò Giuseppe e Maria ad andare in un'altra piccola città per registrarsi nel censimento. Da quale città e regione partirono e a quale città e regione si recarono? (Lc 2,4-5)
15. Dove mise Maria Gesù appena nato e chi furono i primi a visitarli? (Lc 2,7.15-20)
16. Quanti giorni aveva Gesù quando fu circonciso e quanti giorni quando fu presentato al tempio di Gerusalemme? Come si chiamavano il vecchio sacerdote e la vecchia profetessa che lo accolsero e lodarono Dio per averlo visto? (Lc 2,21-22.25.36).

17.Che età aveva Gesù quando rimase a Gerusalemme senza che i suoi genitori se ne accorgessero? Dove l'hanno incontrato e cosa stava facendo? (Lc 2,42.46)
18.Come si chiamava il profeta che rimproverava il Tetrarca Erode e la moglie di suo fratello con cui stava convivendo? (Lc 3,15.19)
19.Per quanti giorni Gesù rimase nel deserto e fu tentato? (Lc 4,1) e in quale versetto del capitolo 4 Gesù risponde "Non di solo pane vive l'uomo ma di ogni parola che esce dalla bocca di Dio" (Dt 8,3 e Lc 4,... )
20.In quale sinagoga Gesù ha letto Isaia e detto che la profezia si realizzava in lui? (Lc 4.16) e in quale versetto del capitolo 4 disse che nessun profeta è accettato nella sua patria? (Lc 4,)
21.Nella sinagoga di Cafarnao Gesù fece un miracolo. Che miracolo fece e con quali parole? (Lc 4,35)
22.Uscendo dalla sinagoga di Cafarnao Gesù andò in casa di Simon Pietro. Quale miracolo vi realizzò e cosa fece la persona guarita subito dopo? (Lc 4,38-39)
23.Nell'inizio del capitolo 5 Gesù predica dalla barca di Pietro e poi lo invitò a fare una cosa. Cosa disse Gesù e cosa rispose Pietro? (Lc 5,4-5)
24.Dopo la pesca miracolosa Gesù ha curato due persone. Chi erano e cosa disse al secondo prima di curarlo? (Lc 5,12-13.18-25)
25.Come si chiamava quel pubblicano che Gesù ha chiamato ad essere suo apostolo e poi ha scritto un Vangelo? Cosa ha fatto prima di seguire Gesù? (Lc 5,27-32)
26.Cosa affermò Gesù riguardo al sabato? Quale miracolo fatto da Gesù nella sinagoga di sabato è raccontato da Luca al capitolo 6? (Lc 6,5-10)
27.Quanti Apostoli furono chiamati da Gesù? Cita almeno sei nomi e dì il nome del papà del secondo Giacomo e il papà o il fratello del primo Giuda. (Lc 6, 13-16: Gd 1)
28.Quali sono le quattro categorie di beati citati da Gesù in Luca capitolo 6? (Lc 6,20-22)
29.Quali sono i quattro destinatari dei "guai a voi" citati in Luca 6? (Lc 6, 24-26)
30.Come devo trattare chi mi dà uno schiaffo o chi mi vuole portar via il mantello ? (Lc 6,29)
31.Che cos'era e dove abitava l'uomo che supplicò Gesù per il proprio servo e disse che non era degno di riceverlo in casa? Di dove era quella vedova che Gesù incontrò vicino alla porta della città e quale fu il miracolo che le fece? (Lc 7, 1-8.11-15)

32. Cita almeno due dei quattro gesti che ha fatto la donna peccatrice in casa di Simone fariseo. Quanto era il debito dei due debitori nella parabola che Gesù gli raccontò? (Lc 7,38.41-42)
33. Sai dire i quattro tipi di terreno in cui cadde il seme nella parabola del seminatore? (Lc 8,4-8.12-15)
34. Chi sono i veri parenti di Gesù, sua mamma e i suoi fratelli? (Lc 8,20-21)
35. Nella regione dei Geraseni Gesù ha liberato un indemoniato. Come si chiamava lo spirito impuro e dove l'ha mandato Gesù? (Lc 8,30-33)
36. Come fu guarita la donna che da dodici anni aveva perdite di sangue? Di chi era figlia la fanciulla di dodici anni che Gesù risuscitò? (Lc 8,43-44.49-56)
37. Quanti uomini Gesù saziò con cinque pani e due pesci? In gruppi di quanti li fece sedere? Quante ceste di pezzi avanzarono? (Lc 9, 13-17)
38. Quale professione di fede di Pietro c'è in Lc 9,20 che corrisponde a Mt 16,16? Cosa aggiunse Gesù che gli sarebbe successo? (Lc 9,20.22)
39. Cosa dice Gesù riguardo al guadagno di cose materiali? (Lc 9,25)
40. Quali Profeti e quali Apostoli stavano con Gesù nel monte della trasfigurazione? Cosa disse Pietro e cosa disse il Padre? (Lc 9,28-35)
41. Quale fu l'atteggiamento di Gesù con Giacomo e Giovanni che volevano invocare un incendio sul villaggio della Samaria che non li aveva accolti? (Lc 9,56)
42. Uno dei chiamati chiese di poter salutare i suoi prima di seguire Gesù? Quale fu la risposta radicale del Maestro? (Lc 9,62)
43. Quanti discepoli Gesù inviò due a due dove stava per recarsi? Cosa disse Gesù riguardo alla messe e agli operai? (Lc 10,1-2)
44. A chi il Padre non ha rivelato e a chi ha rivelato le cose della Santa Trinità? (Lc 10,21-22)
45. Chi fu il prossimo di colui che cadde nelle mani dei briganti? Quali furono le due cose che versò nelle ferite e cosa dette all'albergatore? Lc 10,34-35)
46. Come si chiamavano le due sorelle che accolsero Gesù a Betania? Quale delle due scelse la parte migliore? Come si chiamava il loro fratello che Gesù risuscitò in Gv 11,43-44? (Lc 10,38-42. Gv 11,17-20)
47. Quali sono le cinque invocazioni del Padre nostro nel Vangelo di Luca? Quali sono le due che ci sono in Matteo e mancano in Luca? (Lc 11,2-4; Mt 6,9-13)
48. Cosa esclamò la donna dalla folla? Cosa le rispose Gesù? (Lc 11,27-28)
49. Cosa ha detto Gesù riguardo all'occhio e al corpo? (Lc 11,34)
50. Cosa disse Gesù sulle preoccupazioni? E i capelli? E sul riconoscerlo e negarlo? (Lc 12,7-9)

51. Che succederà al ricco con i suoi calcoli e con quello che ha accumulato? (Lc 12,20-21)
52. Cosa devono cercare i discepoli di Gesù? Dove devono accumulare i beni? (Lc 12,31.33)
53. Perché i cristiani devono stare sempre pronti? A chi sono paragonati? (Lc 12,36-40)
54. Che malattia aveva la donna che fu curata di sabato? Da quanto tempo? (Lc 13,11)
55. Da dove verranno le persone che siederanno a mensa nel regno di Dio? (Lc 13,29)
56. Che malattia aveva l'uomo che fu curato di sabato in casa di un fariseo? (Lc 14,1-4)
57. Quali sono le quattro categorie di persone che Gesù consiglia di invitare a cena? (Lc 14,12-14)
58. Quali le tre scuse degli invitati al banchetto per non partecipare? (Lc 14,18-20)
59. Se uno vuol seguire Gesù, a chi deve amare meno di lui? Citane almeno quattro. (Lc 14,26)
60. Quali le tre parabole della misericordia che Gesù ha raccontato nel capitolo 15 di Luca ? (Lc 15,1-7.8-10.11-32)
61. Cosa affermò Gesù riguardo a chi si pente dei propri peccati? (Lc 15,7)
62. Quali parole preparò il figlio prodigo per tornare e parlare con suo padre? (Lc 15,18-21)
63. Quali misure di olio e di grano ha modificato l'amministratore infedele per essere aiutato dopo l'esonero dall'amministrazione? (Lc 16,6-7)
64. Quale frase ha detto Gesù sul servire a due padroni? (Lc 16,13)
65. Come si chiamavano il ricco e il povero nella parabola di Gesù? Quale fu la ricompensa dei due? (Lc 16,19-24)
66. Cosa ha detto Gesù sullo scandalizzare i piccoli? (Lc 17,1-2)
67. Cosa dovrebbero pensare e dire quelli che servono il regno di Dio e hanno fatto qualcosa di buono? (Lc 17,10)
68. Quanti erano i lebbrosi che chiesero aiuto a Gesù? Quanti furono curati? Chi tornò indietro a ringraziare Gesù? (Lc 17,12-19)
69. Cosa disse Gesù sul salvare la propria vita, cioè la propria anima? (Lc 17,33)
70. Chi chiese aiuto al giudice? Perché fu ascoltata? (Lc 18,2-5)
71. Nella parabola di Gesù chi è salito al tempio a pregare? Quale dei due pregò meglio? (Lc 18,9-14)

72. Cosa mancò al giovane ricco per possedere la vita eterna? Che disse Gesù sulla possibilità che i ricchi entrino nel Regno di Dio? (Lc 18,22-25)
73. Di che città era e quale malattia aveva quel povero che chiedeva elemosina, ma gridò verso Gesù e volevano farlo tacere? Quale fu la richiesta che fece a Gesù? (Lc 18,35-43)
74. Come si chiamava quell'uomo importante di Gerico che voleva vedere Gesù? Quale era il suo peccato? Quale fu la frase che disse a Gesù? (Lc 19,1-10)
75. Quanto guadagnarono quei tre servi con la moneta d'oro data da quel nobile che poi ritornò e li chiamò a prestare conto? (Lc 19,12-24)
76. Quella volta come entrò Gesù in Gerusalemme? Cosa gridava la folla nella discesa del monte degli Ulivi? (Lc 19,35-38)
77. Cosa fece Gesù nel Tempio che lasciò interdetti i sacerdoti? Cosa disse Gesù nel compiere quel gesto? (Lc 19,45-47)
78. Quale castigo darà il padrone della vigna ai vignaioli che hanno ucciso i servi e il figlio? Quale frase dell'Antico Testamento fu usata da Gesù per manifestare che il suo sacrificio sarebbe stato il fondamento per costruire un nuovo popolo di Dio? (Lc 20,15-17)
79. Cosa chiese Gesù e cosa rispose quando domandarono sul tributo a Cesare? (Lc 20,24-25)
80. Come si chiamava la setta che non credeva nella risurrezione? Quanti mariti ebbe quella donna? Dopo la risurrezione si potrà prendere moglie o marito? (Lc 20,27-35)
81. Secondo Gesù chi ha offerto più di tutti nel tesoro del Tempio? Quanto offrì? (Lc 21,1-4)
82. Cita almeno due dei grande segni premonitori della fine dei tempi. (Lc 21,10-12)
83. Cosa succederà quando le potenze dei cieli saranno sconvolte? (Lc 21,27)
84. Quali due cose devono fare gli uomini per sfuggire al male e trovarsi degni davanti al Figlio dell'uomo? (Lc 21,36)
85. Quale Apostolo cospirò e tradì Gesù per denaro? E quale lo rinnegò per tre volte? (Lc 22,3-5.34)
86. Dove era la sala in cui Gesù celebrò l'ultima Cena? Cosa Gesù prese in mano per fare le due trasformazioni? (Lc 22,12,19-20)
87. Cosa Gesù disse a Pietro per indicare la missione del Papa riguardo alla fede? (Lc 22,32)
88. Quale frase disse Gesù nel monte degli Ulivi accettando la sua passione e morte in croce? (Lc, 22,42)

89. Con che gesto Giuda consegnò Gesù? Che fece Pietro per difendere Gesù? (Lc 22,47-58.50)
90. Chi ha ammesso di essere Gesù davanti al Consiglio dei sacerdoti e scribi? (Lc 22,67-70)
91. Cita due autorità civili che giudicarono Gesù. (Lc 23,3-4.7-12)
92. Chi chiesero che fosse liberato al posto di Gesù e cosa chiesero a Pilato? (Lc 23,18-21)
93. Quali due frasi disse Gesù crocifisso perdonando coloro che lo crocifissero e il buon ladrone? (Lc 23,34.43)
94. Cosa successe in Gerusalemme alle tre del pomeriggio e cosa gridò Gesù in croce? (Lc 23,44-46)
95. Cosa disse il centurione romano al vedere come Gesù era morto? Come è raccontata questa frase nel Vangelo di Marco? (Lc 23,47; Mc 15,39)
96. In quale giorno Maria Maddalena, Giovanna e Maria madre di Giacomo andarono alla tomba di Gesù con aromi? Cosa trovarono di strano? (Lc 24,1-4.10)
97. Quanti erano i discepoli che camminarono con Gesù verso Emmaus? Come si chiamava uno di loro? In quale gesto riconobbero Gesù? (Lc 24,13.18.30-31.35)
98. In quali versetti del capitolo 24 Gesù dice agli Undici che era necessario che Lui soffrisse e risuscitasse al terzo giorno, che dopo aver ricevuto lo Spirito Santo dovevano andare a predicare la conversione e il perdono dei peccati a tutte le nazioni? (Lc 24)
99. Cita almeno due delle tre cose che Gesù risuscitato compì a Betania davanti agli Apostoli (Lc 24,51)
100. Quali i quattro luoghi in cui gli Apostoli dovranno cominciare ad annunciare Gesù risorto con la forza ricevuta dallo Spirito Santo? (At 1,8)

(Domande preparate da P. Dante Volpini SX)

## Gincana biblica sulla Eucaristia

## (autore: P. Dante Volpini SX, Piracicaba)

1. Che cosa ha offerto Abele nel sacrificio gradito a Dio In Em Gn 4,3-5.
2. Come si chiamava quel re e sacerdote che benedì Abramo dopo la vittoria? Qual è il significato del suo nome? In Gn 14,18-20.
3. Cosa ha fatto portare Melchisedec per offrire in sacrificio al Signore? In Gn 14,18.
4. Come si chiamava il figlio che Dio ha chiesto ad Abramo di sacrificare nella terra di Morià? In Gn 22,2.
5. Cosa ha offerto Abramo, dopo che Dio non ha voluto più che uccidesse il figlio? In Gn 22,13.-----
6. Quali tre caratteristiche doveva avere l'agnello pasquale? In Es 12,5.
7. Quale segno dovevano gli ebrei mettere nelle porte perché Dio passasse oltre e non uccidesse i loro primogeniti? In Es 12,7-14.
8. Come doveva essere il pane che gli Ebrei mangiavano nella Pasqua? Per quanti giorni? In Es 12,15.19.
9. Come si chiamano i pani mangiati nella Pasqua? In Es 12,17.20.
10. Ogni quanto si deve presentare ai figli la memoria dell'uscita dall'Egitto? In Es 13,7-10.
11. Come si chiamava quel pane in grani che Dio mandò agli Ebrei nel deserto? In Es 16,14-18.31.-
12. Per quanto tempo gli Israeliti hanno mangiato quel pane nel deserto? In Es 16,35.
13. Quante erano le pietre con cui Mosè ha costruito l'altare dell'alleanza? In Es 24,4.
14. Cosa ha risposto il popolo quando Mosè ha letto i comandamenti dell'alleanza? In Es 24,7.
15. Dove ha sparso e dove Mosè ha asperso il sangue dei sacrifici dell'alleanza? In Es 24,6.8.-----
16. Che cosa ha ricevuto in cambio la vedova di Sarepta che ha dato una focaccia a Elia? In 1Re 17,13-16.
17. Chi ha dato pane e acqua a Elia debole e sconsolato per proseguire il suo cammino? In 1 Re 19,5-8.
18. A che cosa è paragonata la casa di Israele per mostrare la tenerezza di Dio e l'infedeltà degli uomini? In Is 5,1-7.
19. Che cosa metterà il Sigvnore nel suo popolo, trasformando i cuori di pietra in cuori di carne, fedeli alla sua alleanza? In Ez 36,27;37,14.

20.Cosa concluderà Dio con il popolo, mettendo la sua legge nei cuori e eliminando l'infedektà? In Ger 31,31-33.
21. Cosa non farà il Servo di Jahvè con la canna incrinata e con lo stoppino dalla fiamma smorta? In Is 42,3.
22. Perché il Servo di Jahvè fu castigato e ha sopportato dolorose piaghe? In Is 53,5.
23.Cosa ha previsto il profeta Davide delle sofferenze nel Corpo del Messia? In Sl 21,17-18.
24.Cosa ha preannunciato Davide nel Sl 15/16 e Pietro ha detto che si è realizzato in Gesù? In Sl 15/16,10; At 2,31.
25.Dove ha realizzato Gesù il primo miracolo e che cosa ha trasformato? In Gv 2,1-11.
26.Cosa ha detto Maria ai servitori per la realizzazione del primo miracolo di Gesù? In Gv 2,5.
27.Andrea ha scoperto che una persona aveva 5 pani e 2 pesci e Gesù ha saziato 5 mila uomini. Chi era questa persona che aveva i 5 pani e i 2 pesci? In Gv 6,8-9.
28.Gesù camminò nelle acque.. Pietro ebbe paura e stava affondando. Cosa gridò? In Mt 14,30.
29.Come si è definito Gesù nella Sinagoga di Cafarnao? In Gv 6,35.41.51.59.
30.Quale è il cibo che Gesù ha promesso in Cafarnao per la salvezza del mondo? In Gv 6,51.
31.Molti hanno smesso di credere in Gesù e di seguirlo dopo che ha promesso questo cibo.Lui ha proposto agli Apostoli di ritirarsi anche loro. Quale è stata la risposta di Pietro? In Gv 6,68-69.
32.Con quali parole Gesù ha manifestato il suo sentimento prima dell'ultima Cena? In Lc 22,15.
33.Dica tre o quattro caratteristiche del nuovo Pontefice e Sacerdote Gesù Cristo. In Eb 7,26.
34.Gesù ha realizzato la Santa Cena a Gerusalemme. Quale è stato il luogo esatto della Cena? In Lc 22,12.
35.Nellas cena pasquale ebraica esiste una purificazione. Cosa ha fatto Gesù con l'acqua? In Gv 13,4-5.
36.Quale è stato il Nuovo Comandamento che Gesù ha lasciato nell'ultima Cena? In Gv 13,34; 15,12.
37.Dopo che ha benedetto e spezzato il pane, che ha detto Gesù agli Apostoli? In Mt 26,26; Lc 22,19.
38.Gesù rese grazie e passò il calice agli Apostoli. Cosa ha detto in questo momento? In Mt 26,27-28; Lc 22,20; 1Cor 11,25.

39. Cosa ha ordinato Gesù riguardo alle trasformazioni della Santa Cena? In Lc 22,19; 1Cor 11,25-26.
40. Quale è il nome del patto realizzato con lo spargimento del Sangue di Gesù? In Mt 26,28; Lc 22,20; 1Cor 11,25.
41. A favore di chi Gesù ha offerto il suo Corpo e il suo Sangue? In Mt 26,28; Lc 22,19-20; 1Gv 2,1-2.
42. Nella Cena Gesù ha ripreso il tema della vigna. Chi è la vite, chi sono i rami e chi è l'agricoltore? In Gv 15,1-5.
43. Cosa occorre perché i rami producano i frutti che il padre si aspetta? In Gv 15,4-5.
44. Cosa succederà ai rami che non producono i frutti che avrebbero dovuto produrre? In Gv 15,6. 7-8
45. Quale è il Dono che Gesù ha promesso nell'ultima Cena e che il Padre invierà in suo nome, per insegnare, fare memoria, avere forza e dare testimonianza? In Gv 14,16-17.26; 15,26-27; 16,13-15.
46. Quale grazia Gesù ha cjiesto al Padre nella sua preghiera in Gv 17,20-23?
47. Con quali parole Gesù ha manifestato che sapeva che quella era la sua ultima Cena? In Lc 22,16.18.
48. Quale fu il gesto con cui Gesù rivelò a Giovanni che il traditore era Giuda Iscariote? Gv 13,25-26.
49. Quale versetto di Gv 14 dice si va al Padre per mezzo di Gesù che è Via, verità e Vita?
50. Quale è l'amore più grande secondo la affermazione fatta da Gesù agli Apostoli? In Gv 15,13-14.
51. Per mezzo di Mosè Dio ha liberato gli Ebrei dalla schiavitù in Egitto, per mezzo di Gesù da quale schiavitù Dio ci ha liberato e continua a liberarci? In Mt 26,28; Eb 10,12.14.
52. Invece di provare rabbia e maledire, che cosa ha fatto Gesù per quelli che lo hanno crocifisso? In Lc 23,34.
53. Quale luogo del regno di Dio Gesù ha promesso al buon ladrone? In Lc 23,42-43.
54. Invece di ribellarsi, cosa ha detto Gesù al Padre nell'ora della sua morte in croce? In Lc 23,46.
55. Quale è il sacrificio della Nuova Alleanza que purifica le coscienze per il servizio al Dio vivo? In Eb 9,14.
56. Quante volte è stato offerto il Corpo di Cristo per la perfezione di coloro che ne sono santificati? In Eb 10,10.14. -----
57. Quale è il nome dei tre che stavano camminando da Gerusalemme a Emmaus? In Lc 24,13-18.

58. Cosa ha spiegato Gesù ai 2 discepoli di Emmaus durante il cammino? In Lc 24,27.(32).
59. Quale frase i discepoli dissero a Gesù per fermarlo a Emmaus? In Lc 24,29.
60. In quale gesto i discepoli di Emmaus hanno riconosciuto Gesù? In Lc 24,30-31.35.
61. Che hanno fatto i discepoli di Emmaus dopo che sono stati a mensa con gesù e l'hanno riconosciuto? In Lc 24,33-35.
62. Quanti pesci hanno preso simon Pietro e alcuni Apostoli nel lago di tiberiade dopo che il Signore Gesù disse di gettare la rete? In Gv 21,4-8.11.
63. Cosa ha preparato il cuoco divino Gesù agli Apostoli appena scesi a terra? In Gv 21,9.12.
64. In quale luogo si riunivano gli Apostoli con maria ed altre persone aspettando la venuta dello Spirito Santo? In At 1,13-14.
65. Quali erano le quattro attività delle prime comunità cristiane? In At 2,42.
66. Delle 4 attività citate in At 2,42, quale corrisponde alla celebrazione della Eucaristia?
67. A che cosa corrispondono "il pane che spezziamo" e il "calice della benedizione che noi benediciamo" in 1Cor 10,16?
68. In che cosa Paolo rimprovera i cristiani di Corinto reuniti per mangiare insieme la cena del Signore? In 1Cor 11,20-22.
69. Che cosa Paolo ha ricevuto dal Signore Gesù, e poi a sua volta ha trasmesso ai fedeli di Corinto? In 1Cor 11,23-25.-----
70. Cosa si deve riconoscere e rispettare nel mangiare il pane e bere il calice nella Cena del Signore? In 1Cor 11,27-29.
71. Quali sono le due conseguenze per chi partecipa indegnamente della Eucaristia? In 1Cor 11, 29-30
72. In che giorno della settimana Gesù si è presentato risorto e vivo agli aposttoli e ai discepoli di Emmaus? In Mt 28,1; Mc 16,2.9.12.14; Lc 24,1.13.33.36; Gv 20,1.19.26.
73. In che giorno della settimana Paolo ha riunito la comunità di Troade "per spezzare il pane"? In At 20,7.
74. Cosa è successo in quella casa di Troade a causa del discorso prolungato di Paolo ? In At 20.9.---
75. Cosa fece Paolo nella casa de Troade dopo la risurrezione del giovane Eutico? In At 20,11-12.
76. Che cosa ha detto lo Spirito Santo alla Chiesa di Antiochia "mentre celebravano il culto del Signore"? In At 13,1-4.
77. Quale proposta fa Gesù vivo, il Testimone fedele, alla Chiesa di Laodicea? In Ap 3,20.

78. Quale grazia ha ricevuto Timoteo attraverso l'imposizione delle mani di Paolo e dei presbiteri? In 1Tm 4,6.14; 2Tm 1,6; 2,1-3.
79. Cosa hanno fatto Paolo e Sila per rendere salde le comunità da loro evangelizzate? In At 14,23.
80. Quale tipo di pastorale gli apostoli non hanno voluto abbandonare per servire alle mense? In At 6,2-4.
81. Con quale rito gli Apostoli hanno ordinato i primi sette Diaconi? In At 6,5-6.
82. Cosa succede quando molti mangiano l'unico Pane spezzato? In 1Cor 10,16-17.
83. A cosa servono i doni o carismi che ognuno riceve dallo Spirito Santo? In 1Cor 12,7.
84. Dica tre caratteristiche della carità, che è il dono più grande dello Spirito Santo. In 1Cor 13,4-7.13.
85. Da che cosa si riconoscono i veri discepoli di Gesù Cristo? In Gv 13,35.
86. Sa che cosa sappiamo se abbiamo conosciuto veramente Gesù Cristo? In 1Gv 2, 3-6.
87. Quali sono le dimensioni infinite dell'amore di Cristo Gesù? In Ef 3,18-19.
88. Quali sono i due popoli che sono chiamati a formare un unico popolo in Gesù Cristo? In Ef 3,6.
89. Completa queste frasi che indicano la sequela di Gesù: "Non vivo più io, ma ..." e "Io vivo nella fede del Figlio di Dio che ..." In Gal 2,20.
90. A chi ha riscattato il Sangue di Gesù Cristo e ne ba fatto un regno di sacerdoti? In Ap 5,9.
91. Saranno annullate le divisioni e quale sarà la grande realtà del popolo nuovo? In Cl 3,11.
92. Dica le quattro cose che Gesù ha offerto al Padre ottenendo la salvezza per quelli che gli obbediscono. In Eb 5,7-9.
93. Quando facciamo memoria e annunciamo la morte del Signore? Fino a quando faremo questa memoria? In 1Cor 11,26.
94. Perché dobbiamo amarci secondo il nuovo comandamento insegnato da Gesù? In 1Gv 4,7-8.
95. Come ha definito Pietro il popolo della Nuova Alleanza? In 1Pt 2,5.9.
96. Da dove viene la fede e la spiegazione della Parola di Dio? In Rm 10,17.
97. Quali devono essere la cintura, la corazza e i calzari dei cristiani? In Ef 6,14-15.
98. Quali tre maniere di vivere ci insegna la grazia di Dio? In Tt 2,12.
99. A chi ci avviciniamo quando celebriamo la Liturgia Eucaristica? In Eb 12,22-24.

100. Chi parteciperà al banchetto eterno di Gesù Sposo con la Chiesa Sposa? Cita due o tre tipi di persone che potranno partecipare e tre tipi di persone che non potranno partecipare. In Ap 22,11-15.
101. Cosa è per Paolo una necessità, guai a lui se non lo facesse? In 1Cor 9,16.
102. Cosa completa in noi i patimenti di Cristo a favore del suo corpo che è la Chiesa? In Cl 1,24.

Qusta gincana fui elaborata da P. Dante per le Comunità cristiane della Parrocchia Imaculado Coração de Maria rione Paulicéia, in Piracicaba – SP nel Gennaio del 2005, Anno della Eucaristia.

## Gincana Lettere di Paolo

Gincana biblica sulle 14 Lettere

1. Quali sono le tre caratteristiche con cui Paolo si presenta nella Lettera ai Romani? (Rm 1,1)
2. Quali sono le due cose che Paolo augura ai Romani nel suo saluto iniziale? (Rm 1,7)
3. Perché Paolo ringrazia Dio per mezzo di Gesù Cristo riguardo ai Romani? (Rm 1,8)
4. Il mondo ha bisogno di essere salvato dal paganesimo e dalla lontananza da Dio. Sai citare almeno 5 dei molti vizi e peccati di cui parla Paolo? (Rm 1,29-31)
5. Perché tu non puoi giudicare gli altri? Chi è l'unico che può giudicare? (Rm 2,1.5-8)
6. Dopo aver dimostrato che tanto Giudei quanto greci sono peccatori, che cosa produce la legge secondo Paolo? (Rm 3,9.20; 5,20)
7. A chi arriva la giustizia di Dio? Cosa Lui concede a quelli che giustifica (=rende giusti) e in virtù di che cosa? (Rm 3,22-24)
8. Quale uomo dell'AT è citato nel capitolo 4 e per quale virtù fu giustificato, cioè fu considerato giusto da Dio? (Rm 4,3.17-22)
9. In che cosa credono i cristiani per esserne giustificati? (Rm 4,23-25)
10. Perché non dobbiamo abbatterci nelle tribolazioni? Quali due frutti producono le tribolazioni insieme alla pazienza? (Rm 5,3-4)
11. Cita a memoria il versetto Rm 5,5, rispondendo alla domanda: Perché la speranza non delude?
12. Adamo rappresenta la caduta nel peccato e la morte. Che cosa rappresenta Gesù Cristo per la nuova umanità? (Rm 5,17.20-21)
13. In quali versetti del capitolo 6 della Lettera ai Romani si dice: "Così anche voi consideratevi morti al peccato, ma viventi per Dio in Gesù Cristo. Non regni più dunque il peccato nel vostro corpo mortale, sì da sottomettervi ai suoi desideri, …" fino a "perché non siete più sotto la legge, ma sotto la grazia"? (Rm 6)
14. In quali versetti del capitolo 7 Paolo mostra la drammaticità della lotta interiore e dopo aver detto: "Io non compio il bene che voglio, ma il male che non voglio", dice: "Chi mi libererà da questo corpo votato alla morte? Siano rese grazie a Dio, per mezzo di Gesù Cristo, nostro Signore"? (Rm 7)

15. Occorre essere guidati non dalla carne, ma dallo Spirito di Dio. Cosa sono quelli che sono guidati dallo Spirito Santo? Cosa gridano? E che cosa sono anche? (Rm 8,13-17)
16. Paolo esprime ai Romani un'opinione riguardo alle sofferenze. Cosa ritiene Paolo? (Rm 8,18)
17. C'è tutto un piano di salvezza per "quelli che" Dio sta trasformando per renderli somiglianti al Figlio suo. Quali sono i 4 verbi con cui Paolo esprime questo progetto? (Rm 8,29-30)
18. Paolo prova un grande dolore per un popolo e prega per esso e sa quando otterrà la grazia. Di quale popolo si tratta? E quando otterrà la grazia? (Rm 9,1-5; 10,1-4; 11,25)
19. Che cosa occorre confessare con la bocca e credere con il cuore per raggiungere la salvezza? Cosa occorre perché anche i pagani arrivino alla fede? (Rm 10,9.13-15)
20. Quale è il ministero principale di Paolo? (Rm 11,13; 15,16; 1Cor 9,16)
21. In che cosa consiste il culto spirituale? Come ci si allontana dalla mentalità del mondo, rinnovando la mente? (Rm 12,1-2)
22. Paolo dice che i molti che seguono il cammino cristiano formano un solo corpo in Cristo, ciascuno con la propria funzione e i propri doni. Quali sono le tre virtù con cui occorre agire? (Rm 12,8)
23. Come nel capitolo 13 della Prima Lettera ai Corinzi, in Romani 12,9-21 Paolo fa un inno alla carità. Di questo brano, quale è il versetto che ti piace di più? Cosa dice il versetto 10? Cosa dicono i versetti 12, 13 e 14? (Rm 12,9-21)
24. Quale è l'unico debito che possiamo avere? Quale è il comandamento che riassume gli altri? (Rm 13,8-10)
25. Completa queste due frasi. La prima: "Il regno di Dio non è questione di cibo o di bevanda, ma è…". Ecco la seconda: "Il Dio della perseveranza e della consolazione vi conceda di avere…" (Rm 14,17; 15,5-6).
26. A che cosa è chiamato Paolo e a che cosa sono chiamati gli appartenenti alla Chiesa di Dio che è in Corinto? (1Cor 1,1-2)
27. Quali sono i due tipi di doni che i Corinzi hanno ricevuto dalla grazia di Gesù Cristo? (1Cor 1,5)
28. Nella discordia che esiste tra i Corinzi, sembra che esistano 4 tipi di gruppi e ognuno dice: "Io sono di…". Quali sono i nomi che identificano questi 4 gruppi? (1Cor 1,12)
29. Quale è il centro della predicazione cristiana? Cosa rappresenta per i Giudei e per i Greci? Che cosa rappresenta per i chiamati alla fede? (1Cor 1,23-24; 2,2)
30. Chi è che aiuta la conoscenza dei predicatori e dei credenti, chiamati a diventare uomini spirituali? (1Cor 2,10-15)

31. La comunità dei credenti è il campo di Dio e l'edificio di Dio. Che cosa sono i predicatori? (1Cor 3,5.9) E come Paolo sintetizza questa realtà al versetto 6?
32. Il sapiente architetto è dio, il fondamento non può essere altro che Gesù Cristo e ciascuno veda come costruisce per rendere conto nel giorno dell'incontro con Dio. Cosa meriterà chi ha costruito su Gesù con materiale che non brucia? Si potrà salvare chi ha costruito su Gesù con materiale deperibile? Come la Chiesa chiama questo stato di purificazione? Cosa meriterà chi distrugge il fondamento, l'essere tempio di Dio? (1Cor 3,10-17)
33. Paolo e Apollo e i buoni predicatori di Cristo si sono sacrificati per il bene dei Corinzi che purtroppo sono diventati orgogliosi. Cosa fanno questi buoni predicatori quando sono insultati, o perseguitati, o calunniati? (1Cor 4,12-13)
34. Quale scandalo sta avvenendo tra i Corinzi? Cosa comanda loro Paolo? (1Cor 5,1.11-13)
35. Cita almeno 4 tipi di persone ingiuste che non erediteranno il Regno di Dio (1Cor 6,9-10)
36. Perché il peccato di fornicazione o impudicizia è diverso dagli altri peccati? Di chi è tempio il nostro corpo? (1Cor 6,18-19)
37. Che cosa ordina il Signore agli sposati? A che condizione la vedova può risposarsi? (1Cor 7,10.39)
38. Di che cosa possono vivere coloro che annunziano il Vangelo? (1Cor 9,14; Mt 10,10)
39. Che cosa è il calice di benedizione che noi benediciamo? Cosa è il pane che noi spezziamo nella liturgia? E che cosa passiamo ad essere pur essendo molti? (1Cor 10,16-17)
40. Che cosa ripete per due volte Paolo nel raccontare come Gesù istituì l'Eucaristia? Cosa si annunzia ogni volta che si ripetono i gesti del Signore? Quale realtà occorre riconoscere? (1Cor 11,23-29)
41. Per quale finalità vengono concessi a ciascuno i doni dello Spirito? Sai dire almeno tre doni? Che cosa sono coloro che seguono Gesù Cristo? (1Cor 12,7.8-10.27)
42. Al capitolo 13 della Prima lettera ai Corinzi lo Spirito Santo suggerisce a Paolo l'inno alla carità. Sai citare quattro caratteristiche della carità? (1Cor 13,4-7)
43. In che versetti del capitolo 15 della Prima Lettera ai Corinzi si dice che "Gesù Cristo è risuscitato dai morti, primizia di coloro che sono risorti dai morti"? E "come tutti muoiono in Adamo, così tutti riceveranno la vita in Cristo"? (1Cor 15)
44. Come saranno i corpi dopo la risurrezione? Quali saranno le loro 4 caratteristiche? (1Cor 15,42-44)

45. In quale giorno i fedeli di Corinto raccoglieranno la colletta per aiutare la Chiesa di Gerusalemme? (1Cor 16,1-3) Cosa facevano le comunità cristiane in quello stesso giorno? (At 20,7).
46. Oltre Paolo, chi è il secondo mittente della Seconda Lettera ai Corinzi? E a chi è diretta oltre che alla Chiesa di Dio che è in Corinto? (2Cor 1,1)
47. Paolo è passato per varie tribolazioni. Che cosa gli ha insegnato una sentenza di morte? Sai citare tre tipi di tribolazioni sofferte da Paolo? (2Cor 1,9; 6,5; 11,24-25)
48. Chi predicano e chi non predicano Paolo, Timoteo e Tito? Dove portano questo tesoro e perché? Nonostante siano, tribolati, sconvolti, perseguitati e colpiti, cosa non arrivano ad essere? A che giova tutto questo? (2Cor 4,5-12)
49. Cosa riceveremo quando sarà disfatto il nostro corpo? Perché preferiamo andare in esilio dal corpo? Cosa riceveremo dal tribunale di Cristo? (2Cor 5,1.6-10)
50. Cosa dice il versetto 2Cor 5,14? Casa è chi è unito a Cristo? Cosa supplicano in nome di cristo i suoi ambasciatori? (2Cor 5,17.20)
51. Chi devono imitare i Corinzi per aiutare la Chiesa di Gerusalemme? Quale misura dà Paolo per questo aiuto? Quale criterio per essere generosi? (2Cor 8,9.13-14; 9,6-7)
52. Che cosa sono gli avversari di Paolo che vorrebbero reggere la comunità di Corinto con arroganza e potere? Quale sarà la loro fine (2Cor 11,13.15)
53. Quale esperienza mistica ha avuto un uomo che probabilmente è Paolo stesso? Cosa gli ha detto il Signore per sopportare una spina nella carne e non andare in superbia? Di che cosa può vantarsi e compiacersi Paolo? (2Cor 12,2-4.7-10)
54. Perché i corinzi non siano ingannati da altri, Paolo stesso ha mandato i suoi delegati. Chi è quello di cui si dice il nome? Come è definito "l'altro fratello" che probabilmente è Luca o Sila? (2Cor 12,18; 8,16-18)
55. Dopo aver dato gli ultimi consigli, Paolo alla fine fa un saluto trinitario. Quali sono le parole di questo saluto? In quale capitolo e versetto della 2Cor ? In quale parte della Liturgia cattolica è spesso usato?
56. Cosa afferma Paolo subito all'inizio della Lettera ai Galati riguardo a Dio Padre e al Signore Gesù Cristo? (Gl 1,1-5)
57. Casa rimprovera Paolo ai Galati? Come chiama quelli che li turbano? (Gl 1,6-9)
58. Quanti giorni Paolo rimase a Gerusalemme per parlare con Cefa, cioè Pietro, tre anni dopo la sua conversione? Quale altro Apostolo incontrò che era parente di Gesù e capo della Chiesa di Gerusalemme? (Gl 1,18-19)
59. Quale atteggiamento di Pietro, condizionato dai circoncisi, fu rimproverato da Paolo ad Antiochia? Con quali parole? (Gl 2,12-14)

60. Paolo non vive più per la legge, ma per Gesù Cristo. Come esprime questo in Gl 2,20? Puoi citare questo versetto intero a memoria?
61. Quale è stato il ruolo della legge? Cosa è che rende figli di Dio? Dove sono finite le differenze tra Giudei e Greci, tra liberi e schiavi, tra uomo e donna? (Gl 3,24-28)
62. Cosa è avvenuto nella pienezza del tempo? Cosa prova che siamo figli di Dio e eredi? (Gl 4,4-6)
63. A chi Paolo paragona le due Alleanze? A che cosa è obbligato chi si fa circoncidere e che cosa perde? A che cosa è chiamato chi ha la fede in Gesù Cristo, e di chi è a servizio mediante la carità? (Gl 4,22-24; 5,3-5.13-14)
64. Cita almeno cinque opere della carne e almeno cinque frutti dello Spirito Santo. Quale criterio ne consegue? (Gl 5,19-22; 6,7-8)
65. La circoncisione non conta più. Che cosa conta veramente? Cosa ha prodotto in Paolo la croce di nostro Signore Gesù Cristo? Perché nessuno dovrebbe infastidire Paolo? (Gl 6,14-15.17)
66. Iniziando la Lettera agli Efesini, Paolo fa un inno a Dio Padre per aver dato la grazia a quelli che sperano in Gesù Cristo. Quale è la Volontà di Dio, il disegno che ha fatto conoscere per realizzarlo nella pienezza dei tempi? (Ef 1,8-12)
67. Quali due cose ha saputo Paolo e ne rende grazie a Dio? E che cosa chiede a Dio per gli Efesini? (Ef 1,15-17)
68. Eravamo morti per colpe e peccati, ribelli e seguendo lo spirito maligno, ma Dio, ricco in misericordia, nel suo grande amore ci ha fatto un grande dono. Cosa ci ha fatto? (Ef 2,4-6.8)
69. Gesù è venuto per fare dei due un solo popolo. Ora anche i Gentili sono chiamati. Cita tre nuove partecipazioni dei Gentili. E le dimensioni dell'amore di Cristo che solo la fede e la carità sono in grado di comprendere. (Ef 3,6.17-18)
70. Quali i cinque comportamenti che Paolo, prigioniero del Signore, esorta ad avere per essere degni della vocazione all'unità nello Spirito Santo? Come esprime Paolo i vari aspetti dell'unità cristiana in Capo, obiettivo, famiglia e mezzi? (Ef 4,1-6)
71. Esiste un comportamento da pagani, da uomo vecchio, da persona che non avrà parte nel Regno di dio. Cosa deve evitare il cristiano? Cosa dice il versetto Ef 4,26? (Ef 4,18-19. 25-31; 5,3-7. 17-18a)
72. Esiste un comportamento da uomo nuovo, che conosce Cristo, che non rattrista lo Spirito Santo ed è figlio della luce, del giorno. Cosa deve fare il cristiano? Cosa dice il versetto Ef 5,8-9? (Ef 4,20-24; 5,1-2.8-15.18b-20)
73. Come deve comportarsi la moglie cristiana? (Ef 5,21.22-24.33b)

74.Come deve comportarsi il marito cristiano? (Ef 5,21.25-33a)
75.Rivestitevi dell'armatura di dio! In questa armatura quale è la cintura? Quale è la corazza? Quale è la calzatura ai piedi? Quale è lo scudo? Quale è l'elmo? Quale è la spada? (Ef 6,13-17)
76.Iniziando la Lettera alla Chiesa di Filippi, come Paolo e Timoteo chiamano i cristiani e da chi sono assistiti? Oltre a ringraziare Dio con gioia perché hanno cooperato alla diffusione del Vangelo, cosa attesta Paolo nei loro riguardi e come desidera che li trovi il giorno del Signore? (Fl 1,1)
77.Paolo in catene ha saputo che a Filippi c'è chi annuncia il Vangelo in maniera buona e in maniera cattiva. Quali sono i sentimenti degli uni e degli altri? (Ef 1,14-18)
78.Paolo afferma che per lui il vivere è cristo e morire è un guadagno. Quali sono le due cose che desidera e che lo mettono alle strette? (Ef 1,21-26)
79.Cosa possono fare i Filippesi per rendere piena la gioia di Paolo? Quali le due virtù da coltivare e il vizio da evitare? (Fl 2,2-4.14)
80.Per definire i sentimenti di Gesù Cristo che i cristiani devono imitare, Paolo mette un inno a Gesù Cristo. Quale atteggiamento usò Gesù pur essendo Dio uguale al Padre? Come il Padre l'ha ricompensato? (Fl 2,5-11)
81.Paolo assicura i Filippesi che manderà loro due dei suoi collaboratori. Chi sono i due che manderà? Quale dei due gli aveva portato l'aiuto materiale dei Filippesi? Cosa era successo a quest'ultimo? (Fl 2,19-27)
82.Come Paolo considera le cose di questo mondo in relazione alla conoscenza di Gesù Cristo, della sua morte e risurrezione? Cosa spera di conquistare? Quale è la nostra patria? (Fl 3,7-10. 12-14.20-21)
83.Cosa Paolo ci invita a fare invece di angustiarci? Ci invita a pensare negativamente o positivamente? Se imitiamo Paolo, come lui Gesù, che cosa otterremo? Sai dire a memoria il versetto Fl 4,12? E il versetto Fl 4,13? (Fl 4,9-13)
84.Paolo prega per i Colossesi perché possano avere la conoscenza di Dio e piacergli in tutto portando frutti di opere buone. Per quali tre motivi dobbiamo ringraziare con gioia il Padre? (Cl 1,12-14)
85.Nel grande inno al Figlio Gesù Cristo, tre volte si ripete "Egli" e tre o quattro volte "per mezzo di lui" Cosa segue a "Egli" e cosa segue a "per mezzo di lui"? (Cl 1,15-20.22)
86.Sai dire in che versetto si trova "Perciò sono lieto delle sofferenze che sopporto per voi e completo nella mia carne quello che manca ai patimenti di cristo, a favore del suo corpo che è la Chiesa? (Cl 1)

87.Cosa devono badare i cristiani? Gesù Cristo è un Dio minore o lo è pienamente? Cosa ottiene il Battesimo che sostituisce la circoncisione nell'iniziazione alla vita cristiana? (Cl 2,6-14)
88.Cosa devono cercare e pensare coloro che sono risorti a vita nuova con Cristo? Cita almeno quattro cose che l'uomo nuovo, rinnovato ad immagine del suo Creatore, deve mortificare e deporre. Che cosa è definita idolatria? (Cl 3,1-2.5-6.8-9)
89.Cita almeno tre sentimenti o virtù di cui si devono rivestire i cristiani che sono eletti di dio, santi e amati. Chi devono imitare per sapersi sopportare e perdonare mutuamente? Quale è il vincolo della perfezione? Cosa deve regnare nei loro cuori per formare un solo corpo? (Cl 3,12-15)
90.Cosa deve dimorare abbondantemente tra i cristiani? Come devono pregare e cantare? Come devono agire? (Cl 3,16-17)
91.Come devono agire reciprocamente marito e moglie, figli e genitori, servi e padroni? Cita i versetti Cl 3,23-24. (Cl 3,18-4,1)
92.Dopo aver sollecitato la perseveranza nella preghiera, Paolo chiede ai Colossesi preghiere per lui. In quale situazione si trova e che cosa vorrebbe continuare a fare? (Cl 4,2-4)
93.Nella fine della Lettera ai Colossesi si dice che li saluta un evangelista. Chi è e come è chiamato da Paolo? Si parla anche di un'altra Chiesa cui occorre far pervenire questa Lettera e cui è stata inviata una Lettera che non ci è pervenuta. Di quale Chiesa si parla? (Cl 4,14-16)
94.Paolo, Silvano (nome romano di Sila) e Timoteo ringraziano Dio Padre perché il Vangelo ha messo radici nella Chiesa di Tessalonica, oggi Salonicco, ed i cristiani hanno fede, speranza e carità. Quali caratteristiche hanno queste tre virtù? Più che di Paolo, di chi è il merito se il vangelo si è diffuso ed è stato accolto con gioia e con potenza? (1Ts 1,1-6)
95.Quali altri credenti hanno imitato quelli di Tessalonica? Quali ne sono stati i segni di conversione? (1Ts 1,7.9-10)
96.Come Paolo esprime il suo affetto per questa Chiesa? Come è stata accolta la Parola? Da chi sono stati perseguitati? (1Ts 2,7-8.13-15)
97.Dopo aver ringraziato dio per le belle notizie avute da Timoteo, quali sono le tre cose che Paolo chiede al signore, una per sé e due per la Chiesa di Tessalonica? (1Ts 3,11-13)
98.La volontà di dio è la loro santificazione. Da che cosa devono astenersi anzitutto i Tessalonicesi? E quali le due cose in cui devono manifestare la carità? (1Ts 4,3-8.11)
99.Cosa avverrà di quelli che sono già morti? Cosa avverrà per i superstiti, che il Signore troverà vivi al suo ritorno? Dove staremo? (1Ts 4,14-18)

100. In questa terra non c'è "pace e sicurezza" definitiva. Il giorno del signore verrà d'improvviso, non si sa quando. Quali sono gli atteggiamenti e le armi dei figli della luce e del giorno per acquistare la salvezza ottenutaci dal nostro Signore Gesù Cristo? (1Ts 5,8.14.16)
101. Cosa augura 1Ts 5,23. Cita a memoria questo versetto.
102. Cosa otterranno i Tessalonicesi con la loro fede, carità vicendevole e fermezza nelle persecuzioni e tribolazioni? Cosa riceveranno invece nel giorno del signore coloro che non obbediscono al Vangelo e li perseguitano? (2Ts 1,3-10)
103. Quando avverrà il giorno del Signore? Cosa afferma Paolo al riguardo? (2Ts 2,1-3)
104. Prima della fine del mondo ci sarà una grande apostasia guidata da un nemico. Paolo lo chiama con più di un nome. Come lo chiama? (2Ts 2,4.8-9.11)
105. La vittoria finale è del Signore. Occorre mantenere le tradizioni cristiane e aver fiducia nel Padre e nel Figlio. Quale regola aveva dato Paolo e che cosa ordina a quelli che vivono senza far nulla e in continua agitazione? (2Ts 3,10-12)
106. Come Paolo chiama Timoteo nel saluto iniziale? Quale compito gli ha affidato raccomandandogli di rimanere a Efeso? Cosa pretendono di essere oppure sono quelli che invitano a ritornare al giudaismo? (1Tm 1,2-3.6-7)
107. Perché Gesù è venuto nel mondo? Chi ha ottenuto per primo la sua misericordia? Chi ha ripudiato la fede e a chi sono stati consegnati? (1Tm 1,15-16.19-20)
108. Quale è la Volontà di Dio? Chi è l'unico mediatore tra Dio e gli uomini? Cosa devono fare gli uomini dovunque? Cosa Paolo non permetteva alle donne? (1Tm 2,4-5.8.12)
109. Cita almeno quattro qualità necessarie ai Vescovi e quattro ai Diaconi. Cosa devono fare questi ultimi prima di essere ammessi al servizio? (1Tm 3,1-7.8-13)
110. Cosa dice l'antichissima professione di fede proclamata dal versetto 1Tm 3,16? Di chi è salvatore il Dio vivente in 1Tm 4,10?
111. Oltre a dare buon esempio e insegnare, Timoteo deve valorizzare il dono che ha ricevuto ed essere perseverante. Come si chiama oggi il sacramento che Timoteo ha ricevuto? In che maniera l'ha ricevuto? (1Tm 4,12-16)
112. Cita tre qualità che la vedova deve avere per essere iscritta nel catalogo delle vedove aiutate dalla Chiesa (1Tm 5,9-10)
113. Cita quattro atteggiamenti da osservare con i presbiteri. Cosa consiglia paolo a Timoteo per migliorare lo stomaco? (1Tm 5,17-23)

114. Come si devono comportare gli schiavi? Come si devono comportare i ricchi? Di che cosa ci si deve accontentare? Quale è la radice di tutti i mali? (1Tm 6,1-2.8-10.17-18)
115. Nella seconda Lettera Paolo dice a Timoteo che prega per lui e ricorda la sua fede schietta, che ha ereditato dalla nonna e dalla mamma. Come si chiamavano la nonna e la mamma di Timoteo? Chi ha ordinato vescovo Timoteo? In che condizione si trova Paolo quando scrive a Timoteo la seconda Lettera? (2Tm 1,5-8)
116. Quali i tre paragoni con cui Paolo invita Timoteo ad assumere i suoi doveri e le sue sofferenze? Cosa deve ricordare Timoteo? Per chi soffre Paolo? Oltre a fuggire le passioni, come deve essere uno che serve il Signore? (2Tm 2,3-6.8-10.24)
117. A che cosa serve la Sacra Scrittura? Cita il versetto 2Tm 3,16.
118. Cosa può dire Paolo sentendo vicina la fine della sua vita? Chi è con lui nella prigionia? Chi vorrebbe che arrivasse e quali due cose gli dovrebbe portare? Chi gli ha dato sempre forza per compiere la sua missione? (2Tm 4,7-8.11-13.17)
119. Di quale città è vescovo Tito e quale è il peggiore difetto dei Cretesi? (Tt 1,5.7.10-13)
120. Oltre o orientare i vecchi, le donne, i giovani, e gli schiavi, Paolo ricorda a Tito che è venuto il tempo della grazia. Quali sono le due cose che la grazia insegna a rinnegare e quali le tre virtù che insegna a praticare rispettivamente in relazione alle cose, al prossimo e a Dio, nell'attesa del grande Dio e salvatore Gesù Cristo, e per formare un popolo puro e zelante? (Tt 2,11-14)
121. Cita cinque difetti che avevamo un tempo, quando si agiva da non cristiani, e che sono tuttora tentazioni. Come Paolo definisce qui il Battesimo, da chi è stato ottenuto? E che cosa produce in noi? (Tt 3,3-7)
122. Quale è il nome dello schiavo che Filemone ha mandato a Paolo per assisterlo nella prigione e che Paolo rimanda al suo padrone? Cosa è avvenuto a questo schiavo mentre stava con Paolo' (Fm 8-12)
123. Cosa chiede Paolo a Filemone per questo schiavo? Come lo deve trattare? Se ci sono dei debiti, chi si impegna a pagare? (Fm 15-20; Lc 10,35)
124. Sai citare i primi due versetti della Lettera agli Ebrei? Cosa è avvenuto al Figlio con il suo corpo dopo la purificazione dei peccati per tutta l'umanità? (Eb 1,1-2.3-4)
125. Perché possiamo accostarci con fiducia al trono della grazia? (Eb 4,14-16; 5,1-3)
126. In quali versetti del capitolo 5 della Lettera agli Ebrei si trova la descrizione drammatica delle sofferenze e dell'offerta di Gesù: "Egli nei giorni della sua

vita terrena offrì preghiere e suppliche con forti grida e lacrime a colui che poteva liberarlo da morte e fu esaudito per la sua pietà. Pur essendo Figlio, imparò l'obbedienza dalle cose che patì e, reso perfetto, divenne causa di salvezza eterna per tutti coloro che gli obbediscono..." (Eb 5)

127. Chi è il nuovo sommo sacerdote? Perché ci può salvare perfettamente? Perché è il sommo sacerdote che veramente ci occorreva? (Eb 5,10; 7,22-26)
128. Cosa purificava i corpi nella legge antica? Cosa purifica dai peccati nella nuova Alleanza? Come si chiama l'amore divino con cui Gesù si è offerto? (Eb 9,13-14)
129. Dov'è entrato Gesù risorto per presentarsi al Padre? Cita il versetto Eb 9,24.
130. Nello stesso momento in cui Maria accetta la proposta di Dio nell'annunciazione, il Figlio di Dio accetta la volontà del Padre entrando nel mondo, con le parole del Salmo 40/39,7-9 citate nella Lettera agli Ebrei. Cosa ha detto il Figlio di Dio nell'accettare? (Eb 10,7.9; Sl 40/39,9)
131. Quante volte Gesù ha offerto il suo corpo in sacrificio cruento per la santificazione degli uomini? Cita a memoria il versetto Eb 10,14 (Eb 10-14)
132. Come Paolo esprime che l'antica Alleanza ha dato luogo alla nuova Alleanza? Chi attesta questo? Quale profeta aveva predetto questo e in quale versetti citati dalla Lettera agli Ebrei? In quali versetti di questa Lettera? (Eb 10,15-18; Gr 33)
133. Quale è la via nuova che ci conduce a Dio? Quali le virtù teologali che Paolo suggerisce di avere nel cuore e mantenere e stimolare? Cosa i cristiani non devono disertare? (Eb 10,19-23)
134. A che cosa si espone chi si ribella in modo volontario al Signore dopo aver avuto la conoscenza di Dio e aver ricevuto i Sacramenti dell'Iniziazione cristiana? (Eb 10,26-27.29-31)
135. Come sono chiamati i battezzati in Eb 10,32? Quali le due peggiori sofferenze con cui sono stati trattati? Cosa non devono abbandonare e di che cosa hanno bisogno i cristiani per raggiungere la promessa? (Eb 10,32-39)
136. Quale la definizione della fede in Eb 11,1? Cosa sappiamo per fede secondo Eb 11,3? Quali i tre grandi avvenimenti in cui Abramo mostrò la sua fede, il secondo dei quali insieme con Sara? Quali i quattro grandi avvenimenti in cui Mosè adulto manifestò la sua fede? (Eb 11,1-3.8.11-12.17.24-25.27-28)
137. In chi i cristiani devono tenere fisso lo sguardo? Che cosa lui insegna? (Eb 12,2-3)
138. I cristiani già si sono accostati alla città del Dio vivente, alla Gerusalemme celeste. Cita tutti quelli che la abitano. (Eb 12,22-24)

139. Come i cristiani devono comportarsi con i carcerati e nel matrimonio? Cosa è sacrificio di lode? Quali i comportamenti richiesti riguardo ai beni, ai capi religiosi e allo stesso Paolo? (Eb 13,2-4.15-18)
140. Cita due o tre motivi per i quali non ci si deve lasciar sviare da dottrine varie e peregrine, sottolineando quella del versetto Eb 13,8. Cita la benedizione e la dossologia finale della Lettera agli Ebrei (En 13,7-9.20-21) .

(Gincana Biblica composta dal P. Dante Volpini SX)

## VITA DI PAOLO (gincana biblica)

1. Come si chiamava l'uomo sempre fremente minaccia e strage contro i discepoli del Signore e cosa gli disse la voce mentre cadeva a terra? (At 9,1-9).
2. A quale avvenimento aveva partecipato Saulo e che cosa deposero ai suoi piedi? (At 7,58).
3. C'era in Damasco un discepolo che fu incaricato dal Signore di andare in casa di un certo Giuda per incontrare Saulo. Come si chiamava questo discepolo e che cosa fece a Saulo? (At 9,10-19).
4. Saulo cominciò a predicare a Damasco che Gesù è il Messia, il Figlio di Dio. I Giudei lo volevano uccidere. In che modo i discepoli di Saulo lo aiutarono a fuggire ? (At 9,20-25).
5. Chi presentò Saulo ai discepoli di Gerusalemme, raccontando la sua conversione e la sua predicazione a Damasco? Cita due miglioramenti della Chiesa dopo la conversione di Saulo. (At 9,26-27.31).
6. Di dove erano i convertiti che evangelizzarono i Greci di Antiochia? A chi Barnaba andò a cercare a Tarso? Quale nome i discepoli di Gesù ricevettero per la prima volta a Antiochia? (At 11,19-26).
7. Come si chiamava il profeta che annunziò a Antiochia una carestia per tutta la terra, così che i discepoli decisero di mandare un soccorso alla Giudea per mezzo di Saulo e di Barnaba? (At 11,27-30).
8. Nella Chiesa di Antiochia c'erano profeti e dottori. Quali di loro lo Spirito Santo chiese di riservare per la missione? Cosa fece la Comunità, dopo aver digiunato e pregato, per inviare i missionari? (At 13, 2-4).
9. Un mago di Pafo voleva allontanare il proconsole Sergio Paolo dalla fede. Come si chiamava il mago? Cosa gli profetizzò Paolo? Cosa fece il proconsole, vedendo l'accaduto? (At 13,8-12).
10. Dopo Pafo e Perge, Paolo e Barnaba andarono ad Antiochia di Pisidia, dove convertirono molti. A chi sobillarono i Giudei per scacciarli dalla città? A quale altra città si diressero i due? (At 13,48-52).
11. Poiché era difficile annunciare la Buona Novella ai Giudei, Paolo e Barnaba dichiararono che si sarebbero dedicati ad altri. A chi si rivolsero e quale fu la reazione di questi altri? (At 13,46-48).
12. In una città Paolo e Barnaba ebbero buona accoglienza nella sinagoga e per un certo tempo un gran numero di Giudei e Greci divennero credenti. Quale era questa città? (At 14,1-3).
13. A Listra Barnaba e Paolo curarono un paralitico e il popolo esclamò: "Gli dei sono scesi tra noi in forma umana!" e volevano offrire loro un sacrificio. Ma gli Apostoli annunciarono il Dio vivo. Come la gente chiamava Barnaba e come chiamava Paolo? (At 14,11-15).

14. Alcuni Giudei contrari a Paolo e a Barnaba arrivarono a Listra e convinsero la folla ad uccidere Paolo. Quale tipo di martirio gli dettero e come Paolo riuscì a salvarsi? (At 14,19-20).
15. Paolo e Barnaba rianimarono i discepoli, esortandoli a perseverare nella fede. Perché si deve attraversare molte tribolazioni? Come si chiamavano i preti che essi costituirono? (At 14,22-23).
16. Terminato il primo grande viaggio missionario, Paolo e Barnaba ritornarono ad Antiochia, da dove erano partiti. E lì raccontarono tutto quello che Dio aveva compiuto per mezzo loro e come Dio aveva aperto ai pagani la porta della fede. A chi raccontarono queste cose? (At 14,27-28).
17. Quale fu il nuovo criterio di salvezza che Pietro indicò nel Concilio di Gerusalemme? (At 15,11).
18. Essendo stati invitati a testimoniare, che cosa raccontarono Barnaba e Paolo nel Concilio di Gerusalemme? (At 15,12).
19. Come si chiamavano i due rappresentanti della Comunità di Gerusalemme incaricati di portare la Lettera del Concilio alla Comunità di Antiochia insieme a Paolo e Barnaba? La Lettera del Concilio eliminava gli ostacoli all'espansione della Chiesa in ambienti pagani. Quale fu il sentimento con cui questa Lettera fu ricevuta in Antiochia? (At 15,22.31-33).
20. Prima di intraprendere altri viaggi, ci fu un dissenso e si formarono due coppie di evangelizzatori. Con chi e per dove partì Barnaba? Com chi e per dove partì Paolo? (At 15,39-41).
21. Come si chiamava quel bravo discepolo, figlio di una donna giudea credente e di padre greco, che Paolo incontrò a Listra e volle portare con sé ad evangelizzare? (At 16,1-5).
22. A Troade Paolo ebbe una visione in sogno, opera dello Spirito santo. Di quale regione era l'uomo che gli apparve e quale fu la sua richiesta? (At 16,7-10).
23. A Filippi, Paolo e Sila predicarono di sabato a alcune donne riunite in preghiera. Una di loro era di Tiatira, ascoltò il loro annuncio e chiese il battesimo. Come si chiamava questa donna? Quale era la sua professione? Chi fu battezzato insieme com lei? (At 16,13-15).
24. Quali furono le pene che Paolo e Sila ricevettero per aver liberato una giovane schiava, che, posseduta da uno spirito di divinazione, dava molto guadagno ai suoi padroni? (At 16,20-24).
25. Mentre Paolo e Sila stavano pregando e cantando a Dio nella prigione ci fu un terremoto. Il carceriere stava per suicidarsi, e gli gridarono: "Siamo tutti qui!". Poiché lui chiese cosa dovesse fare per essere salvo, quale fu la risposta di Paulo e di Sila? In quale versetto? (At 16,28-31).

26.Paolo e Sila anunciarono la Parola del Signore al carceriere e ai suoi. Fu battezzato lui e tutta la sua famiglia. Cosa fece poi il carceriere? (At 16,34).

27.In quale città Paolo e Sila annunciarono la risurrezione di Gesù e convertirono molti giudei e greci e donne dell'alta società, così che i Giudei fecero imprigionare Giasone? In quale città furono accolti anche meglio? (At 17,5-11).

28.Quelli che portarono Paolo ad Atene, tornarono subito a Berea. Come si chiamavano gli altri due che predicavano il vangelo com lui e che avrebbero dovuto raggiungerlo quanto prima.? (At 17,14-15).

29.Quale sentimento ebbe Paolo arrivando ad Atene? Quale la frase che era scritta in un altare in mezzo all'Areopago e lo stimolò ad annunciare il Signore? (At 17,16-17.22-23).

30.Nel suo discorso agli Ateniesi ci fu una notizia che non fu accolta e anzi cominciarono a deridere Paolo. Di che cosa Paolo aveva parlato? Come si chiamavano l'uomo e la donna che credettero nell'annuncio che Paolo fece ad Atene? (At 17,31-32.34).

31.A Corinto Paolo abitò e lavorò insieme a una coppia di giudei, venuti dall'Italia, che credettero in Gesù.. Come si chiamavano? Quale era la professione loro e anche di Paolo? ( At 18,1-4).

32.A Corinto Paolo convertì molti Giudei e Greci, compreso Crispo capo della sinagoga e la sua famiglia.. Quale è il versetto in cui si dice che Paolo affermò che "Gesù era il Cristo", il messia aspettato? (At 18).

33.I Giudei contrari portarono Paolo dal proconsole Gallione e lo accusarono come agitatore, mas lui non si curo di cio e li fece cacciare. Cosa fecero allora a Sostene? (At 18,17-18).

34.Paolo soddisfece un voto a Cencre. Cosa fece Paolo per compiere. il voto? (At 18,18).

35.Chi fu quel predicatore che venne a contatto con Aquila e Priscilla, che predicò ad Efeso e a Corinto, che Gesù è il messia? Oltre ad essere colto, in che cosa era versato? (At 18,24-28; 19,1).

36.Paolo arrivò ad Efeso e battezzò in nome del Signore Gesù. Con quale gesto di Paolo i dodici uomini di Efeso ricevettero lo Spirito Santo e annunciavano Gesù in lingue? (At 19,3-7).

37.Per quanto tempo Paolo istruì quelli che aderivano alla nuova dottrina della Via di Dio nella scuola di Tiranno? Cosa mettevano sopra gli ammalati per essere curati miracolosamente? (At 19,9-12).

38.Alcuni non credenti provarono a imitare Paolo e invocavano il nome de Gesù su ammalati e possessi, ma una volta andò loro storta. Quanti erano questi uomini e di chi erano figli? (At 19,13-17).

39. Gli orefici di Efeso, vedendo cadere lê vendite delle immagini e dei tempietti di Artemide, arrestarono Gaio e Aristarco, amici di Paolo, mas il cancelliere placò il tumulto. come si chiamava l'orefice che lo aveva iniziato? (At 19,23-41).
40. Paolo e i suoi sette compagni dovevano andare dalla Grecia alla Siria, ma cambiò percorso e andò prima in Macedonia. Per quale motivo fecero questo cambiamento? (At 20,1-6).
41. Mentre erano riuniti per la "frazione del pane", Paolo prolungò la predica fino a mezzanotte. Un giovane che stava seduto sulla finestra si addormentò, cadde dal terzo piano e venne raccolto morto. Paolo ne ottenne la risurrezione e continuò la celebrazione. In che giorno della settimana si erano riuniti? Come si chiama oggi la "frazione del Pane"? Come si chiamava il giovane risuscitato da Paolo? (At 20,7-12).
42. Em Mileto Paolo prego com gli anziani, cui aveva detto che lo Spirito Santo li aveva costituiti custodi del gregge. Come chiamiamo oggi quelli che erano chiamati anziani o presbiteri? (At 20,18-38).
43. Lasciando le Comunità della Macedonia Paolo pregò e raccomandò di aiutare i più deboli. Quale frase di Gesù Paolo citò? Cosa faceva il popolo nel salutarlo? (At 20, 35-38).
44. Essendo passato di nuovo per vari posti per confermare i cristiani nella fede, a Cesarea Paolo incontrò Filippo e Agabo. Quale gesto e quale profezia fece Agabo? (At 21,7-14).
45. Paolo e i suoi compagni furono accolti com gioia a Gerusalemme e raccontarono lr conversioni fatte da Dio tra i pagani per mezzo loro.. Chi incontrarono a Gerusalemme? (At 21,17-20).
46. Per evitargli la morte, il tribuno e i soldati condussero Paolo nella fortezza. In quale lingua Paolo parlò com il tribuno? E in quale lingua parlò al popolo raccontando la propria conversione? (At 21,35-22,21).
47. Nella fortezza di Gerusalemme Paolo fu legato e iniziarono a flagellarlo. Cosa affermò Paolo cosi che il tribuno fece smettere la flagellazione? (At 22,25-29).
48. Il sommo sacerdote Anania ordinò ai suoi assistenti che percuotessero Paolo sulla bocca, mas Paolo disse algo que abriu discussão entre duas seitas sobre ressurreição. Quais eram essas seitas? (At 23,6-10).
49. Più di quaranta Giudei giurarono che non avrebbero toccato cibo o bevanda fino a che avessero ucciso Paolo. Chi fu quel giovane che avvisò Paolo, il centurione e il tribuno Claudio Lisia, ottenendo che Paolo fosse condotto a Cesarea, dove c'era il governatore Felice? (At 23,12-35).

50. A Cesarea il governatore Felice e sua moglie Drusilla ascoltarono Paolo intorno alla fede in Gesù. Quali furono le altre tre verità che Paolo annunciò e spaventarono Felice? (At 24,24-25).
51. Quanto tempo Paolo rimase prigioniero in Cesarea? A chi appellò Paolo davanti al nuovo governatore Porcio Festo, per non essere giudicato a Gerusalemme? (At 24,27; 25.1-12).
52. Parlando com il re Agrippa e la sposa Berenice, Paolo raccontò la sua conversione a Gesù e la sua missione di evangelizzare. Quali sono le due grazie che ottengono quelli che credono in Gesù? (At 26,18).
53. Il governatore Festo e il re Agrippa arrivarono a una conclusione dopo aver udito la difesa di Paolo. Quale fu questa conclusione? (At 26,32).
54. Nella traversata per mare verso l'Italia, Paolo e gli altri prigionieri furono consegnati a un centurione della coorte Augusta che li trattò bene. Come si chiamava questo centurione? Paolo suggerì di passare l'inverno in un'isola che aveva un porto sicuro e cosi la nave avrebbe evitato le tempeste, ma non fu ascoltato. Che isola era? (At 27,1-3.9-21).
55. Ci furono molte tempeste, ma Paolo assicurò ai marinai e ai compagni che sarebbero arrivati a Roma davanti a Cesare. Quale la perdita materiale che Paolo profetizzò? (At 27,23-26.39-41).
56. Paolo consigliò di rimanere nella nave e si salvarono. Poi prese il pane, rese grazie, lo spezzò e cominciò a mangiare.. Quante persone c'erano sulla nave e si rifocillarono? (At 27,27-38).
57. Nell'isola di Malta gli abitanti trattarono bene Paolo e fecero un gran fuoco. Quale disgrazia ebbe Paolo nell'aiutare a buttare rami secchi nel fuoco? Ci furono conseguenze? (At 28,1-10).
58. Dopo i tre mesi passati a Malta, Paolo, i suoi compagni e i soldati continuarono il viaggio in una nave di Alessandria, passando per Siracusa, Reggio e Pozzuoli e arrivando a Roma. Quanti giorni si fermarono a Pozzuoli con alcuni fratelli che credevano in Gesù e erano andati a incontrarli? (At 28,11-14).
59. Arrivando a Roma, Paolo trovò alcune persone che erano già cristiane e gli andarono incontro fino al Foro Appio e alle Tre Taverne. Poi fu concesso a Paolo di abitare in una casa per suo conto con soldati di guardia. Quanti soldati dovevano vigilare Paolo? (At 28,15-16).
60. A Roma Paolo parlò ai Giudei e alcuni cedettero in Gesù. Viveva del suo lavoro, predicava ai pagani sul Regno di Dio e la fede. Quanto tempo Paolo rimase a Roma? (At 28,23-31).

Questa gincana biblica è stata composta da P. Dante Volpini SX

## Risposte alle 60 domande della Gincana Biblica

## sulla Vita di San Paolo negli Atti

1. Si chiamava Saulo. La voce disse: "Saulo, Saulo, perché mi perseguiti?"
2. Saulo aveva assistito alla lapidazione di Stefano e i testimoni avevano deposto ai suoi piedi i loro mantelli.
3. il discepolo si chiamava Anania. Egli impose le mani a Saulo per ricuperare la vista e lo battezzò.
4. Fecero scendere Paolo dalle mura dentro un cesto.
5. Lo presentò Barnaba. I miglioramenti furono: Pace nella Giudea, Galilea e Samaria, la Chiesa camminava e cresceva in numero con l'aiuto dello Spirito Santo.
6. I convertiti erano di Cipro. Andò a cercare Saulo. Ricevettero il nome di "cristiani".
7. Il profeta si chiamava Agabo.
8. Lo Spirito Santo chiese di riservare Saulo e Barnaba per la Missione. Oltre a pregare e digiunare, imposero le mani su di loro.
9. Elimas. Paolo disse: "Sarai cieco." Vedendolo cieco, il proconsole Sergio Paolo credette, colpito dalla dottrina del Signore.
10. I Giudei sobillarono le donne pie di alto rango e i notabili della città. Allora Paolo e Barnaba si diressero a Iconio.
11. Ai pagani. Si rallegravano, glorificavano la Parola di Dio e abbracciavano la fede.
12. Fu a Iconio.
13. Chiamavano Barnaba Zeus e a Paolo Hermes (=Mercurio).
14. Paolo fu preso a sassate e lo trascinarono fuori città credendolo già morto.
15. È necessario attraversare molte tribolazioni per entrare nel Regno di Dio.
16. Raccontarono alla Comunità riunita in Antiochia come il Signore aveva aperto per mezzo loro la porta della fede ai pagani.
17. Noi crediamo che siamo salvati dalla grazia del Signore Gesù, e anche loro (i Pagani).
18. Barnaba e Paolo riferirono quanti miracoli e prodigi Dio aveva realizzato tra i pagani per mezzo loro.
19. I due eletti per portare la Lettera del Concilio di Gerusalemme furono Giuda chiamato Barsabba e Sila. Si rallegrarono per l'incoraggiamento che la Lettera infondeva.

20.Barnaba partì con Marco per Cipro. Paolo partì con Sila per la Siria e la Cilicia.
21.Il nome di questo discepolo era Timoteo (al quale Paolo scrisse due Lettere).
22.L'uomo era un Macedone e lo supplicava: "Vieni in Macedonia e aiutaci".
23.La donna si chiamava Lidia. Era commerciante de porpora. Fu battezzata insieme alla sua famiglia.
24.Paolo e Sila foram bastonati e gettati in prigione.
25.Credi nelo Signore Gesù e sarai salvato, tu e la tua famiglia. At 16,31.
26.O carceriere li fece salire in casa. Apparecchiò la tavola e fu pieno di gioia insieme a tutti i suoi per aver creduto in Dio.
27.La città è Tessalonica. E furono accolti con maggior entusiasmo a Berea.
28.Gli altri due che dovevano raggiungere Paolo erano Sila e Timoteo.
29.Paolo fremette nel suo spirito al vedere una città piena di idoli. L'iscrizione diceva: "Al Dio ignoto".
30.Quello che scandalizzò gli Ateniesi fu l'affermazione che Gesù era risuscitato dai morti. L'uomo ateniese che credette si chiamava Dionigi e era membro dell'Aeropago. La donna si chiamava Damaris.
31.La coppia che Paolo incontrò a Corinto: lui si chiamava Aquila e lei Priscilla. Erano fabbricanti di tende, e anche Paolo.
32.Il versetto in cui Paolo afferma che Gesù è il Cristo, il Messia promesso, è At 18,5.
33.Gli stessi Giudei afferrarono Sostene, capo della sinagoga e lo percossero davanti al tribunale.
34.A Cencre si era fatto tagliare i capelli a causa di un voto che aveva fatto.
35.Il nome del predicatore era Apollo. Oltre ad essere versato nelle Scritture, era dtsto ammaestrato nella via del Signore. (la nuova religione, il Cristianesimo, era chiamato la via del Signore o il cammino).
36.Paolo, dopo il loro Batismo, impose loro le mani perché ricevessero lo Spirito Santo nella Cresima.
37.Questa istruzione durò due anni. Si mettevano sopra gli ammalati fazzoletti o grembiuli usati da Paolo e le malattie cessavano.
38.Facevano questo i sette figli di un certo Sceva, un sommo sacerdote giudeo.
39.L'orefice che iniziò la sommossa si chiamava Demetrio.
40.Paolo e i suoi compagni dovettero cambiare programma perché i Giudei avevano armato un complotto contro di loro.
41.Si riunivano nel 1° giorno della settimana (che corrisponde oggi alla Domenica). Oggi la Frazione del Pane si chiama Messa o Eucarestia. Il giovane si chiamava Eutico.

42. Quelli che allora erano chiamati Anziani oggi sono chiamati Preti o Presbiteri. (Prete viene da presbitero, che significa più vecchio, anziano o più sperimentato nella fede).
43. La frase di Gesù che Paolo citò fu "Vi è più gioia nel dare che nel ricevere". Nel salutarlo il popolo piangeva e baciava Paulo e poi lo accompagnarono al porto.
44. Agabo si legò piedi e mani con la cintura di Paolo. Significava che Paolo doveva essere legato dai Giudei a Gerusalemme e consegnato nelle mani dei pagani.
45. Si riunirono in casa di Giacomo con lui e tutti gli Anziani.
46. Paolo parlò in greco con il tribuno e in ebraico con il popolo.
47. Paolo affermò di essere cittadino romano.
48. Le due sette che si misero a discutere accesamente erano i Farisei e i Sadducei.
49. Il giovane era nepote di Paolo, figlio della sorella.
50. La giustizia, la continenza o castità e il giudizio futuro.
51. Paolo rimase prigioniero in Cesarea due anni. Paolo ha appellato a Cesare.
52. Chi crede in Gesù ottiene il perdono dei peccati e l'eredità tra i santificati.
53. Costui poteva essere rimesso in libertà se non si fosse appellato a Cesare.
54. Il centurione si chiamava Giulio. L'isola che aveva un porto più sicuro era l'isola di Creta.
55. La perdita che ebbero (ed era stata profetizzata da Paolo) fu la perdita della nave.
56. Le persone che mangiarono e si sfamarono erano 276.
57. Una vipera morse la mano di Paolo, ma egli scosse la serpe nel fuoco e non ne patì alcun male.
58. Paolo rimase a Pozzuoli con i fratelli che credevano in Cristo per sette giorni.
59. Fu concesso a Paolo di abitare per suo conto con un solo soldato di guardia.
60. Paolo rimase per due anni interi nella casa a Roma e annunciava il Regno di Dio a quanti lo visitavano.

(Gincana Biblica composta dal P. Dante Volpini SX)

## Risposte alla Gincana Lettere di Paolo

Gincana biblica sulle 14 Lettere

1. Servo di Gesù Cristo, apostolo per vocazione, prescelto per annunziare il vangelo di Dio.
2. Grazia e pace da Dio.
3. Perché la fama della loro fede si espande in tutto il mando.
4. Ingiustizia, malvagità, cupidigia, malizia, invidia, omicidi, rivalità, frodi, malignità, maldicenza.
5. Perché mentre giudichi gli altri condanni te stesso che fai le stesse cose. L'unico che può giudicare è Dio, secondo verità e senza parzialità.
6. La legge è espressione di sapienza e verità, dà piena conoscenza della caduta.
7. La giustizia di Dio arriva per mezzo della fede in Gesù Cristo a tutti quelli che credono. A quelli che giustifica (=rende giusti) concede la sua grazia in virtù della redenzione realizzata da Gesù.
8. L'uomo dell'AT citato nel capitolo 4 è Abramo e fu giustificato, fu considerato giusto da Dio per la sua fede.
9. I cristiani credono in Colui che ha risuscitato dai morti Gesù nostro Signore, morto e risorto per la nostra giustificazione.
10. Perché le tribolazioni producono virtù. Oltre la pazienza, la virtù provata e la speranza.
11. La speranza non delude, perché l'amore di Dio è stato riversato nei nostri cuori per mezzo dello Spirito Santo che ci è stato dato.
12. Gesù Cristo per la nuova umanità rappresenta grazia e giustizia per la vita.
13. Romani 6 nei versetti 11-14, cioè da 11 a 14.
14. In Romani 7,19.24-25, cioè nel versetto 19 e nei versetti da 24 a 25.
15. Quelli che sono guidati dallo Spirito Santo sono figli di Dio. Gridano: "Abbà, Padre!" E sono anche eredi di Dio, coeredi di Gesù Cristo.
16. Paolo ritiene che le sofferenze del momento presente non sono paragonabili alla gloria futura che dovrà essere rivelata in noi.
17. Quelli che Dio da sempre ha conosciuto per renderli somiglianti al Figlio suo, Dio li ha: predestinati, chiamati, giustificati, glorificati.
18. Si tratta del popolo ebraico. L'indurimento durerà fino a che saranno entrate tutte le genti.
19. Per essere salvo occorre confessare con la bocca che Gesù è il Signore (= è Dio) e credere con il cuore che Dio lo ha risuscitato dai morti (e risuscitare con Lui). Perché anche i pagani arrivino alla fede occorre che anch'essi invochino il nome del Signore.

20. Il ministero principale di Paolo è essere apostolo dei Gentili, essere ministro di Dio tra i pagani, annunciando loro il Vangelo. Dice ai Corinzi: “Guai a me se non predicassi il Vangelo!”
21. Il culto spirituale consiste nell’offrire i nostri corpi come sacrificio vivente, santo e gradito a Dio. Ci si allontana dalla mentalità del mondo e si rinnova la mente cercando di compiere la Volontà di Dio, ciò che è buono, a lui gradito e perfetto.
22. Le tre virtù con cui occorre agire sono semplicità, diligenza e gioia.
23. Il versetto che ti piace di più lo scegli tu. Il versetto 10: “Amatevi gli uni gli altri con affetto fraterno, gareggiate nello stimarvi a vicenda”. I versetti 12, 13 e 14. Il 12: “Siate lieti nella speranza, forti nella tribolazione, perseveranti nella preghiera”. Il 13: “Solleciti per le necessità dei fratelli, premurosi nell’ospitalità”. Il 14: “Benedite coloro che vi perseguitano, benedite e non maledite”.
24. L’unico debito che possiamo avere è quello di un amore vicendevole. Il comandamento che riassume gli altri è: “Amerai il prossimo tuo come te stesso”.
25. “Il regno di Dio non è questione di cibo o di bevanda, ma è giustizia, pace e gioia nello Spirito Santo”. La seconda frase: “Il Dio della perseveranza e della consolazione vi conceda di avere gli uni verso gli altri gli stessi sentimenti ad esempio di Gesù Cristo, perché con un solo animo e una voce sola rendiate gloria a Dio, Padre del Signore nostro Gesù Cristo”
26. Paolo è chiamato ad essere apostolo di Gesù Cristo e gli appartenenti alla Chiesa di Dio che è in Corinto sono chiamati alla santità.
27. I doni della parola e i doni della scienza.
28. I nomi che identificano questi 4 gruppi sono: Paolo, Apollo, Cefa e Cristo.
29. Il centro della predicazione cristiana è Cristo crocifisso. Scandalo per i Giudei e stoltezza per i pagani (i Greci), ma per i chiamati alla fede, sia Giudei che Greci, potenza e sapienza di Dio
30. Chi è che aiuta la conoscenza dei predicatori e dei credenti, chiamati a diventare uomini spirituali è lo Spirito di Dio, lo Spirito Santo.
31. La comunità dei credenti è il campo di Dio e l’edificio di Dio. I predicatori sono ministri di Dio, suoi collaboratori. Paolo dice nel versetto 1Cor 3,6: “Io ho piantato, Apollo ha irrigato, ma è Dio che ha fatto crescere”.
32. Il sapiente architetto è Dio, il fondamento non può essere altro che Gesù Cristo e ciascuno veda come costruisce per rendere conto nel giorno dell’incontro con Dio. Chi ha costruito su Gesù con materiale che non brucia meriterà ricompensa. Chi ha costruito su Gesù con materiale deperibile si salverà, però come attraverso il fuoco. La Chiesa chiama questo stato di purificazione

Purgatorio. Chi distrugge il fondamento, l'essere tempio di Dio, Dio lo distruggerà, è l'inferno.

33.Paolo e Apollo e i buoni predicatori di Cristo quando insultati benedicono; perseguitati, sopportano; calunniati, confortano.

34.Lo scandalo che sta avvenendo tra i Corinzi è che uno convive con la moglie di suo padre. Paolo comanda loro sia dato in balia a satana (allontanato dalla comunità).

35.Non erediteranno il Regno di Dio: immorali, idolatri, adulteri, effeminati, sodomiti, ladri, avari, ubriaconi, maldicenti, rapaci.

36.Qualsiasi peccato l'uomo commetta è fuori del suo corpo, ma il peccato di fornicazione o impudicizia pecca contro il proprio corpo. Il nostro corpo è tempio dello Spirito Santo.

37.Il Signore ordina agli sposati: la moglie non si separi dal marito, e qualora si separi, rimanga senza sposarsi o si riconcili con il marito, e il marito non ripudi la moglie. La vedova può risposarsi, purché ciò avvenga nel Signore (cioè con il Sacramento del Matrimonio).

38.Coloro che annunziano il Vangelo possono vivere del Vangelo. L'operaio ha diritto al suo nutrimento.

39.Il calice di benedizione che noi benediciamo è comunione con il sangue di Cristo. Il pane che noi spezziamo nella liturgia è comunione con il corpo di Cristo. E pur essendo molti passiamo ad essere un solo corpo. (forma il corpo di Cristo che è la Chiesa).

40.Paolo nel raccontare come Gesù istituì l'Eucaristia ripete per due volte "Fate questo in memoria di me" nei versetti 24-25. Ogni volta che si ripetono i gesti del Signore si annunzia annunziamo la morte del Signore finché egli venga. Occorre riconoscere il corpo del Signore.

41.A ciascuno è data una manifestazione dello Spirito per l'utilità comune. I doni: linguaggio di sapienza, di scienza, la fede, far guarigioni, miracoli, profezia, distinguere gli spiriti, varietà delle lingue, interpretazione delle lingue. Coloro che seguono Gesù Cristo sono corpo di Cristo e sue membra, ciascuno per la sua parte.

42.Alcune di queste: La carità è paziente, benigna, non è invidiosa, non si vanta, non si gonfia, non manca di rispetto, non cerca il proprio interesse, non si adira, non tiene conto del male ricevuto, non gode dell'ingiustizia, ma si compiace della verità. Tutto copre, tutto crede, tutto spera, tutto sopporta.

43.Nei versetti 20 e 22 del capitolo 15 della Prima Lettera ai Corinzi.

44.I corpi dopo la risurrezione dei morti saranno incorruttibili, gloriosi, pieni di forza, spirituali.

45. I fedeli di Corinto raccoglieranno la colletta per aiutare la Chiesa di Gerusalemme ogni primo giorno della settimana. Le comunità cristiane si riunivano in quello stesso giorno per lo spezzare del pane (cioè l'Eucarestia, come in At 20,7).
46. Il secondo mittente della Seconda Lettera ai Corinzi, oltre Paolo, è Timoteo. Oltre che alla Chiesa di Dio che è in Corinto è diretta a tutti i santi (= i fedeli, i cristiani) dell'intera Acaia.
47. Una sentenza di morte gli ha insegnato a non riporre fiducia in se stessi, ma nel Dio che risuscita i morti. Paolo è passato per varie tribolazioni, eccone almeno tre: cinque volte ha ricevuto dai Giudei i trentanove colpi ( = flagellazione), tre volte è stato battuto con le verghe, una volta è stato lapidato (a sassate), tre volte ha fatto naufragio, ha trascorso un giorno e una notte in balia delle onde. E poi viaggi, pericoli, veglie, fame e sete,, nudità, preoccupazioni per tutte le Chiese, scandali, debolezza…
48. Paolo, Timoteo e Tito non predicano se stessi, ma Gesù Cristo nostro Signore. Portano questo tesoro in vasi di creta, perché appaia che la potenza straordinaria viene da Dio e non da loro. Non arrivano ad essere schiacciati, disperati, abbandonati, uccisi. Perché in noi (negli evangelizzati, nei Corinzi) operi la vita.
49. Quando sarà disfatto il nostro corpo, riceveremo un'abitazione eterna, fatta da Dio, nei cieli. Preferiamo andare in esilio dal corpo per abitare presso il Signore. Dal tribunale di Cristo riceveremo la ricompensa delle opere compiute finché eravamo nel corpo, sia in bene che in male.
50. Il versetto 2Cor 5,14: "L'amore di Cristo ci spinge, al pensiero che uno è morto per tutti e quindi tutti sono morti,…" Chi è unito a Cristo è una creatura nuova. Ci supplicano in nome di Cristo: "Lasciatevi riconciliare con Dio!"
51. I Corinzi per aiutare la Chiesa di Gerusalemme devono imitare le chiese della Macedonia e soprattutto Gesù Cristo che da ricco che era si è fatto povero per noi … Per questo aiuto Paolo dice di non entrare in ristrettezze noi per sollevare gli altri, ma di fare uguaglianza. Il criterio per essere generosi è "chi semina scarsamente, scarsamente raccoglierà e chi semina con larghezza, con larghezza raccoglierà.
52. Sono falsi apostoli, operai fraudolenti, si mascherano da apostoli e ministri di giustizia. La loro fine sarà secondo le loro opere.
53. Quest'uomo che probabilmente è Paolo stesso è stato rapito fino al terzo cielo, in paradiso. Per sopportare una spina nella carne e non andare in superbia il Signore gli ha detto: "Ti basta la mia grazia; la mia potenza si manifesta nella debolezza". Paolo può vantarsi e compiacersi delle sue infermità, oltraggi,

necessità, persecuzioni e angosce sofferte per Cristo: quando è debole, è allora che è forte.

54. Paolo invia Tito. "L'altro fratello" che probabilmente è Luca o Sila è definito come il fratello che "ha lode in tutte le Chiese a motivo del Vangelo".
55. Il saluto trinitario alla fine della 2Cor è: "La grazia del (nostro) Signore Gesù Cristo, l'amore di Dio (Padre) e la comunione dello Spirito Santo sia con tutti voi". 2Cor 13,13. È spesso usato nel saluto iniziale della Messa.
56. Dio Padre ha risuscitato Gesù dai morti e il Signore Gesù Cristo ha dato se stesso per i nostri peccati, per strapparci da questo mondo perverso secondo la volontà del Padre.
57. Paolo rimprovera ai Galati che vogliano passare a un altro vangelo. Chiama quelli che li turbano e vogliono sovvertire il vangelo di Cristo: anatema, maledetti.
58. Paolo rimase a Gerusalemme per parlare con Cefa, cioè Pietro, tre anni dopo la sua conversione 15 giorni. Non vide nessun altro Apostolo se non Giacomo, il fratello del Signore. (Era cugino, figlio di Alfeo o Cleofa e di una sorella di Maria madre di Gesù).
59. Pietro, dopo l'arrivo dei circoncisi ad Antiochia, non prendeva cibo con i pagani . Fu rimproverato da Paolo con queste parole: "Se tu, che sei Giudeo, vivi con i pagani alla maniera dei Giudei, come puoi costringere i pagani a vivere alla maniera dei Giudei?"
60. Gl 2,20: "Sono stato crocifisso con Cristo e non sono più io che vivo, ma Cristo vive in me".
61. La legge è stato un pedagogo che ha condotto a Cristo. Tutti siamo figli di Dio per la fede in Gesù Cristo. Non c'è più Giudeo né Greco, né schiavo né libero, non c'è più uomo né donna, perché tutti noi siamo uno in Cristo. (in tutti Cristo!)
62. Nella pienezza del tempo, Dio mandò il suo Figlio, nato da donna, nato secondo la legge, per riscattare coloro che erano sotto la legge, perché ricevessimo l'adozione a figli. Che siamo figli di Dio e eredi ne è prova il fatto che Dio ha mandato nei nostri cuori lo Spirito del suo Figlio che grida: "Abbà, Padre!".
63. Paolo paragona le due Alleanze a Agar e Sara, la schiava e la moglie di Abramo. Chi si fa circoncidere . è obbligato ad osservare tutta quanta la legge degli Ebrei e decade dalla grazia. Chi ha la fede in Gesù Cristo è chiamato alla libertà (non pretesto per vivere secondo la carne) e mediante la carità si è a servizio gli uni degli altri.
64. Cinque opere della carne: fornicazione, impurità, libertinaggio, idolatria, stregonerie, inimicizie, discordia, gelosia, dissensi, invidie, ubriachezza, orge.

Cinque frutti dello Spirito Santo: amore, gioia, pace, pazienza, benevolenza, bontà, fedeltà, mitezza, dominio di sé. Ciascuno raccoglierà ciò che ha seminato. Chi semina nella sua carne, dalla carne raccoglierà corruzione; chi semina nello Spirito, dallo Spirito raccoglierà vita eterna.

65. La circoncisione non conta più, ma essere nuova creatura. La croce di nostro Signore Gesù Cristo ha fatto sì che il mondo fosse crocifisso per Paolo e lui per il mondo. Nessuno dovrebbe infastidire Paolo, perché porta le stigmate di Cristo nel suo corpo.
66. La Volontà di Dio, il disegno che ha fatto conoscere per realizzarlo nella pienezza dei tempi è di ricapitolare in cristo tutte le cose, quelle del cielo e quelle della terra.
67. Paolo rende grazie a Dio perché ha saputo che gli Efesini hanno fede nel Signore Gesù e hanno amore verso tutti i santi (= i cristiani). E che cosa chiede a Dio che dia loro uno spirito di sapienza e di rivelazione per una più profonda conoscenza di Lui.
68. Dio, ricco in misericordia, nel suo grande amore ci ha fatto rivivere in Cristo mediante la fede.
69. Gesù è venuto per fare dei due un solo popolo. I Gentili sono chiamati, in Cristo Gesù, a partecipare alla stessa eredità, a formare lo stesso corpo, e ad essere partecipi della promessa mediante il Vangelo. Solo la fede e la carità sono in grado di comprendere quale sia la larghezza, la lunghezza, l'altezza e la profondità, e conoscere l'amore di Cristo che sorpassa ogni conoscenza..
70. I cinque comportamenti: comportarvi con umiltà, mansuetudine e pazienza, sopportandovi a vicenda con amore, cercando di conservare l'unità dello Spirito per mezzo del vincolo della pace. Un solo Corpo, un solo Spirito, una sola speranza…, un solo Signore, una sola fede, un solo battesimo. Un solo Dio e Padre di tutti, agisce per mezzo di tutti ed è presente in tutti.
71. Il cristiano deve evitare la durezza di cuore, la dissolutezza, l'impurità e l'avidità insaziabile. Evitare la menzogna, il rubare, la parola cattiva, ogni asprezza, sdegno, ira, clamore e maldicenza e malignità, volgarità, fornicazione e avarizia. Il versetto Ef 4,26: "Nell'ira non peccate; non tramonti il sole sopra la vostra ira".
72. Il cristiano ha imparato a conoscere Cristo e riveste l'uomo nuovo, creato secondo Dio nella giustizia e nella santità vera. I cristiani si fanno imitatori di Dio, figli carissimi, camminano nella carità nel modo che Cristo ci ha amato, si comportano da figli della luce, con frutti di bontà, giustizia e verità, si comportano da uomini saggi approfittando del tempo, si intrattengono con salmi, inni e cantici spirituali, cantando al Signore con tutto il cuore, rendendo grazie a Dio Padre nel nome del Signore nostro Gesù Cristo. I versetti Ef 5,8-

9: “ Se un tempo eravate tenebra, ora siete luce nel Signore. Comportatevi perciò come i figli della luce; il frutto della luce consiste in ogni bontà, giustizia e verità.

73. Siate sottomessi gli uni agli altri nel timore di Cristo. Le mogli siano sottomesse ai mariti come al Signore, perché il marito è capo della moglie come Cristo è capo della Chiesa. Come la Chiesa sta sottomessa a Cristo, così anche le mogli siano soggette ai loro mariti in tutto.

74. I mariti cristiani amino le loro mogli come Cristo ha amato la Chiesa e ha dato se stesso per lei (= ha dato la vita) per renderla santa, al fine di farsi comparire davanti la sua Chiesa gloriosa, senza macchia, santa e immacolata( = lodare la moglie). Amare le mogli come il proprio corpo, chi ama la moglie ama se stesso. Nessuno odia la propria carne, ma la nutre e la cura, come Cristo fa con la Chiesa. Per questo l’uomo lascerà suo padre e sua madre e si unirà alla sua donna e i due formeranno una sola carne (= una sola famiglia). Questo mistero è grande (= questo sacramento del Matrimonio è grande) in riferimento a Cristo e alla Chiesa.

75. In questa armatura di Dio la cintura è la verità, la corazza è la giustizia, la calzatura ai piedi è lo zelo per propagare il vangelo della pace, lo scudo è la fede, l’elmo è la salvezza e la spada dello Spirito è la parola di Dio.

76. Iniziando la Lettera alla Chiesa di Filippi, Paolo e Timoteo chiamano i cristiani santi, sono assistiti da Vescovi e Diaconi Oltre a ringraziare Dio con gioia perché hanno cooperato alla diffusione del Vangelo, Paolo attesta che ha un profondo affetto per loro nell’amore di Cristo Gesù e desidera che il giorno del Signore li trovi integri e irreprensibili, ricchi di frutti di giustizia, con la carità arricchita in conoscenza e discernimento.

77. Chi annuncia il Vangelo a Filippi in maniera buona lo fanno per amore, per la difesa del Vangelo. Chi annuncia il Vangelo in maniera cattiva lo fa per invidia e spirito di contesa, di rivalità, con intenzioni non pure.

78. Paolo afferma che per lui il vivere è cristo e morire è un guadagno. Le due cose che desidera e che lo mettono alle strette sono: da una parte il desiderio di essere sciolto dal corpo per stare con Cristo, che per lui sarebbe meglio, dall’altra rimanere per aiutare le Chiese a crescere nella fede. E questo è più necessario per loro.

79. Per rendere piena la gioia di Paolo i Filippesi possono farlo con l’unione dei loro spiriti, con la stessa carità, con i medesimi sentimenti. Le due virtù da coltivare sono la carità e l’umiltà, e il vizio da evitare sono le mormorazioni e le critiche.

80. Gesù pur essendo Dio uguale al Padre, spogliò se stesso, assumendo la condizione di servo e apparso in forma umana, umiliò se stesso facendosi

obbediente fino alla morte e alla morte di croce. Per questo Dio Padre l'ha esaltato e gli ha dato un nome superiore ad ogni altro, perché nel nome di Gesù ogni ginocchio si pieghi e ogni lingua proclami che Gesù Cristo è il Signore a gloria di Dio Padre.

81. I due suoi collaboratori che Paolo manderà ai Filippesi sono Timoteo e Epafrodito. Epafrodito gli aveva portato l'aiuto materiale dei Filippesi, poi è stato grave fino alla morte, ma Dio gli ha usato misericordia e è guarito.
82. Paolo considera come spazzatura le cose di questo mondo in relazione alla conoscenza di Gesù Cristo, della sua morte e risurrezione. Spera di conquistare il premio che Dio ci chiama a ricevere lassù, in Gesù Cristo. La nostra patria è nei cieli e di là aspettiamo il nostro salvatore e Signore Gesù Cristo il quale anche trasfigurerà il nostro corpo.
83. Paolo ci invita rallegrarci nel Signore. Ci invita a pensare tutto quello che è vero, nobile e giusto, nobile, che è virtù e merita lode. Se imitiamo Paolo, come lui Gesù, il Dio della pace sarà con noi. Il versetto Fl 4,12: "Ho imparato ad essere povero e ho imparato ad essere ricco; sono iniziato a tutto, in ogni maniera, alla sazietà e alla fame, alla abbondanza e alla indigenza. E il versetto Fl 4,13: "Tutto posso in Colui che mi dà forza".
84. I Colossesi e noi dobbiamo ringraziare con gioia il Padre, perché ci ha messi in grado di partecipare alla sorte dei santi nella luce, perché ci ha liberati dal potere delle tenebre e perché ci ha trasferiti nel regno del suo Figlio diletto, per opera del quale abbiamo la redenzione, cioè la remissione dei peccati.
85. Egli è immagine del Dio invisibile, il primogenito di ogni creatura. Egli è prima di tutte le cose e tutte sussistono in lui. Egli è anche il capo del corpo, cioè della Chiesa, il primogenito di coloro che risuscitano dai morti. Per mezzo di lui sono state create tutte le cose. Tutte le cose sono state create per mezzo di lui e in vista di lui. Piacque a Dio per mezzo di lui riconciliare a sé tutte le cose, rappacificando con il sangue della sua croce le cose che stanno sulla terra e quelle nei cieli.
86. Cl 1,24.
87. I cristiani devono badare che nessuno li inganni con la sua filosofia e vuoti raggiri. In Cristo abita corporalmente tutta la pienezza della divinità. Il Battesimo ottiene che siamo sepolti con Cristo per essere risuscitati insieme con lui per la fede nella potenza di Dio che lo ha risuscitato.
88. Cercare le cose di lassù dove si trova Cristo assiso alla destra di Dio e pensare alle cose di lassù, non (troppo) a quelle della terra. Cose che l'uomo nuovo, rinnovato ad immagine del suo Creatore, deve mortificare e deporre: fornicazione, impurità, passioni, desideri cattivi; ira, passione, malizia, maldicenza, parole oscene; bugie. e quella avarizia insaziabile che è idolatria.

89. Come eletti di Dio, santi e amati rivestiamoci di sentimenti di misericordia, di bontà, di umiltà, di pazienza, di perdono. Come il Signore ci ha perdonato, così facciamo anche noi. Il vincolo della perfezione è la carità. La pace di Cristo regni nei nostri cuori per formare un solo corpo.
90. Tra i cristiani deve dimorare abbondantemente la Parola di Dio. Dobbiamo pregare e cantare a Dio di cuore e con gratitudine salmi, inni e cantici spirituali. Tutto quello che si fa in opere o parole, tutto si compia nel nome del Signore Gesù, rendendo per mezzo di lui grazie a Dio Padre.
91. Le mogli stiano sottomesse ai mariti, come conviene nel Signore. I mariti devono amare la propria moglie e non inasprirsi con lei. I figli obbediscano ai genitori e genitori non esasperino i figli. I servi siano docili in tutto con i padroni terreni nel timore del Signore. I padroni diano ai servi ciò che è giusto e equo, sapendo di avere un Padrone in cielo. I versetti Cl 3,23-24: "Qualunque cosa facciate, fatela di cuore come per il signore e non per gli uomini, sapendo che quale ricompensa riceverete dal Signore l'eredità. Servite a Cristo Signore".
92. Dopo aver sollecitato la perseveranza nella preghiera, Paolo chiede ai Colossesi preghiere per lui, perché si trova in catene. Vorrebbe continuare a predicare e annunziare il mistero di Cristo.
93. Nella fine della Lettera ai Colossesi si dice che li saluta Luca, il caro medico. La Chiesa cui occorre far pervenire questa Lettera e cui è stata inviata una Lettera che non ci è pervenuta è la Chiesa di Laodicea o Chiesa dei Laodicesi.
94. Paolo, Silvano (nome romano di Sila) e Timoteo ringraziano Dio Padre perché i cristiani della Chiesa di Tessalonica, oggi Salonicco, hanno impegno nella fede, operosità nella carità e una costante speranza nel Signore nostro Gesù cristo. Il vangelo si è diffuso tra i Tessalonicesi ed è stato accolto con gioia e con potenza dello Spirito Santo e non solo per la parola di Paolo.
95. I credenti della Macedonia e dell'Acaia e dappertutto hanno imitato quelli di Tessalonica. I segni di conversione sono stati: allontanamento dagli idoli, servire al Dio vivo e vero, e attendere dai cieli il suo Figlio che egli ha risuscitato dai morti, Gesù, che ci libera dall'ira ventura.
96. Paolo esprime il suo affetto per questa Chiesa, dicendo che è stato amorevole in mezzo a loro come una madre che nutre e ha cura delle proprie creature, avrebbe dato la sua stessa vita. La Parola è stata accolta non come parola di uomini, ma come realmente è, quale parola di Dio, che opera in quelli che credono. Sono stati perseguitati dai Giudei.
97. Paolo chiede al Signore che lui possa tornare a visitare i Tessalonicesi, che li faccia crescere e abbondare nell'amore vicendevole e verso tutti, e che renda

saldi e irreprensibili i loro cuori nella santità davanti al Padre e al momento della venuta del Signore Gesù con tutti i santi.

98. I Tessalonicesi devono astenersi anzitutto dall'impudicizia, mantenendo il proprio copro in santità e rispetto. Devono manifestare la carità nel vivere in pace e nel lavorare con le proprie mani.

99. Quelli che sono già morti risorgeranno per primi. I superstiti, che il Signore troverà vivi al suo ritorno saranno rapiti con gli altri per andare incontro al Signore. Saremo sempre con il Signore.

100. Gli atteggiamenti e le armi dei figli della luce e del giorno per acquistare la salvezza ottenutaci dal nostro Signore Gesù Cristo sono: restare vigilanti e essere sobri, rivestiti con la corazza della fede e della carità e con l'elmo della speranza della salvezza, correggendo gli indisciplinati, confortando i pusillanimi e sostenendo i deboli, stare lieti, pregare incessantemente, rendere grazie, fare la volontà di Dio, tenere in ogni cosa ciò che è buono.

101. 1Ts 5,23: "Il Dio della pace vi santifichi fino alla perfezione, e tutto quello che è vostro, spirito, anima e corpo, si conservi irreprensibile per la venuta del Signore nostro Gesù Cristo".

102. Il giusto giudizio di Dio proclamerà i Tessalonicesi degni di quel Regno di Dio per il quale ora soffrono. Coloro che non obbediscono al Vangelo e li perseguitano nel giorno del Signore saranno castigati con una rovina eterna, lontano dalla faccia del Signore e dalla gloria della sua potenza.

103. Il giorno del Signore non è imminente. Paolo afferma di non lasciarsi ingannare né turbare da chi afferma che sia imminente.

104. Paolo chiama il nemico che guiderà la grande apostasia prima della fine del mondo: l'uomo iniquo, il figlio della perdizione, colui che si contrappone e s'innalza sopra Dio e ne prende il posto, l'empio, l'iniquo la cui venuta avverrà nella potenza di satana con prodigi menzogneri, una potenza d'inganno per quelli che non hanno creduto alla verità ma hanno acconsentito all'iniquità.

105. A quelli che vivono senza far nulla e in continua agitazione Paolo aveva dato una regola: "Chi non vuol lavorare, neppure mangi". A loro ordina, esortandoli nel signore Gesù Cristo, di mangiare il proprio pane lavorando in pace.

106. Nel saluto iniziale della Prima Lettera Paolo chiama Timoteo "mio vero figlio nella fede". Raccomandandogli di rimanere a Efeso gli ha affidato il compito di invitare alcuni a non insegnare dottrine perverse e non badare più a favole o genealogie. Quelli che invitano a ritornare al giudaismo pretendono di essere dottori della legge, mentre non lo sono, non capiscono né quello che dicono, né alcuna cosa di quelle che danno per sicure.

107. Gesù Cristo è venuto nel mondo per salvare i peccatori. Per primo Paolo. Imeneo e Alessandro hanno ripudiato la fede e sono stati consegnati a satana, perché imparino a non più bestemmiare (scomunicati per farli rinsavire).

108. Dio vuole che tutti gli uomini siano salvi e arrivino alla conoscenza della verità. L'unico mediatore tra Dio e gli uomini è l'uomo Gesù Cristo, che ha dato se stesso in riscatto per tutti. Gli uomini preghino dovunque si trovano, elevando al cielo mani pure, senza ira e senza contese. Paolo non concedeva a nessuna donna di insegnare, né dettare legge all'uomo, doveva stare piuttosto in atteggiamento tranquillo.

109. Il Vescovo sia irreprensibile, non sposato che una sola volta, sobrio, prudente, dignitoso, ospitale, capace di insegnare, non dedito al vino, non violento ma benevolo, non litigioso, non attaccato al denaro, sappia dirigere bene..., non sia neofita, goda buona reputazione. I Diaconi siano dignitosi, non doppi nel parlare, non dediti al molto vino né avidi di guadagno disonesto. Non siano sposati che una sola volta, sappiano dirigere i figli e le proprie famiglie. Prima di essere ammessi al servizio siano sottoposti a una prova.

110. Versetto 1Tm 3,16: "Egli si manifestò nella carne, fu giustificato nello Spirito, apparve agli angeli, fu annunziato ai pagani, fu creduto nel mondo, fu assunto nella gloria". Il Dio vivente è salvatore di tutti gli uomini, ma soprattutto di quelli che credono.

111. Il sacramento che Timoteo ha ricevuto si chiama Ordine. L'ha ricevuto con l'imposizione delle mani da parte del collegio dei presbiteri.

112. La vedova deve avere per essere iscritta nel catalogo delle vedove aiutate dalla Chiesa non deve avere meno di sessant'anni, sia andata sposata una sola volta, abbia la testimonianza di opere buone: allevato figli, praticato ospitalità, servizio ai santi ( = cristiani), agli afflitti, abbia esercitato ogni opera di bene.

113. Atteggiamenti con i presbiteri: I presbiteri che esercitano bene la presidenza siano trattati con doppio onore, soprattutto quelli che si affaticano nella predicazione e nell'insegnamento. Non accettare accuse contro un presbitero senza la deposizione di due otre testimoni. Quelli che risultino colpevoli riprendili alla presenza di tutti, perché anche gli altri ne abbiano timore. Non aver fretta di imporre le mani ad alcuno, per non farti complice dei peccati altrui. Paolo consiglia a Timoteo un po' di vino per lo stomaco, per le frequenti indisposizioni.

114. Gli schiavi trattino con rispetto i loro padroni per evitare le bestemmie. I ricchi non devono essere orgogliosi né riporre la speranza sull'incertezza delle ricchezze, ma in Dio, fare il bene e arricchirsi di opere buone, di essere pronti a dare e essere generosi, per il capitale futuro e acquistarsi la vera vita. Quando abbiamo di che mangiare e di che coprirci accontentiamoci di questo.

La radice di tutti i mali è l'attaccamento al denaro; per il suo sfrenato desiderio alcuni hanno deviato dalla fede e si sono da se stessi tormentati con molti dolori.

115. Nella seconda Lettera Paolo dice che Timoteo ha ereditato la sua fede schietta dalla nonna Loide e dalla mamma Eunice. Chi ha imposto le mani su Timoteo è stato Paolo, che è in carcere per il Signore.

116. Paolo invita Timoteo ad assumere i suoi doveri e le sue sofferenze ricordando il soldato che è fedele alla vita militare, l'atleta che segue le regole dell'atletica, e l'agricoltore che si affatica per cogliere i frutti della terra. Timoteo deve ricordarsi di Gesù Cristo, della stirpe di Davide, risuscitato dai morti. Paolo soffre per gli eletti, perché anche essi raggiungano la salvezza che è in Cristo Gesù. Un servo del Signore non deve essere litigioso, ma mite con tutti, atto a insegnare, paziente nelle offese ricevute, dolce, sperando nella conversione.

117. Il versetto 2Tm 3,16: " Tutta la Scrittura infatti è ispirata da Dio e utile per insegnare, convincere, correggere e formare alla giustizia, perché l'uomo di Dio sia completo e preparato per ogni opera buona".

118. Paolo sentendo vicina la fine della sua vita può dire: "Ho combattuto la buona battaglia, ho terminato la corsa, ho conservato la fede. Ora mi resta la corona di giustizia che il signore mi consegnerà in quel giorno". Solo Luca è con lui nella prigionia. Vorrebbe che arrivassero Timoteo e Marco che gli dovrebbero portare il suo mantello lasciato a Troade e i libri soprattutto le pergamene. Il Signore gli è stato vicino e gli ha dato sempre forza per compiere la sua missione con o Gentili e conquistare il suo regno eterno.

119. Tito è vescovo di Creta e i Cretesi sono bugiardi, insubordinati, chiacchieroni e ingannatori della gente, sono bugiardi, male bestie, ventri pigri. Insegnano falsità per guadagno disonesto.

120. È apparsa la grazia di Dio apportatrice di salvezza per tutti gli uomini, ci insegna a rinnegare l'empietà e i desideri mondani e e a vivere con sobrietà (in relazione alle cose), giustizia (con il prossimo) e pietà ( = preghiera, spiritualità con Dio), nell'attesa del grande Dio e salvatore Gesù Cristo, e per formare un popolo puro e zelante nelle opere buone.

121. Eravamo insensati, disobbedienti, traviati, schiavi di ogni sorta di passioni e piaceri, malvagi e invidiosi, degni di odio e odiandoci a vicenda. Il Battesimo è un lavacro di rigenerazione e di rinnovamento nello Spirito Santo. Ottenuto da Gesù Cristo nostro salvatore. Ci fa giustificati dalla grazia e eredi, secondo la speranza, della vita eterna.

122. Lo schiavo che Filemone ha mandato a Paolo per assisterlo nella prigione e che Paolo gli rimanda è Onesimo. Paolo lo ha generato in catene (lo ha catechizzato e battezzato in prigione.

123. Paolo chiede a Filemone di riaverlo non più come schiavo ma come un fratello carissimo, come un fratello nel Signore. Lo deve accogliere come accoglierebbe Paolo. Se ci sono dei debiti, li pagherà Paolo stesso. (come il buon samaritano).

124. I primi due versetti della Lettera agli Ebrei: "Dio, che aveva già parlato nei tempi antichi molte volte e in diversi modi ai padri per mezzo dei profeti, ultimamente, in questi giorni, ha parlato a noi per mezzo del Figlio suo, che ha costituito erede di tutte le cose e per mezzo del quale ha fatto anche il mondo. Questo Figlio, dopo aver compiuto la purificazione dei peccati per tutta l'umanità, si è assiso alla destra della maestà nell'alto dei cieli e (con il suo corpo) è diventato superiore agli angeli.

125. Possiamo accostarci con fiducia al trono della grazia, perché abbiamo un sommo sacerdote che ha provato tutte le nostre infermità escluso il peccato, egli è in grado di sentire la giusta compassione per quelli che sono nell'ignoranza e nell'errore.

126. Eb 5,7-9. Nei versetti da 7 a 9 del capitolo 5.

127. Il nuovo sommo sacerdote alla maniera di Melchisedek è il Figlio, è Gesù Cristo; egli possiede un sacerdozio che non tramonta. Egli ci può salvare perfettamente, perché è sempre vivo ad intercedere per noi. Tale è il sommo sacerdote che veramente ci occorreva: santo, innocente, senza macchia, separato dai peccatori ed elevato sopra i cieli, offrendo se stesso una volta per sempre.

128. Il sangue dei capri e dei vitelli purificava i corpi nella legge antica. Il sangue di Cristo, che con uno Spirito eterno ( = nell'amore dello Spirito Santo) si offrì senza macchia a Dio purifica dai peccati per servire il Dio vivente. L'amore divino con cui Gesù offrì è lo Spirito Santo.

129. È entrato nel cielo stesso. Il versetto Eb 9,24: "Cristo infatti non è entrato in un santuario fatto da mani d'uomo, figura di quello vero, ma nel cielo stesso, allo scopo di presentarsi ora al cospetto di Dio in nostro favore".

130. Il Figlio di Dio nell'accettare la volontà del Padre entrando nel mondo dice: "Tu non hai voluto né sacrificio né offerta, un corpo invece mi hai preparato. Non hai gradito né olocausti né sacrifici per il peccato. Allora ho detto : Ecco io vengo – poiché di me sta scritto nel rotolo del libro- per fare, o Dio, la tua volontà".

131. Gesù ha offerto il suo corpo in sacrificio cruento per la santificazione degli uomini una volta sola. Il versetto Eb 10,14: "Poiché con un'unica oblazione egli ha reso perfetti per sempre quelli che vengono santificati".
132. Citando una profezia sulla nuova alleanza promessa da Dio. Questo lo attesta lo Spirito Santo. Geremia l'aveva predetto in Ger 31,33-34 citato in Eb 10,16-17.
133. La via nuova che ci conduce a Dio è il sangue e la carne di Gesù. Paolo suggerisce di avere nel cuore sincero la fede, di mantenere la nostra speranza e di stimolarci a vicenda nella carità e nelle opere buone. I cristiani non devono disertare le proprie riunioni.
134. Chi si ribella in modo volontario al Signore dopo aver avuto la conoscenza di Dio e aver ricevuto i Sacramenti dell'Iniziazione cristiana si espone al giudizio di Dio e alla vampa di un fuoco pronto a divorare i ribelli; il Signore giudicherà il suo popolo: è terribile cadere nelle mani del Dio vivente!
135. In Eb 10,32 i battezzati sono chiamati "illuminati". Le due peggiori sofferenze con cui sono stati trattati: essere perseguitati loro stessi o farsi solidali con coloro che erano maltrattati. Non devono abbandonare la fiducia nella grande ricompensa. Hanno bisogno di costanza.
136. In Eb 11,1: "La fede è fondamento delle cose che si sperano e prova di quelle che non si vedono". In Eb 11,3 Per fede sappiamo che i mondi furono formati dalla parola di Dio, sì che da cose non visibili ha preso origine quello che si vede. Per fede Abramo partì per un luogo che non conosceva, Per fede anche se fuori età credette di avere un figlio con Sara, e per fede offrì Isacco, suo unico figlio. Per fede Mosè adulto rifiutò di essere chiamato figlio della figlia del faraone, per fede lasciò l'Egitto, per fede celebrò la Pasqua e fece l'aspersione del sangue per liberare i primogeniti israeliti, per fede attraversò il Mar Rosso con il popolo come in terra asciutta.
137. I cristiani devono tenere fisso lo sguardo su Gesù, autore e perfezionatore della fede. Egli, in cambio della gioia che gli era posta innanzi, si sottopose alla croce, disprezzando l'ignominia, e si è assiso alla destra del trono di Dio.
138. I cristiani già si sono accostati alla città del Dio vivente, alla Gerusalemme celeste, a miriadi di angeli, all'adunanza festosa e all'assemblea dei primogeniti, al Dio giudice di tutti, e agli spiriti dei giusti portati alla perfezione, a Gesù mediatore della Nuova Alleanza.
139. Ricordatevi dei carcerati e dei maltrattati. Il matrimonio sia rispettato da tutti e il talamo sia senza macchia; i fornicatori e gli adulteri saranno giudicati da Dio. Il sacrificio di lode è il frutto delle labbra che lodano Dio. I beni: far beneficenza, far parte agli altri. Ai capi religiosi. obbedienza e sottomissione. Pregare per loro come per lo stesso Paolo.

140. Non ci si deve lasciar sviare da dottrine varie e peregrine, ricordando di coloro che hanno annunziato la Parola di Dio e la loro fede e vita. Gesù non è volubile: Gesù Cristo è lo stesso ieri, oggi e sempre. Perché è bene che il cuore venga rinsaldato per mezzo della grazia santificante. Perché abbiamo un altare con il culto eucaristico. Eb 13,20-21: "Il Dio della pace che ha fatto tornare dai morti il Pastore grande delle pecore, in virtù del sangue di un'alleanza eterna, il Signore nostro Gesù. Vi renda perfetti in ogni bene, perché possiate compiere la sua volontà, operando in voi ciò che è gradito per mezzo di Gesù Cristo, al quale sia gloria nei secoli dei secoli. Amen".

(Gincana Biblica composta dal P. Dante Volpini SX)

# ALCUNE PRECHIERE

**Il Rosario della mamma Anna**

Nel primo mistero gaudioso si contempla come Maria Vergine fu annunciata dall'arcangelo Gabriele che doveva concepire e partorire nostro signore Gesù Cristo.

Nel secondo mistero gaudioso si contempla come Maria Vergine andò a visitare Santa Elisabetta e stette con essa corca tre mesi.

Nel terzo mistero gaudioso si contempla come Maria Vergine diede alla luce nella grotta di Betlemme a nostro signore Gesù Cristo e lo pose fra due animali nel presepio.

Nel quarto mistero gaudioso si contempla come Maria Vergine presentò nostro signore Gesù Cristo al Tempio e lo pose fra le braccia del santo vecchio Simeone.

Nel quinto mistero gaudioso si contempla come Maria Vergine, avendo smarrito il suo divin figliolo e cercatolo per tre giorni, alla fine del terzo giorno lo ritrovò nel Tempio, in mezzo ai dottori, che disputava, essendo in età di anni dodici.

Nel primo mistero doloroso si contempla come nostro signore Gesù Cristo facendo orazione nell'orto sudò sangue.

Nel secondo mistero doloroso si contempla come nostro signore Gesù Cristo fu flagellato alla colonna, con crudelissime battiture, in casa di Pilato.

Nel terzo mistero doloroso si contempla come nostro signore Gesù Cristo fu coronato di pungentissime spine.

Nel quarto mistero doloroso si contempla come nostro signore Gesù Cristo fu condannato a morte e, per sua vergogna e dolore, gli fu posto sopra le spalle il pesantissimo legno della croce.

Nel quinto mistero doloroso si contempla come nostro signore Gesù Cristo, giunto sul monte Calvario, fu spogliato e confitto in croce con crudelissimi chiodi, ove morì alla presenza dell'afflitta sua Madre.

Nel primo mistero glorioso si contempla come nostro signore Gesù Cristo, tre giorni dopo la sua passione e morte, risuscitò glorioso e trionfante per non mai più morire.

Nel secondo mistero glorioso si contempla come nostro signore Gesù Cristo, quaranta giorni dopo la sua risurrezione, ascese al Cielo con mirabile desta e trionfo, vedendolo la sua Madre santissima con tutti i suoi discepoli.

Nel terzo mistero glorioso si contempla come nostro signore Gesù Cristo, seduto alla destra del Padre, mandò lo Spirito Santo sopra Maria Vergine e gli Apostoli riuniti in preghiera nel cenacolo.

Nel quarto mistero glorioso si contempla come Maria Vergine, alcuni anni dopo la risurrezione di nostro signore Gesù Cristo, passò da questa vita nell'altra e dagli Angeli fu assunta in Cielo.

Nel quinto mistero glorioso si contempla come Maria Vergine fu coronata dal suo Divin Figliolo regina del Cielo e della terra, e si contempla ancora la gloria degli Angeli e dei Santi.

Nel primo mistero luminoso si contempla come nostro signore Gesù Cristo fu battezzato da Giovanni Battista nel fiume Giordano.

Nel secondo mistero luminoso si contempla come nostro signore Gesù Cristo realizzò il suo primo miracolo nelle nozze di Cana.

Nel terzo mistero luminoso si contempla come nostro signore Gesù Cristo predicò il Regno di Dio e la necessaria condizione della conversione.

Nel quarto mistero luminoso si contempla come nostro signore Gesù Cristo si trasfigurò davanti a tre Apostoli sul monte Tabor.

Nel quinto mistero luminoso si contempla come nostro signore Gesù Cristo nell'ultima Cena istituì

l'Eucarestia, e si contempla ancora che istituì il comandamento nuovo e il sacerdozio.

## Preghiera di mamma Anna Volpini

**Concedi, Gesù mio, a tutti i miei figli,
Dante, Enrico, Piergiorgio, Franco e Maria,
alle mie nuore, al mio genero, ai nipoti e nipotini (= pronipoti),
tutte quelle grazie che tu vedi meglio di me
che sono necessarie a ciascuno secondo il proprio stato,
per la salute dell'anima,
per la salute del corpo,
per la serenità dello spirito,
per il compimento dei propri doveri quotidiani
e per l'aumento della fede in te nei nostri cuori.**

## Preghiera alla Regina della pace

**O Regina della pace,
il tuo sguardo ci consoli,
su noi posa le tue mani,
supplicando il Divin Figlio.**

## Preghiera di San Francesco

**O alto e glorioso Dio,
illumina le tenebre del cuore mio,
dammi una fede retta,
speranza certa,
carità perfetta
e umiltà profonda.
Dammi, Signore, senno e discernimento
per compiere la tua santa e divina Volontà.**

**Preghiere a San Barnaba apostolo (11 giugno)**

Martire in Salamina verso l'anno 64; sepolto in Cipro.

Preghiere nel Manuale della FILOTEA, nuova edizione Milano 1889

1. Glorioso S. Barnaba, che per la vostra particolare bontà di cuore, soavità di discorso, affabilità di tratto, unite ad una ammirabile eleganza di forme e maestà di presenza, meritaste di essere fra i discepoli di Gesù Cristo scelti per lavorare con lui all'evangelizzazione dei popoli; Voi che foste denominato dagli Apostoli "figlio della consolazione" e aggregato al loro collegio, perché una voce misteriosa comandò loro di segregarvi dalla moltitudine dei credenti; Voi che foste destinato insieme a Saulo alla conversione dei Gentili, e foste poi dai Gentili medesimi così stimato da essere scambiato per Giove, il primo dei loro dei; Ottenete a noi tutti la grazia di fare sempre nostra delizia la preghiera verso Dio e la dolcezza verso il prossimo, onde non valerci mai dei nostri doni personali che per attendere con più impegno alla santificazione della nostra anima. *Gloria.*

2. Glorioso S. Barnaba, che spogliato di ogni bene terreno, da voi spontaneamente portato ai piedi degli Apostoli nei primi giorni della loro predicazione; Voi che foste riempito dallo Spirito Santo dei più particolari suoi doni, per cui straordinariamente potente in opere e parole riportaste sempre gran frutto dalle vostre fatiche apostoliche; Voi che soccorreste i cristiani di Gerusalemme minacciati da terribile carestia, colle elemosine per vostra cura raccolte nella città di Antiochia; Ottenete a noi tutti la grazia di lavorare sempre con efficacia a vantaggio dei nostri fratelli, onde assicurarci presso Dio quella speciale misericordia che è promessa ai fedeli misericordiosi, e quella gloria particolare che è preparata a tutti coloro che istruiscono gli altri nella giustizia. *Gloria.*

3. Glorioso S. Barnaba, che dopo aver sofferto per la causa di Gesù Cristo ogni genere di persecuzioni, specialmente in Iconio e in Listra, e aver versato effettivamente il vostro sangue in quella stessa isola di Cipro che era stata da voi particolarmente beneficata colle vostre ultime predicazioni; Voi che foste singolarmente glorificato nella tomba medesima, quando sul

tramonto del quinto secolo fu scoperto ancora intatto il vostro corpo e dall'imperatore Zenone onorato di preziosa custodia quel Vangelo di S. Matteo che scritto già dalle vostre mani, si trovò depositato sul vostro petto; Ottenete a noi tutti la grazia di soffrire sempre con rassegnazione tutte le difficoltà di questa terra per ottenere con sicurezza i gaudi eterni del cielo. *Gloria.*

Printed by Books on Demand GmbH, Norderstedt / Germany